Fuldaer Hochschulschriften

Fuldaer Hochschulschriften

Im Auftrag der Theologischen Fakultät Fulda
herausgegeben von Jörg Disse
in Zusammenarbeit mit Richard Hartmann
und Bernd Willmes

Dieter Wagner / Peter Schallenberg (Hrsg.)

Heilige Elisabeth von Thüringen – theologische Spurensuche

Verlag Josef Knecht
Frankfurt am Main

Originalausgabe

Gedruckt auf umweltfreundlichem,
chlor- und säurefrei gebleichtem Papier

Druck und Bindung: AZ Druck und
Datentechnik GmbH, Kempten 2008
Satz: Barbara Herrmann, Freiburg
Einband gesetzt in der Schrift Sabon und Rotis
Inhalt gesetzt in der Schrift Sabon und Seraphim
Umschlaggestaltung: Walter Moser

ISBN 978-3-7820-0913-3

Bischof und Großkanzler
Heinz Josef Algermissen
zum 65. Geburtstag gewidmet

Inhaltsverzeichnis

Grußwort 9

Vorwort 11

Die heilige Elisabeth in ihrer Zeit –
Forschungsstand und Forschungsprobleme 14
Matthias Werner

Elisabeth von Thüringen – eine Fuldaer Heilige? .. 70
Werner Kathrein

Die Verehrung der heiligen Elisabeth als
ökumenisches Problem 105
Christian Zippert (†)

Die heilige Elisabeth, kein Thema für eine
zeitgenössische Kunst? 131
Burghard Preusler

Elisabethverehrung im 19. Jahrhundert
Das Oratorium „Die heilige Elisabeth“ des Fuldaer
Domdechanten Heinrich Fidelis Müller
(1837–1905) 142
Paul Lang

Elisabeth als Impuls?
Diakonie im postmodernen Sozialstaat 165
Peter Schallenberg

Com//Passion – Menschsein für andere 177
Lothar Kuld

Heilige, kleine Leute und große Persönlichkeiten
Zur Wiederentdeckung des Biographischen für religiöse Lernprozesse 191
Georg Hilger / Konstantin Lindner

Die heilige Elisabeth als Gegenstand fächerübergreifenden Lernens 215
Heinz Stübig

Autorenverzeichnis 248

Grußwort

Die heilige Elisabeth ist eine der wichtigsten Gestalten unserer Region und weit darüber hinaus. So war das Jahr 2007 als Festjahr zu ihrem 800. Geburtstag auch für unser Bistum, unsere Fakultät und das Katholisch-Theologische Seminar an der Philipps-Universität Marburg ein wichtiges Jahr zum Feiern. Zwei Akzente möchten wir besonders hervorheben: Das Jubiläumsjahr konnte in vielfacher Weise in ökumenischer Gemeinsamkeit – vor allem mit der Evangelischen Kirche von Kurhessen-Waldeck – begangen werden. Elisabeth von Thüringen kann tatsächlich in der Tradition beider Konfessionen zu einer „Brückenheiligen“ werden. Zudem kann sie keiner feiern, der sie nicht – in der Fortführung der franziskanischen Bewegung – als diakonische Herausforderung versteht. Auch dieser Aspekt spielte in unserem Jubiläumsjahr immer wieder eine wichtige Rolle.

Mit den Veranstaltungen am Katholischen Seminar in Marburg und an der Theologischen Fakultät Fulda haben wir versucht, unseren eigenen Beitrag zu leisten. Den Referenten sei herzlich dafür gedankt, dass sie die Beiträge zur Veröffentlichung zur Verfügung stellten. Prof. Dieter Wagner und Prof. Dr. Peter Schallenberg haben die Redaktionsarbeit geleistet. So liegt nun ein Band vor, der zur bleibenden Erinnerung und zur Vertiefung der Anliegen der heiligen Elisabeth von Ungarn,

Thüringen und Hessen, deren Grabeskirche sich in Marburg befindet, beitragen möge.

Unser Großkanzler, Bischof Heinz Josef Algermissen, hat sich in vielfältiger Weise für das Jubiläum – auch in Kooperation mit dem Bistum Erfurt und den Evangelischen Kirchen von Kurhessen-Waldeck und in Thüringen – eingesetzt. Gleichzeitig lässt er immer wieder seine Verbundenheit mit uns, „seiner" Fakultät, erkennen, die ihm Arbeit – aber so hoffen und hören wir – immer wieder auch Freude macht.

So ist es uns eine Ehre, ihm diesen Band 49 unserer Fuldaer Hochschulschriften zu seinem 65. Geburtstag zu widmen. Wir wünschen ihm weiterhin Inspiration durch die Heiligen unserer Diözese und Kraft und Segen für sein Wirken hier.

Ad multos annos!

Prof. Dr. Richard Hartmann
Rektor
Theologische Fakultät Fulda

Prof. Dr. H.-J. Röhrig
Leiter
Katholisch-Theologisches Seminar
Marburg

Vorwort

Den 800. Geburtstag der heiligen Elisabeth von Thüringen im Jahre 2007 haben die Theologische Fakultät Fulda und das Katholisch-Theologische Seminar an der Philipps-Universität Marburg zum Anlass genommen, die zweite Patronin des Bistums Fulda in zwei getrennten Veranstaltungen zu würdigen. Während die Theologische Fakultät die heilige Elisabeth an vier Vortragsabenden im Rahmen des Kontaktstudiums im Sommersemester 2007 thematisierte, wurde ihr seitens des Katholisch-Theologischen Seminars der *Dies academicus* (7. Februar 2007) gewidmet. Wir freuen uns, die Vorträge und Arbeitsergebnisse beider Veranstaltungen im vorliegenden Band der Fuldaer Hochschulschriften unter dem Titel „Heilige Elisabeth von Thüringen – theologische Spurensuche" als einen kleinen, aber hoffentlich bereichernden Beitrag zur Fülle der aktuellen Elisabeth-Forschung dokumentieren zu können.

Der Band ist interdisziplinär angelegt. Es werden Spuren der Wirkungsgeschichte dieser großen Heiligen aus unterschiedlichen wissenschaftlichen Perspektiven aufgenommen: der Geschichte, der Kirchengeschichte, der Moraltheologie, der Ökumene, der visuellen Kunst, der Musik und der Religionspädagogik bzw. -didaktik. Diese interdisziplinäre Akzentuierung unterscheidet die vorliegende Publikation von nahezu allen, die im Kontext des Geburtsjubiläums der ungarischen, hessischen und thüringischen Heiligen erschienen sind. Für die Bewertung dieses Sammelbandes nicht unerheblich dürfte es sein, dass alle Arbeiten Erstveröffentlichungen sind.

Matthias Werner konzentriert seinen historischen Beitrag auf den Forschungsstand und die Forschungsprobleme zu fünf zentralen Themenbereichen: die Quellenfrage, Elisabeths Beziehungen zu den Franziskanern, ihre Hinwendung zur städtischen Armut in Eisenach, die Rolle Konrads von Marburg, das Verständnis von Elisabeths Lebensform als „Schwester in der Welt“, und er gibt auf dieser Grundlage eine kurze Darstellung des Lebens der heiligen Elisabeth und ihrer unmittelbaren Nachwirkung. Als Kirchenhistoriker zeigt *Werner Kathrein* den langen Weg von Elisabeths Aufstieg zur zweiten Bistumspatronin der Diözese Fulda sowie die inneren und äußeren Motive dieses Prozesses auf. Der am 15. August 2007 verstorbene Altbischof der Evangelischen Kirche Kurhessen-Waldeck, *Christian Zippert*, stellt Elisabeth von Thüringen als „ökumenische Heilige“ dar, ohne die damit verbundene Problematik auszuklammern. Gleich zwei Mal wird die Wirkungsgeschichte der Heiligen in der Kunst dargestellt. Während *Burghard Preusler* der Frage nachspürt, ob die heilige Elisabeth ein „Thema für die zeitgenössische Kunst“ ist, befasst sich *Paul Lang* schwerpunktmäßig mit dem Oratorium „Die heilige Elisabeth“, das der ehemalige Fuldaer Domdechant Heinrich Fidelis Müller am Ende des 19. Jahrhunderts komponiert hat. *Peter Schallenberg* nimmt die Bahn brechende Gestalt der Heiligen aus moraltheologischer und insbesondere aus sozialethischer Sicht in den Blick und spürt der Frage nach: „Ist eine bestimmte Form christlicher und katholischer Diakonie auch und gerade im postmodernen Sozialstaat wesenhaft an die Form der Heiligkeit gebunden, die in der Person der Elisabeth von Thüringen über den weiten Abstand von Jahrhunderten hinweg zum Ausdruck kommt?" Während Peter Schallenberg auf die wirkmächtige Verknüpfung von Compassion und Effizienz, von innerlichem Bewusstsein und äußerer Verantwortung als Spezifikum der christlichen Sozialethik hinweist, zeigt *Lothar Kuld*, wie Compassion („Mitleid als eine Haltung der engagierten Menschlichkeit") als Schulprojekt umgesetzt werden kann. Obwohl die großen Heiligen – und damit auch Elisabeth von Thüringen – stets Inhalte der katholischen Lehrpläne und Unterrichtswerke gewesen sind, hat es auf Seiten der Schülerinnen und Schüler zunehmend Probleme gegeben, diese als Vorbilder zu internalisieren. *Georg Hilger* und *Konstantin Lindner* verweisen auf die Bedeutung des Biographischen für religiöse Lernprozesse bei der Behandlung von Heiligen, aber auch von vorbildlichen Menschen, die nicht „zur Ehre der Altäre erhoben" sind. Während die beiden letzt genannten Beiträge sich mit religionspädagogischen und didaktischen Fragen im Umfeld der heiligen Elisabeth befassen, konkretisiert *Heinz Stübig* mit *Studierenden des Katholisch-Theologischen Seminars Marburg* die Heilige im Blick auf den katholischen Religionsunterricht. Ausgehend von allgemein didaktischen Überlegungen, die auf die für das Thema relevante religionsdidaktische Fragestellung fokussiert ist, werden fünf fächerübergreifende Unterrichtsplanungskonzeptionen vorgestellt.

Die Herausgeber danken allen, die die Fertigstellung dieses Sammelbandes ermöglicht haben.

Dieter Wagner und Peter Schallenberg

Die heilige Elisabeth in ihrer Zeit – Forschungsstand und Forschungsprobleme[1]

Matthias Werner

In Marburg über die heilige Elisabeth sprechen, heißt in vieler Hinsicht: Eulen nach Athen tragen. Der außergewöhnliche Lebensweg der jungen thüringischen Landgräfin Elisabeth, die in der Nacht vom 16./17. November 1231 in ihrem Marburger Hospital im Alter von nur 24 Jahren starb, ist wohl an keinem anderen Ort so sehr zu einem zentralen, tief verwurzelten Teil der kollektiven heimatlichen Erinnerung geworden wie in Marburg. Die äußeren Stationen und das innere Zentrum dieses Lebensweges dürften nirgendwo breiter vertraut und bekannt sein als hier.

---

[1] Anmerkung der Herausgeber: Der Beitrag von Prof. Dr. Matthias Werner bildet die erweiterte Fassung des Vortrags, den er beim *Dies academicus* des Katholisch-Theologischen Seminars am 7. Februar 2007 an der Universität Marburg gehalten hat. Die Vortragsform wurde im Wesentlichen beibehalten. Der vorliegende Aufsatz kann als eine vorläufige Bilanz von Professor Werners Forschungstätigkeit zur heiligen Elisabeth angesehen werden. Mit Zustimmung der Herausgeber wurde – wegen persönlicher Umstände des Autors – von Einzelnachweisen abgesehen. Die in deutscher Übersetzung wiedergegebenen Zitate entstammen zum größten Teil der „Summa Vitae“ Konrads von Marburg nach der Edition von Albert HUYSKENS: *Quellenstudien zur Geschichte der hl. Elisabeth, Landgräfin von Thüringen*. Marburg : Elwert, 1908, S. 155–160, und dem „Libellus“ nach der noch immer maßgeblichen Edition gleichfalls von Albert HUYSKENS (Hrsg.): *Der sog. Libellus de dictis quatuor ancillarum s. Elisabeth confectus*. Kempten : Kösel, 1911, und

Neue Quellen zur Biographie der heiligen Elisabeth sind seit den maßgeblichen Editionen aus dem Beginn des 20. Jahrhunderts nicht hinzugekommen. Auf der Grundlage der hier edierten ältesten Zeugnisse und jüngerer Legenden haben unzählige populäre Publikationen und wissenschaftliche Studien das Leben und Wirken Elisabeths in vielfältigen Facetten dargestellt und die heilige Elisabeth bis in unsere Gegenwart hinein zu einer der bekanntesten Frauengestalten des Mittelalters gemacht. Die meisten von ihnen verfestigen und präzisieren das Wissen, das wir – oft schon von Kindheit an – von der heiligen Elisabeth besitzen und das wir bestätigt finden, wenn wir auf die berühmten Darstellungen auf dem Schrein und dem Elisabeth-Fenster der Marburger Elisabethkirche blicken oder wenn wir die einpräg-

---

sind der Übersetzung bei *Elisabeth von Thüringen* / Walter NIGG (Hrsg. u. Einl.) ; Otto KRAGE (Übers. d. lat. Texte). Düsseldorf : Patmos, [2]1967, S. 62–66, S. 70–107 entnommen. Einen Abdruck dieser Texte mit Übersetzung enthält auch die kürzlich erschienene Publikation: *Caesarius von Heisterbach : Das Leben der Heiligen Elisabeth und andere Zeugnisse* / Ewald KÖNSGEN (Hrsg. u. Übers.). Marburg : Elwert, 2007 (Veröffentlichungen der Historischen Kommission für Hessen ; 67,2 : Kleine Übersetzungen und Texte), S. 127–135, S. 137–193. An jüngster Literatur zum Leben und Nachleben der heiligen Elisabeth sei lediglich auf die beiden Begleitbände zur 3. Thüringer Landesausstellung verwiesen: Dieter BLUME ; Matthias WERNER (Hrsg.): *Elisabeth von Thüringen – Eine europäische Heilige*. 2 Bde. Petersberg : Imhof, 2007 – Katalog und Aufsätze. Hier ist der aktuelle internationale Forschungsstand im Wesentlichen zusammengefasst; zugleich finden sich zahlreiche Hinweise auf weiterführende Literatur, von der an dieser Stelle lediglich das Buch von Ortrud REBER: *Elisabeth von Thüringen : Landgräfin und Heilige : Eine Biographie*. Regensburg : Pustet, 2006, genannt sei, dem der vorliegende Beitrag wichtige Anregungen verdankt.

samen Szenen von Moritz von Schwinds Elisabeth-Leben auf der Wartburg, vor allem das „Rosenwunder“, betrachten. Das Außergewöhnliche ist auf diese Weise weithin zum Selbstverständlichen geworden. Und doch – wenn wir dieses selbstverständliche Wissen genauer danach befragen: „Wer war Elisabeth? Was leitete sie bei ihrem Handeln? Woher wissen wir das alles? Wissen wir es wirklich? Können wir es überhaupt wissen?“, gehen die Antworten auseinander und die Sicherheit wird schwankend.

Eben diese Fragen aber sind immer wieder neu zu stellen, wenn es wie auf dieser Tagung und insgesamt im Umgang der Kirchen mit der heiligen Elisabeth um Elisabeths Heiligkeit im Sinne exemplarischer Vorbildlichkeit christlichen Lebens geht, und wenn – weit über den kirchlichen Bereich hinaus – das benannt werden soll, woran wir uns bei Elisabeth in einem Erinnerungs- und Jubiläumsjahr wie 2007 erinnern wollen. Erst recht wirft die Suche danach, was eine vor 800 Jahren geborene Frau wie Elisabeth, als Angehörige einer fremden, weit zurückliegenden Epoche, der heutigen Gesellschaft und jedem Einzelnen von uns bedeutet, mit allem Nachdruck die Frage nach der historischen Gestalt der heiligen Elisabeth auf. Nur so können wir verhindern, dass sich unsere heutigen Deutungen an einem Bild Elisabeths orientieren, das erst jüngere Epochen formten. Doch erweist sich, je näher man die Persönlichkeit Elisabeths zu fassen und zu begreifen sucht, die Frage nach der heiligen Elisabeth in ihrer Zeit als sehr viel schwieriger zu beantworten, als es auf den ersten Blick bei unserem wohlvertrauten Wissen um diese junge, hochmittelalterliche Frau den Anschein hat.

I.

Es war bezeichnenderweise erst die Moderne, die diese Fragen nachdrücklicher stellte. Sie brachte damit das Jahrhunderte lang feststehende, vermeintlich sichere Wissen über die heilige Elisabeth ins Wanken und ersetzte es durch immer wieder neue, nicht selten einander widersprechende Deutungen. Bis zum Ende des 18. Jahrhunderts war das Bild Elisabeths als einer der beliebtesten Heiligengestalten der katholischen Kirche bzw. einer vorbildlichen christlichen Fürstin Thüringens und Hessens von den mittelalterlichen Darstellungen ihres heiligmäßigen Lebens geprägt, die, in ihrem Kern unhinterfragt, die Grundlage aller nachfolgenden historischen und hagiographischen Texte bildeten. Erst mit der Aufklärung, der Romantik und erst recht mit dem Aufkommen der modernen Geschichtswissenschaft als einer historisch-kritischen Disziplin in der ersten Hälfte des 19. Jahrhunderts wandelte sich der Umgang mit der heiligen Elisabeth und man begann jenseits der bisherigen, vorwiegend hagiographie-gestützten Traditionen gezielt nach der heiligen Elisabeth in ihrer Zeit und damit nach der historischen Gestalt dieser Heiligen zu fragen.

Den Beginn machten die beiden großen konfessionellen Referenzbiographien, die 1797 in erster und 1835 in zweiter Auflage erschienene Elisabeth-Biographie des Marburger Superintendenten, Philosophie- und Theologieprofessors Karl Wilhelm Justi und die umfangreiche, erstmals 1836 veröffentlichte „Histoire de Sainte Élisabeth de Hongrie, duchesse de Thuringe“ des damals 26-jährigen französischen Grafen Charles Forbes de Montalembert. Gelangte Justi aus der Sicht der protestantischen Spätaufklärung zu einer überaus negativen

Einschätzung des in „religiöser Verirrung“ endenden Lebens Elisabeths, so strebte Montalembert in seiner von wissenschaftlichem Bemühen und romantischem Katholizismus beseelten Lebensbeschreibung unter Auswertung der wichtigsten Quellen eine breite, um historische Genauigkeit bemühte Darstellung des heiligmäßigen Lebens und Wirkens Elisabeths an. Montalemberts Elisabeth-Biographie, in zahlreichen Auflagen und Übersetzungen erschienen, wurde im katholischen Bereich mit der wachsenden Rückbesinnung auf die heilige Elisabeth im 19. Jahrhundert zur Grundlage einer Fülle religiös-erbaulicher Darstellungen, die gemeinsam mit dem Rosenwunder Moritz von Schwinds das populäre Elisabeth-Bild des 19. und frühen 20. Jahrhunderts auch weit über katholische Kreise hinaus maßgeblich bestimmten. Im protestantischen Bereich hingegen prägte bzw. beeinflusste das Verdikt von Justi, das bis tief in die zweite Hälfte des 20. Jahrhunderts hinein nachwirkte, für lange Zeit eine eher nüchterne Sichtweise Elisabeths, die ihrerseits zunehmend von einer historisch-kritischen Auseinandersetzung mit der Elisabeth-Thematik begleitet wurde. Zu nennen sind hier vor allem die seit den 80er Jahren des 19. Jahrhunderts erschienenen Studien des Marburger protestantischen Geschichtsprofessors Karl Wenck, der die Biographie Elisabeths erstmals eingehender und umfassender mit den Methoden kritischer Geschichtswissenschaft behandelte und damit den Weg für künftige Forschungen wies.

Einen deutlichen Aufschwung brachte vor 100 Jahren zum Elisabeth-Jubiläum 1907 die erste kritische Edition der ältesten Quellen über die heilige Elisabeth durch den jungen Marburger, später Aachener Archivar Albert Huyskens. Sie schuf trotz aller damit verbundenen, durchaus auch konfessionell geprägter Kontroversen erstmals die Grundlagen für eine quellenkritisch abgesicherte, quellenorientierte Erforschung der Elisabeth-Biographie. Wichtigste der in der Folgezeit entstandenen Arbeiten, die im Elisabeth-Jahr 1931 ihre erste große Blüte erlebten, waren zum einen die zahlreichen franziskanischen Ordensforschungen, die von einer sicheren Zugehörigkeit Elisabeths zum Franziskanerorden bzw. dessen laikalen Tertiarenzweig ausgingen und von hier her eine Deutung Elisabeths vornahmen. Erheblich breitere Resonanz erfuhr jedoch zum anderen die gleichfalls 1931 erschienene Elisabeth-Biographie der thüringischen Pädagogin, Historikerin und Kunsthistorikerin Elisabeth Busse-Wilson, die unter dem Titel „Das Leben der heiligen Elisabeth von Thüringen. Abbild einer mittelalterlichen Seele“ eine hochkontroverse Deutung Elisabeths, vor allem aber Konrads von Marburg und des Seelenführerverhältnisses zwischen Konrad und Elisabeth mit den Ansätzen der Psychoanalyse versuchte. So lebhaft und nachhaltig der Widerhall dieses alle bisherigen Deutungsmuster sprengenden Buches war – als sehr viel weiterführender, wenn auch erst Jahrzehnte später aufgegriffen, erwies sich der fast gleichzeitig von dem Leipziger Mediävisten Herbert Grundmann 1935 in seinem epochalen Werk „Religiöse Bewegungen im Mittelalter. Untersuchungen über die geschichtlichen Zusammenhänge zwischen der Ketzerei, den Bettelorden und der religiösen Frauenbewegung im 12. und 13. Jahrhundert und über die geschichtlichen Grundlagen der deutschen Mystik“ aufgezeigte Zugang zur Elisabeth-Thematik. Grundmann hatte eher am Rande – in einer Fußnote – und doch wegweisend erstmals darauf verwiesen, dass das Leben der Landgräfin Elisabeth von Thüringen „erst im Zusammenhang der gesamten religiösen Frauenbewegung richtig zu verstehen ist". Doch wurde dieser Ansatz zunächst nicht weiter verfolgt.

Vielmehr standen nach 1945 dem einfühlsamen, sehr in die Tiefe gehenden Deutungsversuch des Schriftstellers Reinhold Schneider von 1956 – als der, wenn auch nicht streng wissenschaftlichen, so doch mit Abstand bedeutendsten katholischen Elisabeth-Darstellung der Nachkriegszeit – zunächst die mit großer Bestimmtheit vorgetragenen frömmigkeitsgeschichtlichen Sichtweisen des Marburger protestantischen Kirchenhistorikers Wilhelm Maurer als des intensivsten Elisabeth-Forschers der 50er und 60er Jahre des 20. Jahrhunderts gegenüber. Maurer versuchte sehr entschieden, Elisabeth aus dem vor allem von der Ordensforschung der 20er und 30er Jahre betonten franziskanischen Kontext herauszulösen, und sie, ihren Beichtvater, Konrad von Marburg, und ihren Gemahl, Landgraf Ludwig IV., ganz aus der zisterziensischen Kreuzzugsspiritualität eines Bernhard von Clairvaux zu begreifen. Wie verfehlt jedoch dieser Ansatz war, zeigten schon sehr bald die Forschungen der beiden in der Frömmigkeitsgeschichte des 13. Jahrhunderts höchst ausgewiesenen italienischen und französischen Mediävisten Raul Manselli und André Vauchez in den 60er/70er Jahren, sowie dann vor allem die Arbeiten des Grundmann-Schülers Kaspar Elm als des in der Folgezeit wohl besten Kenners der hoch- und spätmittelalterlichen Ordens- und Frömmigkeitsgeschichte. Sie ordneten – die Anstöße Herbert Grundmanns von 1935 erstmals nachdrücklicher aufgreifend – Elisabeth eindeutig in den Kontext der großen religiösen Aufbruchs-, Armuts- und Frauenbewegung des frühen 13. Jahrhunderts ein. Diese Neuansätze waren auch deshalb so bahnbrechend und weiterführend, weil sie Elisabeth nicht wie zumeist bisher in isolierter biographischer Betrachtung, sondern vor dem Hintergrund der religiösen und sozialen Entwicklungen ihrer Zeit zu begreifen suchten.

Erstmals gebündelt und in größere Zusammenhänge gestellt wurden diese neuen, nun auch internationalen Forschungen 1981 im Zusammenhang der in Marburg zum 750. Todestag Elisabeths veranstalteten Ausstellung „Sankt Elisabeth. Fürstin – Dienerin – Heilige". Der damals erschienene Ausstellungskatalog mit Aufsatzteil suchte den bis dahin erreichten Erkenntnisstand zusammenzufassen und neue Anstöße zu geben. Seitdem ist vor allem auch die internationale Forschung zu den religiösen Bewegungen des 13. Jahrhunderts erheblich weitergegangen und hat vor diesem Hintergrund erneut zentrale Aspekte der Biographie und Spiritualität Elisabeths lebhaft diskutiert. Dies gilt insbesondere für die leidenschaftliche Diskussion über die Frühgeschichte des Franziskanerordens und die Rolle der Frauen bei den frühen Franziskanern, die erhebliche Rückwirkungen auf die Sichtweise Elisabeths besitzt. Es gilt aber auch für die Buß- und Laienbewegungen im frühen 13. Jahrhundert, ganz besonders für die neuen Formen der Frauenfrömmigkeit im frühen 13. Jahrhundert wie das Beginenwesen, für die Person und Rolle Konrads von Marburg in der Ketzerverfolgung des frühen 13. Jahrhunderts oder auch für die Stellung und die Handlungsmöglichkeiten hochadeliger Frauen dieser Zeit. Viele dieser Forschungen wurden im März 2006 auf einem internationalen Elisabeth-Kongress auf der Wartburg zur Diskussion gestellt, der der Vorbereitung der 3. Thüringer Landesausstellung „Elisabeth von Thüringen – Eine europäische Heilige" diente, der einzigen größeren Ausstellung zur heiligen Elisabeth anlässlich ihres 800. Geburtstages 2007.

Aus der Fülle der in der aktuellen internationalen Elisabeth-Forschung diskutierten Fragen möchte mein Beitrag den Forschungsstand und die Forschungsprobleme zu fünf zentralen Themenbereichen skizzieren. Er behandelt zunächst das Quellenproblem, geht dann auf Elisabeths Beziehungen zu den Franziskanern ein, zeigt die Dimensionen ihrer Entscheidung zur Nachfolge Christi an dem besonders aufschlussreichen Beispiel ihrer Hinwendung zur städtischen Armut in Eisenach auf, diskutiert anschließend die Rolle Konrads von Marburg und stellt zum Schluss einige neue Aspekte zum Verständnis von Elisabeths Lebensform als „Schwester in der Welt" in ihrem Marburger Hospital zur Diskussion. Entsprechend der Funktion, die diesem Beitrag im Rahmen der Marburger Tagung vom Februar 2007 zugedacht war, sollen Forschungsstand und Forschungsdiskussion zu diesen Fragen in eine knappe Darstellung der Biographie der heiligen Elisabeth in ihrer Zeit eingebunden werden.

II.

Stellen wir kurz das Quellenproblem voran. Über keine andere Frau des 13. Jahrhunderts sind wir so zeitnah und derart detailliert unterrichtet wie über die junge Landgräfin Elisabeth von Thüringen. Da es für ihren Heiligsprechungsprozess, der bereits ein dreiviertel Jahr nach ihrem Tode eingeleitet wurde, beglaubigter Aussagen über ihren heiligmäßigen Lebenswandel bedurfte, verfasste ihr Beichtvater Konrad von Marburg schon im August 1232 einen ersten Lebensabriss Elisabeths, der ihre letzten Lebensjahre 1226 bis 1231 umfasste und damit jene Zeit behandelte, in der Konrad ihr geistlicher

Leiter gewesen war. Doch kam das Heiligsprechungsverfahren wegen Verfahrensfehlern und der Ermordung Konrads von Marburg am 30. Juli 1233 zunächst ins Stocken. Es wurde Ende 1234 unter gründlich veränderten politischen Vorzeichen wieder aufgenommen. Zu diesem Zeitpunkt war das verfeinerte kirchenrechtliche Verfahren, das im Zusammenhang des 4. Laterankonzils von 1215 als Inquisitionsprozess für Prozesse gegen wegen Verfehlungen angeklagter Kleriker entwickelt worden war, in die allgemeine päpstliche Rechtssetzung, also praktisch in das kanonische Recht übernommen, und auf Heiligsprechungsprozesse übertragen worden. Zugleich zog der Papst die alleinige Befugnis zur Heiligsprechung an sich.

Das Heiligsprechungsverfahren Elisabeths von Thüringen, dem wir die außergewöhnlich detaillierten zeitgenössischen Zeugnisse zu ihrer Biographie verdanken, war das erste Kanonisationsverfahren, bei dem diese neuen kirchenrechtlichen Bestimmungen zu Grunde gelegt wurden: Verhör von mindestens je zwei Zeugen unter Eid, eine in ungerader Zahl festgelegte Verhörkommission, ein festes Frageraster nach Ort, Zeitpunkt, etwaigen Zeugen und andere mehr. Nach diesem Verfahren wurden im Januar 1235, also gut drei Jahre nach Elisabeths Tod, auf päpstlichen Befehl von einer päpstlich bestellten Heiligsprechungskommission vier Frauen aus dem allerengsten Umkreis Elisabeths unter Eid in Marburg verhört. Sie sagten ausführlich aus, was sie in ihrem Zusammensein mit Elisabeth gesehen und erlebt hatten: die beiden thüringischen Hofdamen Guda und Isentrud, die Elisabeth von ihrer Kindheit bzw. von ihrer Heirat 1221 an bis zu ihrer ersten Zeit in Marburg im Spätherbst 1228 begleitet hatten, und die beiden aus einfachen Verhältnissen stammenden

Marburger Hospitalschwestern Elisabeth und Irmgard, die die drei letzten Lebensjahre Elisabeths in ihrem Marburger Franziskushospital miterlebt hatten. Ihre sehr detaillierten Aussagen wurden ins Lateinische übersetzt, der lateinische Text wurde in deutscher Übersetzung nochmals den vier Frauen vorgelegt, die die Richtigkeit bestätigten und beeideten. Er wurde daraufhin von den Mitgliedern der Verhörkommission besiegelt, mit einem Anschreiben versehen und zusammen mit den beglaubigten Aussagen über die Wunderheilungen Elisabeths der Kurie überbracht. Nach sorgfältiger Prüfung durch das kuriale Konsistorium sprach Papst Gregor IX. Elisabeth am 27. Mai 1235 in Perugia heilig. Es handelte sich – dreieinhalb Jahre nach Elisabeths Tod – um eine der am raschesten erfolgten Kanonisationen des 13. Jahrhunderts.

Die Originalakten des Heiligsprechungsantrags vom Januar/Februar 1235 sind verloren. Doch wurde in Marburg, wo sich der Deutsche Orden seit dem Herbst 1234 im Besitz des Hospitals Elisabeths mit ihrem Grab befand, eine Abschrift aufbewahrt. Kurz nachdem Elisabeth heiliggesprochen wurde, redigierte man hier, da man so rasch wie möglich eine Lebensbeschreibung der neuen Heiligen benötigte, die protokollierten Aussagen der vier Frauen aus Elisabeths Umkreis zu einer Art Heiligen-Vita um. Sie stellte in vier Teilen Elisabeths Kindheit, ihre Zeit als Ehefrau, die Zeit vom Tod ihres Mannes bis zu ihrem Eintritt in die Marburger Hospitalgemeinschaft und schließlich ihr Wirken als Marburger Hospitalschwester bis zu ihrem Tod am 17. November 1231 dar und berichtete über ihre Bestattung. Diese älteste, literarisch noch kaum geformte Marburger Vita, die sich in zahlreichen Abschriften erhalten hat, gibt in weiten Passagen die als Vorlage benutzten Texte aus dem Kanonisationsantrag wörtlich wieder und überliefert damit zentrale Teile der Zeugenprotokolle vom Januar 1235. Eine kürzere, ältere Fassung dieser Vita wurde wohl um 1235/36 verfasst, eine etwas erweiterte entstand, gleichfalls in Marburg, vor 1239. Für beide Fassungen als die weitaus wichtigste Quelle zur Person und zum Leben der heiligen Elisabeth hat sich die Bezeichnung „Libellus" („Büchlein über die Aussagen der vier Dienerinnen der hl. Elisabeth") eingebürgert. Geht der „Libellus" lediglich indirekt auf die Akten des Heiligsprechungsprozesses zurück, so ist, wenn auch gleichfalls nicht im Original, wohl aber in zahlreichen Abschriften der kurze, von ihm selbst als „Summa Vitae" bezeichnete Lebensabriss Konrads von Marburg vom August 1232 als direkter Bestandteil der Heiligsprechungsanträge vom August 1232 und Januar 1233 erhalten geblieben.

Die „Summa Vitae" und der „Libellus" stellen als Texte von Augenzeugen aus unmittelbarer zeitlicher und persönlicher Nähe Elisabeths biographische Zeugnisse dar, wie sie in dieser Authentizität, Unmittelbarkeit und Detailliertheit für keine andere Persönlichkeit des 13. Jahrhunderts überliefert sind. Ihnen ist es zu verdanken, dass wir über die heilige Elisabeth so ausführlich, so lebensnah und bis in Einzelheiten hinein genau unterrichtet sind wie wohl über keine andere Frau des Mittelalters. Doch stehen diesem Glücksfall einer einzigartigen Überlieferung ganz erhebliche Probleme des Zugangs gegenüber.

Als Konrad von Marburg seine „Summa Vitae" niederschrieb und erst recht als die vier Frauen aus dem engsten Umkreis Elisabeths ihre Erinnerungen an die fromme Landgräfin vor der päpstlichen Heiligsprechungskommission zu Protokoll gaben, war das Grab

Elisabeths in Marburg schon längst ein von weither aufgesuchtes Pilgerzentrum geworden, stand Elisabeth bereits weithin im Rufe der Heiligkeit, und galt es vor allem, diese Heiligkeit nunmehr durch entsprechende Berichte förmlich zu belegen. Musste das Bild, das Konrad zeichnete und das die Augenzeuginnen in dieser Situation in selektiver rückblickender Erinnerung gemeinsam mit der Verhörkommission von Elisabeth formten, nicht selbstverständlich das einer Heiligen sein? Was filterte und was formulierte die Kommission mit ihren rechtsgelehrten Geistlichen um, als sie die volkssprachigen Aussagen dieser Frauen ins Lateinische übersetzte und redigierte? Wird hinter dem, was dann schließlich aufgezeichnet und dem Papst zugesandt wurde, wirklich die historische Persönlichkeit Elisabeths fassbar oder nur ein Bild, das man 1235 zum Abschluss des Heiligsprechungsverfahrens in gezielter oder auch unbewusster Umgestaltung der Wirklichkeit konstruierte? Diesen Fragen haben wir uns als Historiker zu stellen, bevor wir beginnen, auf der Grundlage der zeitgenössischen Zeugenaussagen und mithilfe einiger weniger Urkunden das Leben der jungen Landgräfin Elisabeth zu rekonstruieren.

Um das Ergebnis nochmaliger intensiver, vor allem kürzlich in Jena durchgeführter Forschungen zum Quellenwert der ältesten Elisabeth-Texte aus dem Heiligsprechungsprozess kurz zusammenzufassen: Bei aller offenkundigen Tendenz, die Heiligkeit Elisabeths darzustellen und mit einer Fülle biographischer Details zu begründen – die Spielräume, ein von der Wirklichkeit krass abweichendes Bild Elisabeths zu entwerfen und es unter Eid und Siegel für die päpstliche Kurie zu dokumentieren, waren angesichts der strengen Vorgaben des erstmals angewandten Heiligsprechungs-Prozessverfahrens und –

bei der unmittelbaren zeitlichen Nähe zu dem weithin wahrgenommenen Geschehen – angesichts der kontrollierenden Zeitzeugenschaft ungezählter noch lebender Augenzeugen des Lebens Elisabeths letztlich sehr begrenzt. Wir dürfen mit weitgehender Sicherheit davon ausgehen, dass die „Summa Vitae“ und vor allem der „Libellus“ überwiegend authentische Erinnerungen an die historische Elisabeth widerspiegeln, so dass wir ihnen bei unserer Frage: „Wer war Elisabeth?“, wenn auch mit Vorsicht, in weiten Teilen folgen dürfen.

Doch hier stellt sich sofort das nächste, kaum geringere Problem. Nicht nur wird die historische Gestalt der heiligen Elisabeth für uns nur im Spiegel der Erinnerungen Konrads von Marburg und der vier Frauen aus der Umgebung Elisabeths fassbar, auch zwischen uns und diesen Augenzeugen liegt eine Distanz von weit über 750 Jahren. Verstehen wir bei diesem großen zeitlichen Abstand überhaupt richtig, was die Zeitgenossen damals zum Ausdruck bringen wollten und was für sie aufgrund ihres zeitgenössischen Erfahrungshorizonts als ihre Gegenwart selbstverständlich war, uns hingegen als ferne Vergangenheit nie mehr präsent werden kann? Entwerfen wir aufgrund der zeitgebundenen Vorprägungen und Sichtweisen unserer Gegenwart nicht immer wieder unser eigenes Bild Elisabeths? D. h., konstruieren wir heute als Historiker, als rückblickende Betrachter, auf der Grundlage jenes Bildes, das die Zeitgenossen von Elisabeth zeichneten, nicht jeweils immer wieder neu ein zeitgeprägtes Elisabethbild des 20./21. Jahrhunderts?

Ohne diese Frage, die in das Zentrum der aktuellen Methodendiskussion über Möglichkeiten und Grenzen historischer Erkenntnis führt, in unserem Zusammenhang angemessen ausdiskutieren zu können, ist es doch unverzichtbar, gerade bei einer so populären Gestalt wie der heiligen Elisabeth, bei der vieles selbstverständlich vertraut erscheint, immer wieder auf diese grundsätzlichen Probleme unserer Erkenntnismöglichkeiten zu verweisen. Ein unverstellter Blick auf die historische Elisabeth wird uns nie möglich sein, die „historische“ Elisabeth wird uns für immer entzogen bleiben. Wir können uns als Historiker mit unseren Methoden und Fragestellungen nur immer wieder neu nach bestem Wissen und Gewissen um Annäherung, um Näherungswerte bemühen, in dem vollen Bewusstsein, dass unser Blick auf Elisabeth beziehungsweise auf die über Elisabeth berichtenden zeitgenössischen Zeugnisse von den Vorgaben und Prägungen unserer Zeit, von unserem Forschungsstand beeinflusst ist, und dass sich die Sichtweisen auf die heilige Elisabeth dementsprechend mit dem zeitbedingten Wandel der Blickweisen in der Zukunft auch wieder verändern werden.

Ein Weg, den unüberwindbaren Unsicherheitsfaktor bei unserer Frage nach der historischen Gestalt der heiligen Elisabeth zu mindern, ist der Versuch, den Lebensweg Elisabeths – mit der aktuellen Forschung – nicht als isolierte Biographie zu sehen, sondern ihn in den Kontext der Zeit zu stellen, d. h. konkret zu fragen: Was war an dem, das sich hinter den von uns gedeuteten Zeugenaussagen in Konturen als historische Elisabeth abzeichnet, zeitgebunden, zeitgeprägt, was war singulär und welche Deutungs- und Erklärungsmöglichkeiten eröffnet der Blick auf den Kontext der Zeit? Hier hat, wie bereits oben erwähnt, die Forschung der letzten Jahrzehnte große Fortschritte erzielt, insbesondere zur Frage nach dem frühen Franziskanertum und seinem Verhältnis zur heiligen Elisabeth, nach der theologischen und frömmigkeitsgeschichtlichen Prägung Konrads von

Marburg, wie insgesamt zu dem religiösen und sozialen Aufbruch und Umbruch im frühen 13. Jahrhundert, den religiösen Bewegungen und der Frauenfrömmigkeit dieser Zeit, aber auch zu den hochadeligen Lebensnormen sowie der großen europäischen Politik, in die die Biographie Elisabeths eingebunden war, und nicht zuletzt auch zur Geschichte des thüringischen Landgrafenhofes. Wir wollen im Folgenden versuchen, in einer kurzen Darstellung des Lebensweges Elisabeths in ihrer Zeit die wichtigsten dieser aktuellen Forschungsergebnisse vorzustellen. Hierbei richten wir, wie schon oben angekündigt, den Blick vor allem auf Elisabeths Beziehungen zu den Franziskanern, ihre Hinwendung zur städtischen Armut in Eisenach, auf die Rolle Konrads von Marburg und auf ihr Leben als „Schwester in der Welt“ in Marburg.

III.

Elisabeth wurde im Sommer 1207 als Tochter König Andreas II. von Ungarn und seiner Gemahlin Gertrud aus der Familie der Andechs-Meranier geboren. Das ungarische Königshaus unterhielt damals Heiratsverbindungen zu den königlichen Dynastien von Böhmen, Aragón, Frankreich und des lateinischen Königreiches Jerusalem, und es vernetzte als bedeutender Machtfaktor in der Mitte Europas durch seine Verwandtschaftskontakte mit dem Kaisertum von Byzanz und den westlichen Königreichen den damaligen Osten mit dem Westen. In der Familie der Andechs-Meranier hatten in der Generation von Elisabeths Mutter, der Königin Gertrud von Ungarn, die vier Brüder Positionen als Markgrafen von Istrien an der Adria, als Pfalzgrafen von Burgund, als Bischof von Bamberg und als Patriarch von

Aquileia inne, von den vier Schwestern waren zwei mit den Königen von Ungarn und Frankreich, Hedwig von Schlesien mit dem Herzog von Schlesien verheiratet und nur eine Schwester war als Äbtissin des Klosters Kitzingen in Franken für den geistlichen Stand vorgesehen. Mit anderen Worten: Elisabeth gehörte dem höchsten europäischen Hochadel an, jener kleinen, sozialen und politischen Spitze, deren Mitglieder mit ihren Heiraten den weiten Raum zwischen Palästina, Byzanz und Schlesien im Osten mit dem Westen in Frankreich und Aragón vernetzten, wobei diese Heiraten fast durchweg ein Mittel der hohen europäischen Politik waren.

Dies gilt auch für jene Heiratsverbindung, die 1211 zwischen dem ungarischen Königshaus und den Landgrafen von Thüringen vereinbart wurde und die die damals vierjährige Elisabeth nach Thüringen führte. In dem Kalkül Papst Innozenz' III., 1211 eine breite Koalition gegen den welfischen Kaiser Otto IV. und zur Durchsetzung des jungen staufischen Königs von Sizilien, Friedrich II., als deutschen König und künftigen Kaiser aufzubauen und hierfür die miteinander versippten böhmischen, ungarischen und andechs-meranischen Königs- und Adelshäuser zu gewinnen, spielte der Landgraf von Thüringen eine zentrale Rolle, da er mit seinen Herrschaftsgebieten in Thüringen und Hessen die wichtigste politische Kraft in der Mitte des deutschen Reiches bildete. Das politische Bündnis, das Ungarn, Böhmen, die Andechs-Meranier und den Landgrafen von Thüringen 1211 im päpstlichen Lager gegen den Welfen Otto IV. vereinte, wurde durch die Verlobung zwischen dem ältesten Landgrafensohn Ludwig und der vierjährigen ungarischen Königstochter und Andechs-Meranierin Elisabeth besiegelt. Es war dies ein Vorgang, wie er in der Welt des hoch- und spätmittelalterlichen europäischen Hochadels ungezählte Male vorkam – eine ganz normale Eheabrede, bei der es neben der hohen Politik vor allem um die Regelung materieller Fragen ging: um die angemessene Mitgift, die die Frau in die Familie ihres künftigen Mannes einbrachte, und um das angemessene Witwengut, das der künftige Ehemann seiner Braut zur Nutznießung während der Ehe und vor allem zu ihrer Versorgung für den Fall seines vorzeitigen Todes stellte.

Für die thüringischen Landgrafen der Ludowinger, denen ihre Mittellage im Reich und ihre Schaukelpolitik im staufisch-welfischen Thronstreit zu diesem hohen politischen Gewicht verholfen hatte, stellte die Einheirat in das ungarische Königshaus einen enormen Prestigegewinn dar. Die Ludowinger, gut 150 Jahre zuvor als landfremde kleine Grafen von Franken nach Thüringen eingewandert, hatten im 11./12. Jahrhundert durch eine geschickte Heirats- und Bündnispolitik die Vorherrschaft in Thüringen erworben, waren seit 1122 auch in den Besitz von Oberhessen mit Marburg und Niederhessen mit Kassel gelangt und wurden 1130 vom König zu Landgrafen von Thüringen und damit in den Kreis der Reichsfürsten erhoben. Sie hatten von kleinen Verhältnissen aus begonnen und waren letztlich eine Aufsteigerfamilie, die es bis zum Ende des 12. Jahrhunderts immerhin zu einigen Heiraten in Herzogsfamilien und – über Ludwigs IV. Großmutter Jutta – auch zu einer Ehebeziehung mit dem staufischen Königs- und Kaiserhaus gebracht hatte und die ihre zunächst eher bescheidene Herkunft mit einem immensen Aufwand an Repräsentation auszugleichen suchte: Hierzu zählten die prunkvollen Palasbauten auf der Wartburg und der Neuenburg, das Mäzenatentum Landgraf Hermanns I., des Schwiegervaters Elisabeths, der als „Dichterfürst" die berühmtesten Dichter der Zeit am Landgrafenhof versammelte, und die kostbaren Prachtpsalter, die am Landgrafenhof unter Hermann I. zum Gebet dienten. Mit der Verlobung des künftigen Landgrafen Ludwig mit der ungarischen Königstochter Elisabeth 1211 waren die Landgrafen endgültig in den kleinen Kreis des höchsten europäischen Adels aufgestiegen. Als „Schwiegersohn des ungarischen Königs“ betitelten zeitgenössische Chronisten Elisabeths Gemahl Landgraf Ludwig IV.

Die Lebensformen dieser kleinen hochadeligen Schicht waren von festen Normen und aufwändiger Repräsentation geprägt, wobei öffentliche und private Sphäre kaum geschieden wurden. Fürstlich-königliche Repräsentation, wie sie sich in Palasbauten nach dem Vorbild kaiserlicher Architektur, kostbarer Kleidung, reichem Schmuck, edlen Pferden und Waffen, höfischen Festen und luxuriösem Lebensstil manifestierte, dokumentierte die Zugehörigkeit zu der kleinen, königlich-fürstlichen Führungselite, hob sie deutlich von den übrigen sozialen Schichten ab und war damit zugleich ein Mittel der Politik. Die Ehefrauen waren in den exklusiven Lebensstil dieser höchsten Schicht mit ihren fest gefügten Normen und Ritualen eingebunden und besaßen letztlich nur einen geringen Handlungsspielraum.

All dies war auch für Elisabeth vorgegeben, als sie 1211, vierjährig, an den thüringischen Landgrafenhof gelangte. Sie wurde hier in den nächsten Jahren für dieses hochadelige Leben erzogen, dessen sichere Beherrschung mit seinen festen Normen und seinen Repräsentationspflichten ihre wichtigste politische Aufgabe als künftige Landgräfin war, neben der fast noch wichtigeren Funktion der Sicherung der Dynastie durch das Gebären von Söhnen. Die lange geplante Heirat fand im Frühsommer 1221 statt, als Elisabeth noch keine 14

Jahre alt war; ihr erstes Kind, der einzige Sohn Hermann, wurde im März 1222 geboren. An der Seite ihres Gemahls Ludwigs IV., eines damals 20-jährigen, politisch außerordentlich dynamischen und einflussreichen Reichsfürsten, stand Elisabeth mit 13/14 Jahren als Fürstin mit allen Pflichten und Rechten an der Spitze eines der politisch einflussreichsten, angesehensten und durch seine glänzende Repräsentation berühmtesten deutschen Fürstenhöfe ihrer Zeit. Sie verfügte über einen eigenen kleinen Hofstaat, den sie mit den Einkünften aus ihrer Witwenausstattung unterhielt.

Bis hierhin verlief ihre Biographie ganz in jenen normalen Bahnen, wie sie für den damaligen Hochadel vorgegeben waren, und Lebenswege wie der Elisabeths dürften im Adel jener Zeit ungezählte Male vorgekommen sein. Nur durch ihre Zugehörigkeit zur zahlenmäßig sehr kleinen, höchsten königlich-hochadeligen Schicht und durch ihre Verlobung im Rahmen der europäischen politischen Konstellation von 1211 hob sich Elisabeth aus dieser Normalität heraus.

Um so bemerkenswerter war der in diesen Dimensionen singuläre Bruch, zu dem sich die junge Fürstin entschied, als sie im Alter von 14/15 Jahren der religiösen Armutsbewegung ihrer Zeit begegnete. Die Einzelheiten dieser Begegnung, dieses existenziellen Ereignisses im Leben Elisabeths, liegen weitestgehend im Dunkeln. Es gibt nur eine einzige Nachricht, die etwas Licht in dieses Dunkel bringt. Sie findet sich an versteckter Stelle und eher beiläufig in der Chronik, die der aus Italien stammende Franziskaner Jordan von Giano, der 1221 mit den ersten Franziskanerbrüdern nach Deutschland gezogen war, 1262 in hohem Alter in Halberstadt über die Anfänge und erste Ausbreitung der Franziskaner in Deutschland verfasste. Hier hören wir von einem Laienbruder Rodeger, der 1221 in Würzburg in den Franziskaner-Orden eingetreten war und nach 1223 Leiter der Ordensniederlassung in Halberstadt wurde, folgendes: „Rodeger wurde auch der geistliche Leiter der seligen Elisabeth, indem er sie darin unterwies, Keuschheit, Demut und Geduld zu üben, im Gebet zu verharren und Werke der Barmherzigkeit zu vollbringen."

Die italienischen und deutschen Franziskanerbrüder, die im Herbst 1221 im Auftrag der Ordensleitung von Assisi aus zur Ausbreitung des Ordens nach Deutschland aufbrachen, waren noch ganz vom unmittelbaren Erleben ihres charismatischen Ordensgründers Franziskus von Assisi (1181/82–1226) geprägt. Sie gewannen mit ihrer Predigt und mit ihrem gelebten Vorbild wörtlich begriffener Christusnachfolge sofort zahlreiche neue Brüder und konnten sich binnen weniger Jahre fast explosionsartig über weite Teile Deutschlands ausbreiten. Diese ersten Brüder, bei denen noch das Laienelement überwog, vertraten die ursprünglichen Ziele des frühen Franziskanertums vor der rasch einsetzenden Klerikalisierung des Ordens. Diese Ziele waren geprägt von der radikalen, wörtlichen Befolgung der Nachfolgeworte Christi in Mt 16,24: „Wer mir nachfolgen möchte, der verleugne sich selbst und nehme sein Kreuz auf sich und folge mir nach", oder in Mt 19,29: „Und wer verlässt Häuser oder Brüder oder Schwester oder Vater oder Mutter oder Weib oder Kinder oder Äcker um meines Namens willen, der wird's hundertfältig nehmen und das ewige Leben ererben" – umgesetzt als Bußbrüderschaft in völliger persönlicher Armut, Ablehnung jeden Besitzes und Geldes, in tiefster Selbsterniedrigung als geringste verachtetste Brüder, gleichsam „nackt dem nackten, armen, leidenden Christus folgend", sich um die Elendesten kümmernd, in Schicksalsgemeinschaft mit den Ausgegrenzten, „sich freuend“, wie es die älteste Regel von 1221 formuliert, „wenn sie unter ganz geringgeschätzten, verachteten Leuten verweilen, inmitten von Armen und Hinfälligen, Kranken und Aussätzigen und Bettlern auf der Straße“. Wie die völlige Armut und die Selbsterniedrigung im Umgang mit den Niedrigsten eine Nachfolge des bettelarmen, erniedrigten Christus war, so bildete die Hinwendung zu den Elendesten, Kranken und vor allem zu den Aussätzigen, den Leprakranken, eine Hinwendung zu Christus selbst, den man nach Mt 25,40: „Was ihr getan habt einem unter diesen meinen geringsten Brüdern, das habt ihr mir getan“ in der Gestalt dieser Ärmsten und Notleidenden erblickte – Christusnachfolge, Christusliebe, um Buße zu leisten, Vergebung der Sünden zu erlangen und das „ewige Leben zu ererben“.

Die Bußbrüderschaft des Kaufmannssohnes Franziskus von Assisi war 1216 vom Papst als Orden anerkannt worden. Sie war Teil einer breit gefächerten, weite Gebiete Europas erfassenden religiösen Armutsbewegung, die im 11./12. Jahrhundert zunächst im klösterlichen Bereich erwachsen war und sich seit der zweiten Hälfte des 12. Jahrhunderts und in den ersten Jahrzehnten des 13. Jahrhunderts vor allem auf die neu entstehenden Städteregionen in Mittel- und Oberitalien, in Frankreich, Belgien und den Rheinlanden verlagerte. In den Städten, wo die Zahl der Armen rasch anwuchs, waren die Kontraste von arm und reich auf engem Raum immer unmittelbarer erfahrbar, reichten die bisherigen karitativen Institutionen der klösterlichen Hospitäler nicht mehr aus, und vor allem hier suchten Männer und Frauen in vielfältiger Weise nach Wegen, in immer wörtlicherer Umsetzung der Gebote Christi zur Armut, Nächstenliebe und Nachfolge auf diese großen sozialen Veränderungen zu reagieren und hierfür neue, angemessene religiöse Lebensformen zu finden. Neben den Franziskanern sei nur verwiesen auf die großen Büßerbewegungen in Mittel- und Norditalien, auf die von den Pariser Schulen des späten 12. Jahrhunderts ausgehende, ganz diesen Zielen entsprechende theologische Pastoralreform und ganz besonders natürlich auf die Frauenfrömmigkeit, die nicht nur in sprengender Weise in die Nonnenklöster bisheriger Orden drängte, sondern die für ein Leben in der Nachfolge Christi nach religiösen Lebensformen in Gebet, Armut, Handarbeit und Werken der Barmherzigkeit auch außerhalb von Klostermauern suchte. An ihrer Spitze standen die von Nordfrankreich, Belgien und Flandern ausgehenden, zwischen Kloster und Welt lebenden Frauengemeinschaften der sogenannten Beginen.

Die junge Landgräfin Elisabeth schloss sich – wie jüngste Forschungen gezeigt haben – bereits im Alter von 14/15 Jahren dieser breit gefächerten Armutsbewegung an, unzweifelhaft angestoßen durch ihre in das Jahr 1222/23 zu datierende erste Begegnung mit den noch ganz vom unmittelbaren Erleben des Franziskus beflügelten frühesten Franziskanern in Deutschland. Die Konsequenzen dieses Schritts waren weitreichend. Die Nachfolge Christi im Sinne des Franziskus von Assisi stellte die gesamten Normen des bisherigen Lebens Elisabeths in Frage und führte zu einem extremen, unvereinbaren Kontrast zu Elisabeths Verpflichtungen als Fürstin, als Angehörige des europäischen Hochadels und als Ehefrau und Mutter. Landgraf Ludwig IV. – obgleich einer der machtbewusstesten Fürsten seiner Zeit – hat diese Entscheidung seiner Gemahlin mitgetragen, ja sie in vielfacher Hinsicht erst ermöglicht, und er hat seiner Gemahlin den entscheidenden Rückhalt geboten für die Konflikte, in die ihre rigorose Armutsfrömmigkeit den thüringischen Landgrafenhof sehr bald stürzen sollte. Nachfolge Christi im Sinne von Mt 25,40: „Was ihr getan habt einem unter diesen meinen geringsten Brüdern, das habt ihr mir getan“, Nachleben der ältesten Franziskusregel von 1221 im Sinne von „sie müssen sich freuen, wenn sie unter ganz geringgeschätzten, verachteten Leuten verweilen, inmitten von Armen und Hinfälligen, Kranken und Aussätzigen und Bettlern auf der Straße“ und „sie sollen vielmehr die Geringsten sein und allen untertan, die im gleichen Hause sind“. Christusnachfolge in diesem franziskanischen Sinne bedeutete für eine Fürstin – und Elisabeth war die mit Abstand höchstgestellte Persönlichkeit, die sich in der Frühzeit der Franziskaner den Ideen des Franziskus anschloss – einen radikalen Perspektivenwechsel, einen Wechsel des Blicks von der Spitze der damaligen Gesellschaft hin zu den Niedrigsten, den Untersten, in gezielter, freiwilliger Gleichstellung mit ihnen.

IV.

Diese sozialen Gruppen waren nicht auf der Wartburg als der prächtigsten Residenz der Landgrafen zu erleben, die Elisabeth als bevorzugter Aufenthaltsort diente. Wohl aber traten sie in das Blickfeld, wenn man mit veränderter Perspektive von der höfischen Welt der hoch gelegenen Wartburg auf die städtische Gesellschaft der unterhalb der Wartburg befindlichen Stadt Eisenach hinabblickte und sich nunmehr – gleich Franziskus von Assisi – jenen zuwandte, die bislang kaum jemals in den Gesichtskreis der jungen Fürstin aus europäischem Hochadel getreten waren: Arme, Elende, Bettler, Kranke und Ausgegrenzte. Damit aber gewann für Elisabeth Eisenach als die wichtigste und größte landgräfliche Stadt eine völlig neue Dimension: als Ort, an dem sich, wie in allen aufblühenden Städten jener Zeit, Armut und Reichtum in immer krasserem Gegensatz gegenüberstanden, und als Ort, an dem für Elisabeth dieser Gegensatz, vor allem aber Armut, Elend und Not, unmittelbar erfahrbar war. Kaum zufällig war die Bußgemeinschaft des Kaufmannsohnes Franziskus im städtischen Milieu von Assisi entstanden und fand sie in den Städten den breitesten Zustrom, und ebenso besaß ihr wichtigstes weibliches Pendant, die Laienfrömmigkeit der Beginen mit ihrer Hinwendung zu den Armen, Kranken und zum Lebenserwerb durch eigener Hände Arbeit, seine Wurzeln in der neben Mittel- und Norditalien zweiten großen europäischen Städtelandschaft, in Nordfrankreich, Flandern und Belgien.

Die Städte, deren erste Blütezeit im 12./13. Jahrhundert lag, hatten nicht nur zu einem Aufblühen von Handel, Wirtschaft und Kultur geführt und mit dem Bürgertum eine neue politische, soziale und geistige Kraft von größter Dynamik hervorgebracht, sondern sie waren auch neue Zentren von Armut und Elend. Sie zogen massenhaft Angehörige der ländlichen Bevölkerung an, die sich hier eine Verbesserung ihrer materiellen Situation und ihrer Lebensperspektiven erhofften, und sie boten Raum für eine Unterschicht, deren Vertreter zumeist als Tagelöhner ein Leben an der Existenzgrenze fristeten und bei jeder Krankheit, jedem Unfall, jedem Arbeitsverlust in das Elend zu stürzen drohten. Armut, vor allem städtische Armut, war nach zeitgenössischem Verständnis, „wenn man den Lebensunterhalt mit eigener Hände Arbeit verdient, aber nichts mehr übrig bleibt, wenn man gegessen hat“. Größere Kontraste als zwischen dieser massenhaft um sich greifenden städtischen Armut – etwa 30 Prozent der städtischen Bevölkerung waren in diesem Sinne arm – und dem exklusiven Lebensstil eines Fürstenhofes wie des thüringischen Landgrafenhofes waren kaum vorstellbar. Der Anschluss der 14/15-jährigen Fürstin Elisabeth an die Ideale des Franziskus von Assisi öffnete ihr die Augen für diese Kontraste und richtete ihren Blick und ihr Handeln vor allem auf jene Armut, der sie unmittelbar unterhalb der Wartburg in Eisenach begegnete.

In den zeitgenössischen Zeugnissen über die heilige Elisabeth, vor allem in den im „Libellus" überlieferten Aussagen der beiden thüringischen Hofdamen Guda und Isentrud, werden die Welt der Armen, aber auch die Kontraste zwischen arm und reich in Eisenach zur Zeit Elisabeths in selten anzutreffender eindringlicher Weise beschrieben. Guda und Isentrud berichten immer wieder, wie Elisabeth – offenbar zu Pferd – den steilen Weg von der Burg in die Stadt nahm und hier die Quartiere der Armen aufsuchte. Sie scheute sich nicht, sich auf schmutzigen Straßen in die ärmlichen Hütten der Armen zu begeben, und sie schreckte nicht vor dem Gestank und Schmutz zurück, den sie hier vorfand. In diesen Hütten traf sie Menschen an, denen es an Essen und Kleidung fehlte, die hoch verschuldet waren, die keinen Beistand bei Geburten hatten und denen niemand bei der angemessenen Bestattung ihrer Toten half. In allen diesen Situationen griff die junge Landgräfin eigenhändig ein und suchte Beistand zu leisten. Dabei übernahm sie nicht nur bei Taufen die Patenschaft für Kinder von Armen, sondern sie nähte auch mit eigener Hand Taufgewänder für arme Täuflinge. Ebenso stellte sie eigenhändig Totengewänder für arme Verstorbene her – im Mittelalter wurde man in den allermeisten Fällen nicht in einem Sarg, sondern eingehüllt in ein Tuch oder Gewand bestattet. Elisabeth traf offenbar auf Menschen, die so arm waren, dass sie keine neuen Gewänder für die Toten beschaffen konnten und auch die gebrauchten Kleider ihrer Verstorbenen lieber selbst weiter trugen, als sie für das Begräbnis zu verwenden. Um ihnen zu helfen, nähte Elisabeth nicht nur Totengewänder und zerschnitt einmal einen kostbaren weißen Schleier für die Umhüllung der Toten, sondern sie trat auch als Stadt- und Landesherrin auf: „Sie konnte es nicht ertragen, dass die Körper reicher Verstorbener in neue Leintücher oder neue Hemden gehüllt wurden, sondern sie sollten in alten bestattet werden, und sie befahl, die guten (s.c. neuen) den Armen zu geben“, berichtete Isentrud 1235 vor der Heiligsprechungskommission. Oft gab sie diesen armen Toten das letzte Geleit. Eine Bemerkung wie: „Als sie einmal einen armen Kranken besuchte und ihn über einige Schulden klagen hörte, die er nicht bezahlen konnte, beglich sie diese für ihn“, lässt erahnen, wie leicht Arme, die ihren Lebensunterhalt nicht mehr bestreiten konnten, in Verschuldung gerieten, und was in einer solchen Situation Krankheit bedeutete.

Ein weiterer Bericht lässt uns noch aufmerksamer werden: „Oft besuchte und tröstete sie arme Frauen bei ihrer Niederkunft. Wenn Boten von solchen Wöchnerinnen und anderen Kranken mit einer Bitte zu ihr kamen, erkundigte sie sich nach deren Wohnungen, um sich durch einen persönlichen Besuch bei ihnen zu Barmherzigkeit und Mitleid anzuspornen. […] Ohne Widerwillen vor Unsauberkeit betrat sie ihre ärmlichen Kämmerchen, brachte ihnen alles Notwendige und spendete ihnen Trost.“ Ganz offensichtlich war die Landgräfin zu einer bekannten Anlaufstelle für sozial Schwache geworden, die in Not geraten waren. Leute aus diesem Milieu hatten Zugang zum landgräflichen Hof, um die Fürstin zu unterrichten, die dann in eigener Person die ärmlichen Quartiere aufsuchte und nach Möglichkeiten half – bis hin zum eigenhändigen Melken einer Kuh, was ihr als Ungeübter völlig misslang. Kleidung und Essen, also die Sorge um die nackte physische Existenz, standen im Vordergrund der Nöte der Armen. Wenn berichtet wird: „Einer von solchen armen Frauen gab sie Schuhe, ein Hemd und ein Oberkleid. Diese war so überglücklich, dass sie zu Boden stürzte und man daher glaubte, sie werde vor Freude sterben. Laut rief sie, noch nie im Leben eine ähnliche Freude gehabt zu haben" – dann wird deutlich, welche Kostbarkeit Kleider und Schuhe für arme Menschen bedeutete. Wir wissen aus dem Spätmittelalter von Armen, deren ganzes Vermögen in einem Mantel bestand. Ein Paar Lederschuhe musste fast ein Leben lang halten. Von daher war es etwas Überwältigendes, Schuhe, Hemd und Oberkleid als Geschenk zu erhalten. Eine Fürstin, die, wie über Elisabeth berichtet wird, zusammen mit ihren Hofdamen Wolle für die Kleider von Armen spann, erniedrigte sich mit dieser unwürdigen Handarbeit nicht nur, sondern sie leistete den Armen große, echte Hilfe, um sich bekleiden zu können.

Was hier anhand von Einzelbeispielen andeutungsweise über Armut und Elend in Eisenach und über Elisabeths Hinwendung zu der Welt der Armen mitgeteilt wird, dies gewann beklemmende Dimensionen, als die große Hungersnot von 1226 noch sehr viel breitere Bevölkerungskreise in die Verelendung stürzte. Seit den frühen 20er Jahren hatten klimabedingte Ernteausfälle mit anschließenden Teuerungen auch in Thüringen für die einfache Bevölkerung zu wachsenden Versorgungsproblemen und Nöten geführt. Seit 1225 verschlechterte sich die Situation der notleidenden Menschen dramatisch. 1226 kam es zu einer schweren Hungersnot, die weite Teile der verarmten Bevölkerung erfasste. Elisabeth führte damals für ihren Mann Landgraf Ludwig IV., der beim Kaiser in Italien weilte, die Regierungsgeschäfte. Sie öffnete in sämtlichen Herrschaftsgebieten Ludwigs die landgräflichen Kornkammern, um die Hungernden zu versorgen. Besonders detailliert erfahren wir wieder über die Situation in Eisenach und die dortigen Maßnahmen Elisabeths im Frühjahr/Sommer 1226. Wieder spielten Kleidung und Nahrung die entscheidende Rolle: Elisabeth verkaufte Schmuck und Gewänder, um den Armen Geld zum Kauf von Lebensmitteln zu geben, und sie verteilte täglich ein öffentliches Almosen an die Gesamtheit der Armen. Auch verschenkte sie kostbare Gewänder und Luxusgegenstände aus Seide an arme Frauen mit der Ermahnung: „Ihr sollt das nicht für eure Eitelkeit tragen, sondern für euren notwendigen Bedarf verkaufen und fleißig arbeiten.“

Die Aufforderung zur Arbeit richtete sich jedoch nur an einen Teil der Betroffenen. Die Berichte über die Not und über die Notmaßnahmen Elisabeths im Hungerjahr 1226 lassen zwei Gruppen von Armen erkennen: diejenigen, die sich ihren Lebensunterhalt (Ernährung) mit eigener Hände Arbeit erwerben konnten, und diejenigen, die dazu nicht mehr in der Lage waren: „Sie gab allen, die arbeiten konnten, Hemden und Schuhe, damit sie ihre Füße nicht an den Stoppeln verletzten, und Sicheln, damit sie mähen und sich durch eigene Arbeit ernähren könnten. Denen, die nicht arbeiten konnten, gab sie Kleider, die sie auf dem Markt kaufen ließ.“ Ganz offensichtlich gab es also Tagelöhner, die sich in Land- und Feldarbeit das für ihre Nahrung erforderliche Geld verdienen konnten, die aber zu arm waren für die Arbeitskleidung und die Arbeitsgeräte, die sie benötigten, um diese Arbeit ausüben zu können. Ihnen verhalf Elisabeth zu diesen Voraussetzungen und ermöglichte ihnen damit, aus ihrem Bettlerdasein, ihrem Angewiesensein auf öffentliche Almosen herauszukommen – auch, wenn die Begünstigten weiter zu der großen Gruppe der Armen zählten. Andere, die nicht mehr zu derartigen Tagelöhner-Arbeiten in der Lage waren, blieben angewiesen auf die öffentliche Verteilung von Almosen und Getreide, die Elisabeth veranlasste, und auf die Kleider, die sie für sie anschaffen ließ.

Neben ihnen gab es noch eine dritte, noch schlechter gestellte Gruppe: die armen Kranken, also diejenigen, die nicht nur nicht mehr arbeiten konnten, sondern die auch zu schwach waren, das öffentliche Almosen zu empfangen. Für sie richtete Elisabeth in einem steinernen Gebäude unterhalb der Wartburg ein Hospital ein, wo sie „sehr viele Kranke unterbrachte, die zur allgemeinen Almosenverteilung nicht kommen konnten. Sie besuchte sie mehrmals am Tag. Um ihnen Almosen schenken zu können, verkaufte sie sogar ihren Schmuck. Obwohl ihr sonst verdorbene Luft überall zuwider war, ertrug sie, selbst im Sommer, ohne jeden Ekel die schlechteste Krankenluft, die ihre Mägde nur schwer und mit Murren aushielten. [...] Mit ihrem Kopftuch wischte sie Speichel und Auswurf aus deren Gesicht sowie Schmutz aus Mund und Nase." Schließlich hören wir eine weitere Nachricht, die ein besonders grelles Schlaglicht auf die soziale Situation wirft: „Außer den Kranken unterhielt sie in diesem Haus auch viele arme Kinder. Sie war so gütig und liebevoll zu ihnen, dass alle sie ‚Mutter' nannten, beim Betreten des Hauses auf sie zuliefen, und sie freudig umringten. Unter diesen

Kindern wandte sie den mit Ausschlag behafteten, den kranken, schwächlichen, den schmutzigsten und am meisten missgestalteten ihre besondere Liebe zu: sie streichelte ihre Köpfe und drückte sie an sich." Handelte es sich bei diesen Kindern um Waise, um ausgesetzte Kinder, die von ihren Eltern verlassen wurden, weil diese sie nicht mehr ernähren konnten? Hier bleiben zwar Fragen offen, aber es wird eine unvorstellbare Not erkennbar, der sich die junge Landgräfin gegenübersah. Kaum zufällig wohl knüpft an dieser Stelle eine der ganz seltenen Passagen mit Wundercharakter in den Aussagen der Zeitgenossen an: „Um sie zu trösten, kaufte Elisabeth kleine Töpfe, Glasringe und andere Spielsachen. Als sie einmal aus der Stadt auf die Burg hinaufritt und solcherlei Dinge in ihrem Mantel trug, fiel alles durch ein Missgeschick heraus und stürzte von sehr großer Felsenhöhe auf Gestein hinunter. Aber trotzdem fand man alles ganz und unversehrt wieder, und sie verschenkte es an die Kinder zu deren Freude."

Von den Aktivitäten Elisabeths während der Hungersnot von 1226 lassen sich Maßnahmen wie die Verteilung von Getreide aus den landgräflichen Kornkammern oder die reichen Almosengaben zum Kauf von Nahrungsmitteln und Kleidung, vielleicht auch die Stellung von Arbeitsgerät durchaus noch als Äußerungen landesherrlicher Fürsorgepflicht für die von besonderen Notfällen heimgesuchte Bevölkerung ansehen, auch wenn sie weit über das übliche Maß hinausgingen. Auch die Einrichtung des Hospitals könnte als Zeichen landes- und stadtherrlicher Fürsorge gewertet werden. Bereits 1223 hatte Landgraf Ludwig IV. unter Mitwirkung seiner Mutter Sophia, seiner Gemahlin Elisabeth und seiner Brüder in seiner Stadt Gotha als Stadtherr ein Hospital gegründet. In der wichtigsten landgräflichen Stadt Eisenach hingegen gab es bis zu der Hungersnot von 1226 noch kein Hospital, und die Umwidmung eines Gebäudes unterhalb der Wartburg für diese Zwecke mochte diesen Mangel in der Notsituation von 1226 vorübergehend erst einmal beheben.

Bemerkenswert ist jedoch, dass Elisabeth sich nicht auf diese allgemeineren unterstützenden Maßnahmen und auf die Hospitalgründung beschränkte, sondern den Rahmen landesherrlicher Verantwortung weit überschritt, indem sie – vor allem in ihrem Hospital – sich in eigener Person, alle Standesschranken sprengend, in aufopfernder Weise der elendesten Kranken annahm. Zwar berichten die Augenzeuginnen, Elisabeths Hofdamen Guda und Isentrud, bis zum Jahre 1226 immer wieder von Elisabeths Hilfe für erkrankte Arme im Zusammenhang ihrer sonstigen Sorge um die Armen, 1226 aber beschreiben sie – und ähnlich auch Konrad von Marburg – ausführlich, wie Elisabeth die Kranken in dem Hospital täglich mehrfach besuchte, sich mit ihnen tröstend unterhielt, sie mit Essen und Trinken versah, ihre Wunden mit eigenen Händen pflegte und sich hierbei mit besonderer Hinwendung um die unversorgten, ärmsten kranken Kinder kümmerte. Ihre Schilderungen von Elisabeths Wirken in ihrem Hospital nehmen breiten Raum ein. Ganz offensichtlich war in der Wahrnehmung der Augenzeugen und in der Gewichtung durch die Heiligsprechungskommission dieses von tiefster Nächstenliebe und Selbsterniedrigung geprägte Verhalten der jungen Landgräfin ein ganz besonderes Merkmal ihres heiligmäßigen Lebens noch zu Lebzeiten ihres Gemahls Ludwigs IV.

Guda und Isentrud waren der jungen Landgräfin als ihrer Herrin in die Quartiere der Armen und in das Hospital unterhalb der Wartburg gefolgt. Ihre Berichte lassen städtische Armut und Not in einer Realität erkennen, wie sie zu dieser Zeit in Deutschland kaum in einer anderen Quelle greifbar wird, und sie veranschaulichen damit in ungemein drastischer Weise, welchen Kontrasten die junge Fürstin sich nach ihrer Hinwendung zu den Ideen des Franziskus von Assisi stellte und welch brennende Herausforderung ihrer Zeit die Verarmung breiter Bevölkerungsschichten in den Städten wie auch auf dem offenen Lande war.

Doch auch die andere Seite, mit der Elisabeth gleichfalls in Eisenach konfrontiert war, wird angesprochen: jene Einwohner, die in der Lage waren, die Schmuckstücke und kostbaren Gewänder, die Elisabeth zum Almosenerwerb verkaufte, käuflich zu erwerben, und die ihre Toten in neuen Gewändern bestatteten. Hinter ihnen sind sicherlich jene Eisenacher Bürger zu vermuten, die erstmals in einer Urkunde von 1196 deutlicher genannt werden: die Münzmeister, die Kämmerer, die landgräflichen Ministerialen – also die städtische Oberschicht, die sich mit ihrem gehobenen sozialen Stand und ihrem Reichtum in aller Schärfe von der Unterschicht abhob. Dem Urteil dieser Oberschicht wie der ganzen Hofgesellschaft setzte sich Elisabeth aus, als sie sich in aller Entschiedenheit in eigener Person, ohne Berührungsängste und in tiefster Selbsterniedrigung, den Elendesten der Stadt zuwandte und als sie den Reichen befahl, die zur Bestattung ihrer Toten bestimmten neuen Tücher oder Hemden den Armen zu geben.

Doch demonstrierte sie ihr Armutsstreben, ihre Nächstenliebe und ihre Selbsterniedrigung nach dem Vorbild des Franziskus nicht nur auf diese Weise, sondern sie machte ihre radikale Christusnachfolge auch in jener Öffentlichkeit allgemein sichtbar, wie sie erst die Stadt schuf: bei den Bittprozessionen vor Himmelfahrt, der öffentlichen Fußwaschung am Gründonnerstag und den Reinigungsgottesdiensten nach der Geburt von Kindern – alles Gelegenheiten, die hochgestellte Persönlichkeiten nutzten, ihre hohe Stellung zur Schau zu stellen. Elisabeth hingegen nahm als die mit Abstand höchstgestellte Frau im gesamten mitteldeutschen Raum diese großen kirchlichen Veranstaltungen zum Anlass öffentlicher Selbsterniedrigung, indem sie sich bei den Bittprozessionen in ärmlicher Kleidung – von allen gesehen – unter die Ärmsten einreihte, bei der Fußwaschung am Gründonnerstag Aussätzigen nicht nur die Füße wusch, sondern sie küsste und lange bei ihnen verweilte und indem sie ihre neu geborenen Kinder nicht in großer Kleiderpracht zu den Reinigungsgottesdiensten brachte, sondern in schlichter, einfacher Kleidung. Hier strebte sie an, soweit sie dies als Fürstin konnte, umzusetzen, was Franziskus in seiner Regel von 1221 forderte: „Sie müssen sich freuen, wenn sie unter ganz geringgeschätzten, verachteten Leuten verweilen, inmitten von Armen und Hinfälligen, Kranken und Aussätzigen und Bettlern auf der Straße“ und „sie sollen vielmehr die Geringsten sein und allen untertan, die im gleichen Hause sind.“

V.

Welche Sprengkraft, welchen Konfliktstoff, welche Provokation des Hofes ein solches Verhalten in sich barg, kann man sich kaum drastisch genug vorstellen. Dies um so mehr, als die religiöse Entscheidung Elisabeths bei einer Persönlichkeit ihres Ranges und Standes stets auch erhebliche politische Dimensionen besaß. Nichts weniger war geschehen, als dass eben jene junge Königstochter, mit deren Einheirat die ludowingischen Landgrafen endgültig in die Spitze des europäischen Hochadels aufgestiegen waren, all das in Frage stellte, wofür niemand so sehr in eigener Person stand wie sie. Um so stärker bedurfte ihr Schritt, Christus so nachzufolgen, wie dies Franziskus getan hatte, auf die Dauer eines geistlichen Rückhalts. Der Franziskanerorden, dem ihr erster geistlicher Leiter, der sie allerdings nur kurze Zeit begleitende Laienbruder Rodeger, angehörte, war in seiner Frühzeit weder personell noch institutionell in der Lage, Frauen enger an den Orden zu binden. Vor allem aber hatte Franziskus, um einen Zustrom von Frauen zu seinem Orden zu verhindern, der wohl wesentliche Kräfte des Ordens in seiner Frühzeit und ersten Expansionsphase gebunden hätte, in seiner ältesten Regel von 1221 verfügt: „Und auf keinen Fall darf eine Frau von einem Bruder in ein Gehorsamsverhältnis aufgenommen werden, sondern nachdem ihr ein geistlicher Rat erteilt worden ist, mag sie Buße tun, wo sie will." Doch auch die Geistlichen am Landgrafenhofe, denen als Hofkaplänen die Seelsorge und die Gottesdienste für die landgräfliche Familie oblagen, dürften kaum imstande gewesen sein, Elisabeth die erforderliche geistliche Begleitung zu gewähren. Vielmehr verlangte der singuläre und spektakuläre Anschluss der jungen Landgräfin an die Lebensform der frühen Franziskaner eine Regelung, die zwar außerhalb des Ordens lag, die aber dennoch den religiösen Intentionen Elisabeths entgegenkam. Mit anderen Worten: Es bedurfte eines geistlichen Leiters, der, ohne dem Franziskanerorden anzugehören, dessen Zielen nahestand und der zugleich von seinem eigenen Profil her dem Rang einer so hochgestellten Frau wie Elisabeth entsprach. Die Persönlichkeit, die in dieser außergewöhnlichen Situation in das Leben der jungen Landgräfin eintrat, war der Kreuzprediger und Kirchenvisitator Konrad von Marburg (um

1180/90–1233). Er sollte für Elisabeths weiteren Weg weichenstellende Bedeutung gewinnen.

Konrad war durch seine Herkunft aus dem landgräflichen Marburg, vielleicht sogar als Angehöriger einer ludowingischen Ministerialenfamilie, dem Landgrafenhof eng verbunden. Vor allem aber war er ein hochgebildeter Mann, einer der einflussreichsten Kreuzzugsprediger und Kirchenreformer im damaligen Deutschland und ein enger Vertrauter des Papstes. Wie andere Kreuzzugsprediger und Förderer der neuen Frauenfrömmigkeit des frühen 13. Jahrhunderts, etwa der Kreuzzugsprediger und spätere Kardinal Jakob von Vitry – der geistliche Leiter der belgischen Begine Maria von Oignies (1177–1213) – war auch Konrad geprägt von der neuen praktischen Moraltheologie der Pariser Hohen Schulen der Zeit um 1200, insbesondere des Theologen Petrus Cantor. Diese nahm mit ihren Zielen eines strengen Bußlebens, einer Verwirklichung der Werke der Barmherzigkeit, vor allem der Armenfürsorge, sowie mit ihrer Forderung nach intensiver Buß- und Moralpredigt und einer vorbildlichen apostolischen Lebensweise für die hochgebildeten Kleriker viel von dem vorweg, was dann wenig später, seit dem zweiten Jahrzehnt des 13. Jahrhunderts, die neuen städtischen Bettelorden der Franziskaner und Dominikaner in noch sehr viel stärkerer Dynamik und Radikalität anstrebten. Wie Jakob von Vitry und andere Kreuzzugsprediger stand auch Konrad diesen neuen Orden nahe. Bei Konrad von Marburg trat hinzu, dass er im Unterschied zu anderen Kreuzzugspredigern seiner Zeit das Armutsgebot auch für seine eigene Person verwirklichte und nach Aussage Elisabeths als Weltgeistlicher „nichts besaß", „sondern bettelarm war." Letzteres, seine rigide Armut, war für Elisabeth der entscheidende Grund, Konrad zu ihrem Beichtvater zu bestimmen und ihm Gehorsam zu geloben. Dieses Gehorsamsgelübde, mit dem Elisabeth, gleichfalls in der Nachfolge Christi, auf ihren eigenen Willen verzichtete, legte sie unter Wahrung der Rechte ihres Gemahls 1226 in die Hände Konrads ab – eines Mannes, den die Zeitgenossen wegen seiner Strenge fürchteten und den selbst wohlwollende Weggefährten als hart und harsch beschrieben.

Elisabeths Status war nun der einer verheirateten Fürstin in strikter Gehorsamsbindung an einen hochrangigen Vertreter der neuen Reformtheologie und religiösen Armutsbewegung, dessen religiöse Ziele in weiten Bereichen dem glichen, was Elisabeth an Impulsen und Leitbildern von den frühen Franziskanern übernommen hatte. Damit schuf die Bindung an Konrad ihr in vieler Hinsicht die Rahmenbedingungen und den Rückhalt, um ein Leben in Buße, Selbsterniedrigung, angestrebter Armut und Fürsorge für die Armen zu realisieren, das ohne Bindung an den Franziskanerorden zahlreiche Elemente frühen Franziskanertums enthielt und das in singulärer Weise den Status Elisabeths als Fürstin wahrte, ihn – mit der scharfen Kritik an den Normen und der Praxis fürstlichen Lebens – zugleich aber sprengte.

Konrad begleitete Elisabeths Hilfsaktionen in der schweren Hungersnot 1226, er stützte ihre Maßnahmen, die die landesherrliche Pflicht für die in Not geratene Bevölkerung weit überschritten, bis hin zu ihrer aufopfernden Tätigkeit für die kranken Armen in dem von ihr gegründeten Hospital unterhalb der Wartburg, und er erlegte es ihr im Rahmen ihrer Gehorsamsverpflichtung auf, „nur solche Einkünfte ihres Gemahls zu verwenden, über deren rechtmäßige Herkunft sie ein gutes Gewissen habe“. Dies bedeutete vor allem, nur solche Speisen an der landgräflichen Tafel – aber auch an den Höfen anderer Fürsten und Adeliger – zu sich zu nehmen, die nicht auf Erpressung der Armen beruhten. Mit diesem sogenannten „Speisegebot“ wurde die – vor allem in geistlichen Kreisen – weit verbreitete Hofkritik an dem verschwenderischen Prunk der Höfe erstmals unmittelbar an der Spitze eines Fürstenhofes dieser Zeit angesiedelt und von dessen höchster Repräsentantin, der Landgräfin Elisabeth, in eigener Person gelebt.

Nicht so sehr die völlige Erschöpfung der landgräflichen Getreidevorräte und der Verkauf ungezählter Pretiosen zugunsten der Armen durch Elisabeth in der Ausnahmesituation der Hungersnot von 1226 stießen auf den Widerstand des Hofes, sondern das anstößige, alle höfischen Normen verletzende Verhalten der Landgräfin gegenüber den Armen, ihre öffentliche Selbsterniedrigung – und vor allem und am heftigsten das sogenannte Speisegebot Konrads von Marburg. Letzteres, das gewiss gleichfalls den religiösen Intentionen Elisabeths in hohem Maße entgegenkam, verschärfte für Elisabeth und ihre engste Umgebung den Konflikt zwischen religiösen Zielen und fürstlichen Pflichten an einer hoch sensiblen Stelle in schier unerträglicher Weise und führte in seiner konkreten Umsetzung dazu, dass sich Elisabeth an der Tafel bei jeder Speise nach deren Herkunft und Rechtmäßigkeit erkundigte: „Daher wurde sie, selbst bei verschiedenen Gängen am Tisch ihres Gemahls, von Hunger und Durst geplagt. Ihr Gemahl sagte ihr immer leise, welcher Herkunft die gerade aufgetragenen Gerichte seien.“ Die rigide Einhaltung dieses Gebots, das letztlich die gesamten Grundlagen höfischen Lebens in Frage stellte, belastete den Alltag am Hofe empfindlich und brachte die Umgebung Elisabeths und Ludwigs IV. so sehr auf, dass sich Ludwig IV. „wegen dieser auffallenden und ungewöhnlichen Lebensweise“ selbst Vorwürfen von Untergebenen ausgesetzt sah. Dies um so mehr, als sich Elisabeth auch darum bemühte, den ungerecht behandelten landgräflichen Untertanen, das heißt vor allem den Bauern, Ersatz zu leisten.

Da es zudem offenbar große Spannungen zwischen Ludwig IV. und seinen Brüdern Heinrich Raspe und Konrad gab, die Ludwig entgegen bisheriger ludowingischer Praxis nicht an der Herrschaft beteiligte, überrascht es kaum, dass nach dem Kreuzfahrertod Ludwigs IV. am 11. September 1227 in Süditalien der gesammelte, angestaute Unmut des Hofes und der Landgrafenbrüder Heinrich und Konrad über Elisabeth, die 20-jährige Witwe Landgraf Ludwigs IV., und ihre Kinder hereinbrach. In einem eklatanten Rechtsbruch auf höchster Ebene verstießen Elisabeths Schwäger gegen die seinerzeit mit dem ungarischen Königshaus getroffenen Ehevereinbarungen, verweigerten Elisabeth wegen angeblicher Unzurechnungsfähigkeit die Nutzung ihrer Witwengüter und entzogen ihr damit die ihr rechtlich zustehende angemessene Witwenversorgung. Ihr Angebot, Elisabeth Unterhalt an der landgräflichen Tafel zu gewähren, war für Elisabeth wegen des Speisegebots Konrads von Marburg kaum annehmbar und kam faktisch einer Vertreibung nahe.

Elisabeth verbrachte die Herbst- und Wintermonate 1227/28 mit ihren drei Kindern – das jüngste, Gertrud, war erst im September, wenige Wochen nach dem Tode Ludwigs IV., geboren – in einem quasi rechtlosen Zustand unter demütigenden Umständen in Eisenach. Erst das Eingreifen des Papstes, der offenbar von Konrad von Marburg eingeschaltet worden war, und der mütterlichen Familie Elisabeths beendete diese beklemmende, unwürdige Situation, die Elisabeth selbst allerdings als tiefste Erniedrigung und wahrhafte Armut freudig begrüßte. Papst Gregor IX. nahm Elisabeth als fürstliche Witwe in seinen päpstlichen Schutz und beauftragte Konrad von Marburg, diesen Schutz wahrzunehmen und gegen diejenigen mit Kirchenstrafen vorzugehen, die sich an der Person und den Gütern Elisabeths vergriffen. Konrad, bisher Beichtvater und geistlicher Leiter Elisabeths, war damit auch zum päpstlich bestellten Vormund der verwitweten Landgräfin in ihren weltlichen Belangen geworden. In dieser Funktion erreichte er im Frühjahr 1228 einen Ausgleich mit den Schwägern Elisabeths im Streit um ihre Witwenversorgung, und er traf, unmittelbar damit verbunden, in enger Abstimmung mit Elisabeth die Entscheidung über ihre künftige Lebensform als hochadelige Witwe.

VI.

Für eine Witwe vom Stande Elisabeths, die Ehelosigkeit und ein religiöses Leben gelobt hatte, gab es vor allem die Möglichkeit, in ein Kloster einzutreten oder bei einem Kloster das abgeschiedene Leben einer Inkluse zu führen. Zu ersten grundsätzlicheren Überlegungen über Elisabeths weiteren Lebensweg war es in den Wintermonaten Anfang 1228 gekommen, als Konrad von Marburg das Schreiben Papst Gregors IX. erhalten hatte, das ihn mit der Wahrnehmung des päpstlichen Schutzes für die verwitwete Landgräfin betraute. Konrad schreibt in seiner „Summa Vitae" an den Papst: „Als Ihr, Heiliger Vater, beschlosset, sie nach dem Tode ihres Gatten meiner Schutzgewalt anzuvertrauen, hat sie mich im Streben nach der höchsten Vollkommenheit befragt, ob sie als Inkluse oder als Nonne in einem Kloster oder in irgendeinem anderen Stand höchstes Verdienst erwerben könne. Am Ende war ihre Seele davon beherrscht, und dies forderte sie mit vielen Tränen von mir, dass ich ihr gestatten solle, an den Türen zu betteln. Als ich ihr es aber schroff abschlug, antwortete sie mir: So werde ich tun, woran Ihr mich nicht hindern könnt." Elisabeths Hofdame Isentrud berichtet von einer Christusvision Elisabeths, die in die österliche Bußzeit (Quadragesima) 1228, d. h. in die Zeit zwischen Mitte Februar und Ende März, fiel und von der Elisabeth ihr auf ihr Drängen mitteilte: „Ich sah den Himmel offen und ihn, meinen lieben Herrn Jesus, wie er sich mir zuneigte und Trost spendete in den verschiedenen Ängsten und Betrübnissen, die mich bedrückten. Und so lange ich ihn sah, war ich froh und lachte; wenn er aber sein Antlitz abwandte, als ob er weggehen wolle, weinte ich. Dann erbarmte er sich meiner, blickte mich wieder überaus milde an und sprach: ‚Wenn du bei mir sein willst, will ich bei dir sein'. Ich gab ihm Antwort." Ganz offensichtlich in der Fastenzeit 1228 fiel Elisabeths endgültige Entscheidung, ihr künftiges Leben, bis auf die Gehorsambindung an Konrad von Marburg frei aller anderer Bindungen, in unmittelbarer, radikaler Christusnachfolge zu führen und hierbei bis hin zur Bettelarmut dem Beispiel des Franziskus zu folgen. Als Zeitpunkt, diesen Schritt zu vollziehen, hatte sie nach einer ersten Begegnung mit Konrad von Marburg, bei der dieser ihr ihren Bettelwunsch abschlug, im Einvernehmen mit Konrad bewusst den Karfreitag bestimmt und als Ort hierfür – gleichfalls gezielt – die Kirche der Franziskaner in Eisenach vorgesehen, die sie diesen drei Jahre zuvor für ihre Niederlassung in Eisenach überlassen hatte. Hier hoffte sie, zu „tun, woran Ihr mich nicht hindern könnt."

Über das Geschehen am Karfreitag (28. März) 1228 teilte Konrad Papst Gregor IX. in seiner „Summa Vitae" mit: „Und gerade am Karfreitag, als die Altäre entblößt waren, legte sie ihre Hände auf den Altar einer Kapelle ihrer Stadt, die sie den Minderbrüdern übergeben hatte, und verzichtete in Gegenwart einiger Brüder auf Eltern und Kinder und auf den eigenen Willen, auf allen Glanz der Welt und auf alles, was zu verlassen der Heiland im Evangelium rät. Und als sie nun auch auf ihren Besitz verzichten wollte, hielt ich sie zurück, einmal, damit sie für die Schulden ihres Mannes aufkommen könne, dann aber wegen der Armen, denen sie, so wollte ich, aus dem, was ihr als Wittum zukam, Almosen spenden sollte." Im „Libellus" wird dieses Ereignis, dem Konrad zentrale Bedeutung im Leben Elisabeths beimaß, eigentümlicherweise nicht erwähnt. Die wahrscheinlichste Erklärung ist, dass Elisabeths engste Vertraute Guda und Isentrud bei dem Karfreitagsgelübde nicht zugegen waren und deshalb auch nicht als Augenzeuginnen darüber aussagen konnten, vielleicht aber nahm auch die Heiligsprechungskommission die betreffenden Aussagen nicht in ihren Bericht auf.

Das Karfreitagsgelübde Elisabeths, das sie als Witwe frei von allen bisherigen fürstlichen und familiären Verpflichtungen mit ihren auf den Altar gelegten Händen unmittelbar in die Hände Christi ablegte, bedeutete ihren Eintritt in den geistlichen Stand mit einer völligen Loslösung aus ihren bisherigen Bindungen, mit striktem Gehorsam und in einer Lebensform, von der sie sich „höchste Vollkommenheit" erhoffte, nicht als Inkluse, nicht als Nonne, sondern – bewusst gegen das vorangegangene Verbot Konrads von Marburg – in Bettelarmut, unter Verzicht auf allen Besitz, der ihr aus ihrem Wittum rechtlich zustand und auf den Konrad ihre Ansprüche bei ihren landgräflichen Schwägern durchzusetzen hoffte. Konrad schlug ihr den Wunsch nach völliger Besitzlosigkeit und damit auch nach einem Bettler-Leben, das für Frauen ohnehin auf größte kirchliche Bedenken stieß, erneut ab. Wenn er seine Ablehnung mit den „Schulden ihres Mannes“ begründete, so war dies wohl weniger konkret als vielmehr im übertragenen Sinne als Wiedergutmachung für Ludwigs IV. irdisches Verhalten vor Gott gemeint. Vor allem wohl hierauf bezog es sich, dass Konrad die Möglichkeit reicher Almosenspenden für Elisabeth höher gewichtete als völlige Mittellosigkeit in radikaler persönlicher Armut.

Die Lebensform, von der sich Elisabeth nach der Ablehnung ihres Wunsches nach einem Leben als Bettlerin „höchste Vollkommenheit“ versprach, nannte sie selbst später in einem Gespräch mit ihrer Marburger Hospitalschwester Irmgard, das im „Libellus“ überliefert ist, „das Leben der Schwestern in der Welt“. Sie fügte hinzu, dieses Leben sei „das am meisten verachtetste; und wenn es eine noch verachtetere Lebensweise gäbe, dann hätte ich diese gewählt“. Wie das weitere Geschehen im Rückblick zeigt, bezogen sich Elisabeths Worte auf das Leben als Schwester in der geistlichen Gemeinschaft eines Hospitals. Offenbar bestand bereits im März 1228 der Plan, Elisabeth die Möglichkeit zu verschaffen, als Schwester in einer Hospitalgemeinschaft zu leben und zu wirken – als jene religiöse Lebensweise im Dienst an den Schwächsten und Untersten der Gesellschaft, die nach der Auseinandersetzung mit Konrad von Marburg um das Betteln sowohl den Intentionen Elisabeths wie Konrads Absichten für die verwitwete Fürstin am stärksten entsprach.

Der Hospitalplan war Teil des Vergleichs, den Konrad von Marburg im Frühsommer 1228 mit Elisabeths Schwägern, Landgraf Heinrich Raspe und dessen Bruder Konrad, abschloss. Der Vergleich sah vor, dass Elisabeth als Abfindung für ihre Wittumsgüter den Betrag von 2000 Mark Silber erhielt, dies entsprach etwa 450 kg Silber oder 10 größeren Landgütern, und daß ihr zur Nutznießung, aber im Obereigentum ihrer Schwäger bleibend, ein Stück Land mit Zubehör unterhalb der landgräflichen Stadt Marburg im Mündungsdreieck der Ketzerbach und des Mühlgraben-Lahnarms überlassen wurde. Dieses Stück Land war als Gelände für das geplante Hospital ideal geeignet, da es an zwei fließenden Gewässern außerhalb der Stadt an deren Fuße gelegen war. Hier wurde im Sommer und Herbst 1228 das Hospital erbaut.

Als gleichsam landes- und stadtherrliche Gründung bildete das Hospital der Landgrafenwitwe Elisabeth die erste Institution dieser Art für die Stadt Marburg, die seit den 80er Jahren des 12. Jahrhunderts als Zentrum der ludowingischen Herrschaftsgebiete in Oberhessen einen mächtigen Aufschwung erlebte. Im Obereigentum der Landgrafen befindlich, war es durchaus vergleichbar mit der unter Mitwirkung Elisabeths vorgenommenen landgräflichen Hospitalgründung Ludwigs IV. in Gotha von 1223. Es stellte als solche eine ganz zeittypische landes- und stadtherrliche Gründung für eine aufblühende landesherrliche Stadt dar, zu der es sehr gut passte, dass die beiden Landgrafen Heinrich Raspe und Konrad wenig später – noch zu Lebzeiten Elisabeths – dem Hospital das Patronatsrecht der Marburger Kirchen übertrugen und ihm damit eine einträgliche, sichere materielle Grundlage verschafften. Doch nicht nur aus Gründen stadtherrlicher Herrschaftsverdichtung und landesherrlicher Fürsorge lag die Stiftung des Hospitals bei Marburg im Interesse der Landgrafen. Zugleich und vor allem war damit auch das „Problem" Elisabeth gelöst, wussten sie doch nun die skandalträchtige Witwe ihres Bruders fest eingebunden in eine geistliche

Gemeinschaft unter der weltlichen und geistlichen Oberleitung Konrads an der Peripherie ihres Herrschaftsgebiets in dessen Heimatstadt Marburg fernab des bevorzugten Herrschaftszentrums in Thüringen.

Wenn sich das Marburger Hospital dennoch singulär von der Fülle vergleichbarer, zeitgleicher Hospitalgründungen abhob, so durch die Person Elisabeths, und dies in zweifacher Weise. Zum einen war Elisabeth – so sehr der breite Zustrom von Laien zu einem geistlichen Leben in Hospitalgemeinschaften im Dienst an den Armen und Kranken einen wichtigen und zahlenmäßig bedeutsamen Teil der weit gefächerten religiösen Armutsbewegung des frühen 13. Jahrhunderts bildete – die mit Abstand höchst gestellte Frau, die sich für eine derartige Lebensform entschied. Zum anderen ließ Elisabeth das Hospital, als dessen Gründerin sie galt und in dessen Hospitalbruderschaft sie im Spätherbst 1228 eintrat, als erste kirchliche Institution nördlich der Alpen dem heiligen Franziskus von Assisi weihen, der erst kurz zuvor am 16. Juli 1228 heiliggesprochen worden war. Damit stellte sie, für alle sichtbar, sich selbst und ihr Hospital unter den Schutz des heiligen Franziskus als ihrem Patron. Nichts zeigt deutlicher als dies, wie sehr sie sich als „Schwester in der Welt", als Schwester in ihrem Marburger Hospital, in der Nachfolge des Franziskus empfand. Dieser Schritt war vor allem deshalb bemerkenswert, weil Franziskus selbst über seinen Aufenthalt bei den Leprosen und seine allgemeine Hinwendung zu den Armen und Kranken hinaus die Pflege der Kranken im Sinne eines kontinuierlichen, institutionalisierten Dienstes, wie er vor allem im Hospital geleistet wurde, für sich und seine Gefährten nicht zu seinem Anliegen gemacht hatte. Auch sonst begegnen Krankensorge und Hospitaltätigkeit weder als ausgeprägte Aufgaben bei den Franziskanern, noch haben die Franziskaner Hospitäler unterhalten.

Doch auch bei den frommen Frauen in Nordfrankreich und Belgien, den Beginen, findet sich Hospitaltätigkeit nicht so ausgeprägt als religiöse Lebensform, dass man sie zu einem Merkmal beginischer Frömmigkeit, zu einem Element der Christusnachfolge bei diesen frommen Frauen erklären könnte, das dann von Elisabeth – etwa über Konrad von Marburg vermittelt, dem diese modernen Formen weiblicher Religiosität zweifellos bekannt waren – aufgenommen worden sei. Wohl wird von einigen dieser frommen Frauen wie etwa von Ivetta von Huy (1158–1228) und Maria von Oignies (1177–1213) berichtet, dass sie bei den Leprakranken lebten, Aussätzige zu sich nahmen und eine Zeit lang in einer Hospitalgemeinschaft wirkten, doch ist der Hospitaldienst nicht das letzte Ziel ihres religiösen Lebens gewesen. Vielmehr ließen sie und andere nach ihrer aktiven Phase in der Krankenfürsorge eine sehr viel längere kontemplative Phase als Inkluse bei einem Kloster oder als Nonne in einer klösterlichen Gemeinschaft folgen – eben jene Lebensformen, die Elisabeth ausgeschlagen hatte.

Wir werden zu fragen haben, was Elisabeth bewegte, sich abweichend von diesen Vorbildern und Modellen für eine Lebensform zu entscheiden, bei der sie als „Schwester in der Welt“ in bislang singulärer Weise frühfranziskanische Spiritualität und Hospitalfrömmigkeit verband.

VII.

Elisabeths Hofdamen Guda und Isentrud und erst recht die beiden Hospitalschwestern Elisbeth und Irmgard berichteten vor der päpstlichen Heiligsprechungskommission im Januar 1235 ausführlich über das Marburger Hospital und über das Wirken Elisabeths. Auch Konrad von Marburg teilt einige Einzelheiten mit. Diese Augenzeugenberichte, denen noch einige Urkunden hinzuzufügen sind, lassen deutlich erkennen, dass das Hospital Elisabeths die für die damalige Zeit typische Organisationsform als bruderschaftliches, stadtherrliches Hospital aufwies. In ihm wirkten Brüder und Schwestern unter der Leitung eines Hospitalmeisters. Die Oberleitung hatte, trotz seiner häufigen Abwesenheit, Konrad von Marburg inne. Der Eintritt in die Brüder- und Schwesterngemeinschaft des Hospitals erfolgte durch einen Einkleidungs- und Aufnahmeakt, durch die Einkleidung in ein einfaches, graues Hospitalgewand und die Ablegung der Gelübde der Keuschheit, Armut und des Gehorsams – also durch den förmlichen Eintritt in den geistlichen Stand. In Verwirklichung der vollkommenen Christusnachfolge, die sie am Karfreitag 1228 auf dem Altar der Eisenacher Franziskanerbrüder Christus selbst gelobt hatte, nahm Elisabeth diesen Eintritt in eine geregelte geistliche Lebensform im Herbst 1228 wohl vor dem Franziskus-Altar ihrer Marburger Hospitalkapelle vor, als sie aus den Händen Konrads von Marburg das „graue Gewand" empfing und in seine Hände die Profess als Hospitalschwester ablegte. Ihre Gefährtinnen Guda und Isentrud beschreiben die Annahme des „grauen Gewandes" als den Beginn einer neuen und letzten Phase im Leben Elisabeths – eben den Eintritt in den geistlichen Stand. Entsprechend haben das Elisabeth-Fenster und der Elisabeth-Schrein der Marburger Elisabeth-Kirche in ihren zeitgenössischen Darstellungen der wichtigsten Lebensabschnitte Elisabeths die Gewandnahme als zentrales Ereignis in der Biographie der Heiligen festgehalten.

Elisabeth, obwohl sie von den Hospitalschwestern als „Herrin“ angeredet wurde und faktisch als Fürstin an der Spitze der Gemeinschaft stand, empfand sich selbst als einfache Hospitalschwester. Sie umgab sich mit Schwestern niedriger Herkunft, stellte sich mit ihnen auf eine Stufe, nötigte sie, sie mit „Du“ anzusprechen, und leistete gemeinsam mit ihnen einfache Küchendienste. Selbst ohne jeden für sie persönlich bestimmten Besitz, faktisch für ihre eigenen Bedürfnisse so arm, dass sie sich wie die Minderbrüder und die Beginen ihren Lebensunterhalt durch eigener Hände Arbeit – Spinnen von Wolle – verdiente, lebte sie dem Gebet, dem Gehorsam, der Kontemplation, und insbesondere durch Almosenverteilungen der Fürsorge für die Armen und vor allem der hingebungsvollen Pflege der Kranken. Nur ein Beispiel für viele, das die Hospitalschwestern Irmgard und Elisabeth mitteilen, sei kurz wörtlich zitiert:

> „Irmgard sagte auch aus, die selige Elisabeth habe ein mit Ausschlag behaftetes und einäugiges Kind sechsmal in einer Nacht zur Verrichtung der Notdurft abgehalten, ins Bett zurückgebracht und oft wieder zugedeckt. Sie wusch auch selbst seine schmutzig gewordenen Bettücher und sprach ihm gütig und freundlich zu. Ebenfalls sagte sie aus, Elisabeth habe nach Gründung des Marburger Hospitals selbst mitgeholfen, die Kranken zu baden, nachher wieder ins Bett zu bringen und zuzudecken. Einmal zerriss sie einen Leinenvorhang, wie er gewöhnlich zum Schmücken der Häuser benutzt wird, bettete die Armen nach dem Bad darauf, deckte sie damit zu und rief: ‚Welches

> Glück für uns, so unseren Herrn baden und zudecken zu können'. Eine Magd erwiderte: ‚Fühlt ihr euch wohl bei dieser Art von Leuten?' Ich weiß nicht, ob es anderen auch so geht. Sie sagte ferner aus, Elisabeth habe eine sehr übelriechende, aussätzige Frau voll eiternder Geschwüre im Hospital gepflegt. Jeden anderen ekelte es, sie auch nur von weitem anzusehen, aber die selige Elisabeth wusch sie, deckte sie zu, verband ihre Wunden, linderte ihre Schmerzen mit Arzneien, warf sich vor ihr zu Boden, um ihr die Schuhriemen zu lösen und die Schuhe auszuziehen. Aber die Kranke erlaubte es nicht. Sie beschnitt ihr auch die Nägel an Fingern und Zehen und streichelte ihr von Schwären bedecktes Gesicht. Im Lauf der Zeit fand sie Heilung. Elisabeth brachte sie in einem abgelegenen Raum eines Hofgebäudes unter und besuchte sie oft. Manchmal rief sie die Kranke auch in das Hospital und scherzte sehr viel mit ihr. Sie machte ihr das Bett und unterhielt sich liebevoll und tröstend mit dieser armen Frau. Alle Wünsche der Armen erfüllte sie mit aufmerksamem Eifer."

Drei Jahre wirkte sie auf diese Weise in ihrem Hospital, den Alltag im Wesentlichen von der Sorge um die Kranken, Elenden, Ausgestoßenen, Verachteten und Hilflosen bestimmt, in liebevoller Zuwendung, gelegentlich aber auch in harscher Zurechtweisung, wenn es um Gottesdienst, Beichte und Seelsorge ging. Nicht selten stand sie dabei in einem kaum durchzustehenden Spannungsverhältnis zwischen den Kranken und Armen einerseits und ihrem geistlichen und weltlichen Vormund und Hospitalleiter, Konrad von Marburg, andererseits. Dieser legte mit seinem Mangel an rechtem Maß und Umsicht, den ihm die Zeitgenossen konstatierten, Elisabeth harte Prüfungen auf, um ihren Willen zu brechen: „Wenn ich schon einen sterblichen Menschen so sehr fürchte, wie sehr muss man dann den allmächtigen Herrn fürchten, der Herr und Richter ist!"

In der Nacht vom 16./17. November 1231, wohl als Folge tiefer Erschöpfung und jahrelangen Raubbaus an ihren Kräften, starb Elisabeth nach kurzer Krankheit im Alter von 24 Jahren in ihrem Marburger Hospital. Dessen Franziskus-Kapelle hatten sie und Konrad von Marburg als ihre Grablege vorgesehen – fernab der Gräber ihrer engsten Angehörigen, vor allem ihres Mannes Ludwig IV. im thüringischen Reinhardsbrunn. Vier Tage „blieb sie“, so der Bericht Konrads von Marburg, „weil es die Verehrung des Volkes so forderte, [...] unbegraben“. Die Hospitalschwester Irmgard teilt mit: „Mit dem grauen Gewand bekleidet, das Gesicht mit Tüchern umwunden, lag sie da. [...] Wie strömten die Armen zusammen, wie groß war ihr Schmerz, wie tief ihre Trauer, welch ein Jammern besonders bei den Kranken und Armen bei ihrem Tod! War sie ihnen allen doch zur zweiten Mutter geworden! Kaum lässt sich der Schmerz, das Klagen und die Trauer der einzelnen schildern.“ Doch es blieb nicht bei der Trauer, denn „aus Frömmigkeit und um Reliquien von ihr zu haben, lösten oder rissen sehr viele Leute Teilchen von den Tüchern, schnitten ihr Haupthaar und Nägel ab, einige stutzten ihr die Ohren, andere schnitten ihr sogar die Brustwarzen weg.“ Kaum etwas spiegelt die von zahlreichen ihrer Mitmenschen empfundene Unfassbarkeit der Biographie Elisabeths, die viele Zeitgenossen nun bei ihrem Tode nur als Ausdruck von Heiligkeit zu begreifen vermochten, so unmittelbar wider wie diese Worte Irmgards und die darin festgehaltenen Geschehnisse.

Mit der unmittelbaren Erinnerung an das Aufsehen erregende, außergewöhnliche Leben Elisabeths, mit seiner sofortigen Deutung als das Leben einer Heiligen und mit der sehr bald nach ihrem Tode beginnenden Propagierung dieser Heiligmäßigkeit durch Konrad von

Marburg waren die Grundlagen dafür gelegt, dass rasch eine populäre Heiligenverehrung der verstorbenen Landgräfin einsetzt. Binnen Kürze wurde ihr Grab in Marburg Ziel einer schnell anwachsenden Zahl von immer weiter her kommenden Pilgern, die sich hier die Fürbitte der „heiligen Elisabeth" und vor allem Heilung erhofften. Dies wiederum schuf die Voraussetzungen dafür, dass nur kurze Zeit später – ein Dreivierteljahr nach Elisabeths Tod – Konrad von Marburg, unterstützt von Elisabeths landgräflichen Schwägern, mit einem ersten Antrag an die päpstliche Kurie, der neben seinem kurzen Lebensabriss Elisabeths die Aufzeichnung von 60 Wundern enthielt, im August 1232 den Heiligsprechungsprozess für Elisabeth mit dem Ziel einer möglichst umgehenden Heiligsprechung durch den Papst einleiten konnte. Seinen Bemühungen und dem raschen Fortgang und Abschluss des Heiligsprechungsverfahrens mit den hierfür im Januar 1235 erstellten Zeugenaussagen von Elisabeths Gefährtinnen und Mitschwestern Guda, Isentrud, Elisabeth und Irmgard ist es, wie eingangs betont, zu verdanken, dass wir über Elisabeth von Thüringen aus größter zeitlicher und persönlicher Nähe so detailliert und authentisch informiert sind wie über keine andere Frau des 13. Jahrhunderts.

VIII.

Wir haben im Vorangehenden unter dem Thema „Die heilige Elisabeth in ihrer Zeit – Forschungsstand und Forschungsprobleme" versucht, das Bild, das Konrad von Marburg und die vier Frauen aus Elisabeths engster Umgebung dem Papst als Grundlage der Heiligsprechung Elisabeths übermittelten, als Zeugnis der Zeitgenossen für uns als Historiker zu schärfen und zum Sprechen zu bringen für unsere Frage nach der heiligen Elisabeth in ihrer Zeit und damit nach der historischen Gestalt Elisabeths. Wir haben dies nach einem kurzen Überblick über den Gang der Forschung und über die Quellenproblematik auf der Grundlage der gegenwärtigen Forschungsdiskussion angestrebt, wobei wir den aktuellen Diskussionsstand nicht in seiner ganzen Breite darlegen konnten, sondern ihn zu einigen zentralen Aspekten der Elisabeth-Biographie gebündelt haben. Im Vordergrund standen hierbei Elisabeths Beziehungen zu den Franziskanern, ihre Hinwendung zur städtischen Armut in Eisenach, die Rolle Konrads von Marburg und Elisabeths Leben als „Schwester in der Welt" in ihrem Marburger Hospital. Wir haben versucht, diese Aspekte vor dem Hintergrund der allgemeinen religiösen und sozialen Entwicklung im frühen 13. Jahrhundert deutlicher zu profilieren und sie mit neuer Akzentuierung in eine knappe Darstellung des Lebensweges Elisabeths einzubringen.

Fassen wir die Ergebnisse kurz zusammen: Elisabeth schloss sich als eine sehr junge, sehr hochgestellte Frau bereits im Alter von 14/15 Jahren, 1222/23, den frühesten Franziskanern in Deutschland an, die sich zu diesem frühen Zeitpunkt noch als Büßergemeinschaft und als Schicksalsgemeinschaft mit den Niedrigsten begriffen. Diese Begegnung, deren Einzelheiten wir nur vage kennen, die aber von existenzieller Bedeutung für Elisabeth gewesen sein muss, war als Hinwendung einer Angehörigen des europäischen Hochadels zu den Zielen des Franziskus in der Geschichte der frühen Franziskaner bis dahin einzigartig. Sie bedeutete eine Wende in der Biographie Elisabeths und verlangte auf die Dauer eine hochrangige geistliche Begleitung der jungen Landgräfin.

Der hochgebildete, rigorose, bettelarme Kreuzzugsprediger Konrad von Marburg, dem sie seit 1226 als Beichtvater und geistlichem Leiter engstens verbunden war, hat Elisabeth bei aller von ihm bewirkten Verschärfung ihrer religiösen Praxis die Verwirklichung der frühfranziskanischen Ideale ermöglicht und ihr nur den Bettel und den absoluten Besitzverzicht verwehrt. Er stand ihr zur Seite, als sie in dem Hungerjahr 1226 als Landesherrin in der Nachfolge Christi das Elend der verarmten Bevölkerung mit den Möglichkeiten landesherrlicher Fürsorge und frühfranziskanischer Selbsterniedrigung zu lindern suchte. Möglicherweise, so dürfen wir vermuten, waren es diese Erlebnisse bitterster Not, die Elisabeth darin bestärkten, Christusnachfolge vor allem als Dienst an den Armen und Kranken zu begreifen und zu leben. Gerade dies aber – ihre Erfahrungen bei ihrer Hinwendung zu den Schwächsten und Elendesten in dem von ihr gegründeten Hospital unterhalb der Wartburg – hat sehr wahrscheinlich ihre Entscheidung bestimmt, als es in der tiefen Lebenskrise nach dem Tod ihres Mannes, dem ganzen Zusammenbruch ihrer äußeren Situation im Winter 1227/28, für Elisabeth darum ging, eine Lebensform zu finden, die ihren eigentlichen religiösen Zielen entsprach.

Diese Lebensform war das Wirken als „Schwester in der Welt“ in dem Marburger Franziskushospital, das in einer ganz außergewöhnlichen lebensgeschichtlichen, dynastischen und politischen Situation für Elisabeth und für die Stadt Marburg gegründet wurde und das seit dem Herbst 1228 Elisabeths Lebensmittelpunkt bildete. Elisabeth selbst verstand sich, wie vor allem ihre Wahl des heiligen Franziskus als Patron ihres Hospitals zeigt, als Hospitalschwester in der Nachfolge des Franziskus. Eine derartige Hospitaltätigkeit war jedoch bei den Franziskanern bislang etwas Einzigartiges und auch bei den Beginen lässt sich nichts Vergleichbares finden. Elisabeth, die von Konrad von Marburg als eine „überaus kluge Frau“ gewürdigt wurde, ist an diesem entscheidenden Punkt ihrer künftigen geistlichen Lebensform einen eigenen Weg gegangen. Die Verbindung von frühem Franziskanertum und Krankenfürsorge im Hospital – beides in seinen Wurzeln bereits in der Biographie Elisabeths noch zu Lebzeiten ihres Mannes begründet – findet sich in dieser Form nur bei Elisabeth, die sich für dieses religiöse Leben eigener Prägung auf den Rat und den Rückhalt ihres einflussreichen, gegenüber den modernen religiösen Strömungen offenen Beichtvaters und geistlichen Leiters Konrad von Marburg stützen konnte. Diese eigene Lebensform unterscheidet Elisabeth als Lebensmodell franziskanischer Christusnachfolge grundlegend von Frauen, denen dies nicht gelang, die sich nicht dazu entscheiden konnten oder denen es verwehrt war, wie der Seelenfreundin des Franziskus, Klara von Assisi, oder Elisabeths Cousine väterlicherseits, der böhmischen Königstochter Agnes von Prag.

Elisabeths rasche Verehrung als Heilige knüpfte eben hier an, an ihrem eigenständigen Weg, daran, dass sie als Königstochter und Angehörige der höchsten sozialen Schicht wie keine andere ihrer Stellung zu ihrer Zeit sich in der Caritas, der Nächstenliebe zu den notleidenden Untersten der Gesellschaft, verzehrte – eben dies empfanden die Zeitgenossen als unfassbar, als heiligmäßig. Es war der Dienst an den Armen und Kranken als das zentrale Merkmal ihrer Heiligkeit, der sie im 13. Jahrhundert als einer Zeit großer sozialer Umbrüche als eine „moderne Heilige“ zum Leitbild und Vorbild vieler Gleichgestellter aus dem europäischen Hochadel und zahlreicher Nachahmerinnen aus dem Bürgertum machte und der Elisabeth im Spätmittelalter mehr und mehr – und stärker als alle anderen Heiligen – als beliebteste Hospitalheilige und weit darüber hinaus zum Inbegriff christlicher Liebestätigkeit gegenüber den Schwächsten werden ließ. Es ist vor allem diese besondere Stellung unter den Heiligen des Mittelalters gewesen, die ihre lebendige Nachwirkung bis heute begründet, eine Nachwirkung, die wir in diesem Jubiläumsjahr 2007 besonders lebendig verspüren und nach deren Ursprüngen wir trotz aller selbstverständlich erscheinenden Vertrautheit mit der Gestalt der heiligen Elisabeth immer wieder neu zu fragen haben.

Wir haben dies in dem vorliegenden Beitrag als Historiker versucht, in erneuter Auseinandersetzung mit den Quellen, die über Elisabeth und ihre Zeit berichten, mit neuen Fragestellungen, die die historische Forschung an die Quellen und an die Gestalt der heiligen Elisabeth herangetragen hat, und mit neuen Ergebnissen und Deutungsversuchen, die gerade in der jüngsten Zeit erzielt wurden. Eng verbunden damit ist die Hoffnung, dass es gelingen möge, mit diesen und künftigen Forschungen der historischen Gestalt der heiligen Elisabeth, ihrer Biographie, ihrer Spiritualität, ihrer Zeitprägung und ihrer Singularität immer wieder ein kleines Stück näher zu kommen – nicht zuletzt und gerade auch in der künftigen Diskussion der vielfältigen neuen Ergebnisse, die im Zusammenhang des Jubiläumsjahres 2007 gewonnen wurden.

Was jedoch tatsächlich in Elisabeth vorging, was sie „wirklich" zu jener Christusliebe und Christusnachfolge bewegte, mit der sie alle ihr als Fürstin, Frau und Mutter gesetzten Grenzen sprengte und Lebensentscheidungen zwischen den Extremen von größter Tragweite und bis heute lebendiger Nachwirkung traf – dies liegt außerhalb dessen, was wir als Historiker mit unseren Möglichkeiten entschlüsseln können, und wird uns für immer entzogen bleiben. Hier sind, so glaube ich, unseren Erklärungsversuchen und Deutungsbemühungen als Historiker Grenzen gesetzt, die zu überschreiten uns die methodischen Grundlagen unseres Faches untersagen. Zugänge, wie sie dem Theologen bei der Frage nach der Spiritualität und dem religiösen Handeln einer Persönlichkeit aus weit zurückliegender Zeit wohl eher offen stehen, bleiben dem Historiker letztlich verschlossen. Um so wichtiger erscheint die gemeinsame Beschäftigung, der Dialog über die Grenzen dieser beiden Fächer hinweg, wie er auf dem *Dies academicus* 2007 des Katholisch-Theologischen Seminars an der Philipps-Universität Marburg zu Beginn des Elisabeth-Jahres erneut angestoßen wurde. Sein Fortgang, an dem sich im Jubiläumsjahr 2007 zahlreiche Historiker und katholische wie evangelische Theologen beteiligten, zeigt Möglichkeiten auf, sich der immer wieder neu faszinierenden Gestalt der so nahen und zugleich so fernen heiligen Elisabeth auf gemeinsamen Wegen zu nähern. Der vorliegende Aufsatz, der den Vortrag auf dem *Dies academicus* um eine Reihe neuer, im Verlauf des Elisabeth-Jahres erzielter Forschungsergebnisse erweitert, möchte sich von historischer Seite als Beitrag hierzu verstehen.

Elisabeth von Thüringen – eine Fuldaer Heilige?[1]

Werner Kathrein

Heilige besitzen eine „Doppelexistenz".[2] Sie sind Bewohner des Himmels und gehören auf die Erde. Als Bewohner des Himmels sind sie uns gleichermaßen nahe und jeder kann sich überall an sie wenden. Als Bewohner der Erde haben sie einen doppelten Bezug zu konkreten Orten, Regionen und Zeiten. Einmal wird dieser Bezug hergestellt durch die Orte und Regionen ihres Lebens, Wirkens und Sterbens. Zum anderen sind die Verehrung und der Kult der Heiligen an bestimmte Orte gebunden, auf die sie entweder für immer beschränkt blieben oder aber in größere und gelegentlich weltweite Kreise auswanderten.[3] Unter solchen Voraussetzungen ist es gerechtfertigt, in einem doppelten Sinn von fuldischen Heiligen zu sprechen. Konrad Lübeck hat dies in seinem von großer Kompetenz zeugenden Buch getan. Für ihn sind die Fuldaer Heiligen jene, die im ge-

---

[1] Überarbeitetes Vortragsmanuskript für das Kontaktstudium (8. Mai) im Sommersemester 2007 an der Theologischen Fakultät Fulda.

[2] Ich entlehne diesen Begriff dem grundlegenden Werk von Arnold ANGENENDT: *Heilige und Reliquien : Die Geschichte ihres Kultes vom frühen Christentum bis zur Gegenwart*. München : Beck, 1994, S. 102.

[3] Eine vorzügliche Darstellung dieses Vorganges bei Peter BROWN: *Die Heiligenverehrung : Ihre Entstehung und Funktion in der lateinischen Christenheit*. Leipzig : Benno-Verlag, 1991.

schichtlichen Kontext der Gründung und frühen Entwicklung des Klosters und Stifts Fulda stehen: an erster Stelle Bonifatius und Sturmius, aber auch Hrabanus Maurus und Lioba.[4] Josef Leinweber stellt im Blick auf die mittelalterliche Verehrung zahlreicher Nothelfer und volkstümlicher Heiliger fest, dass diese Fuldaer Heiligen in der Frömmigkeitsgeschichte des Fuldaer Landes bis ins 15. Jahrhundert „nahezu unbeachtet blieben“,[5] während die Bauern- und Viehheiligen, Gangolf und Wendelin, die Nothelfer Blasius, Valentinus und Vitus, die Pestheiligen Rochus und Sebastian, die Ritterpatrone Georg und Katharina mit andern Helfern in vielen Nöten sich größter Beliebtheit erfreuten. Im Kreis dieser durch die Verehrung „fuldischen Heiligen“ nimmt Elisabeth von Ungarn und Thüringen zunächst einen marginalen Platz ein. Im Folgenden soll der lange Weg ihres Aufstiegs zur zweiten Bistumspatronin sowie die inneren und äußeren Motive dieses Prozesses aufgezeigt werden.[6]

---

4 Konrad Lübeck: *Fuldaer Heilige*. Fulda : Parzeller, 1948.

5 Josef Leinweber: *Das Hochstift Fulda vor der Reformation.* Fulda : Parzeller, 1972 (Quellen und Abhandlungen zur Geschichte der Abtei und der Diözese Fulda ; 22), S. 204.

6 Diese Frage ist in der Literatur bisher noch nicht angegangen worden. Einige Hinweise bei Werner Kathrein: Neuere Bemühungen um die Reliquien der heiligen Elisabeth. In: *Archiv für mittelrheinische Kirchengeschichte* 45 (1993), S. 335–346. Ebenso bei Dagobert Vonderau: *Die Geschichte der Seelsorge im Bistum Fulda zwischen Säkularisation (1803) und Preussenkonkordat (1929)*. Frankfurt a.M. : Knecht, 2001 (Fuldaer Studien ; 10).

1. Spurensuche im mittelalterlichen Stift Fulda

Schon sehr bald nach dem Tod der heiligen Elisabeth hatte sich in Verbindung mit ihrem Grab und der darüber errichteten bedeutenden Kirche ein namhafter Kult entwickelt, der über die frömmigkeitsgeschichtlichen Motive hinaus durch die Anstrengungen des Deutschen Ordens sowie die Identifizierung der hessischen Landgrafen mit der heiligen Elisabeth als Stammmutter der eigenen Dynastie gefördert wurde.[7] Die räumliche Nähe zum Elisabethgrab sowie die verwandtschaftlichen Beziehungen zum hessischen Adel innerhalb des Stiftes lässt zunächst eine starke Hinwendung zur Elisabethverehrung in Fulda vermuten, für die sich aber kein Beleg finden lässt. Es gibt nur wenige Hinweise auf eine Elisabethverehrung im mittelalterlichen Stift Fulda. Man wird davon ausgehen können, dass die heilige Elisabeth in dem bereits 1237 gegründeten Barfüßerkloster, das zur hessischen Kustodie des Franziskanerordens gehörte, einen besonderen Platz einnahm,[8] und das Vorbild der Heiligen auch auf die beiden mit dem Franziskanerkloster verbundenen Beginengemeinschaften der kleinen und großen Klus ausstrahlte, bei denen es sich um Tertiarinnen des Franziskaner-

---

[7] Zahlreiche Hinweise in der aus Anlass des Jubiläumsjahres 1981 herausgegebenen Festschrift: *Sankt Elisabeth. Fürstin – Dienerin – Heilige : Aufsätze, Dokumentation, Katalog* / Philipps-Universität Marburg in Verb. mit dem Hessischen Landesamt für Geschichtliche Landeskunde (Hrsg.). Sigmaringen : Thorbecke, 1981.

[8] P. Michael Bihl O.F.M.: *Geschichte des Franziskanerklosters Frauenberg zu Fulda 1623–1887*. Fulda : Fuldaer Actiendruckerei, 1907 (Quelle und Abhandlungen zur Geschichte der Abtei und der Diözese Fulda ; 3), S. 1–3.

ordens handelte.[9] Unter den zahlreichen Spitälern des Stiftes findet sich die aus dem Jahr 1288 stammende Stiftung für 12 Pfründner in Blankenau, die durch das Zisterzienserinnenkloster erfolgte und unter dem Patronat der heiligen Elisabeth stand.[10] Dagegen lässt sich unter allen Kirchen- und Altarpatronaten sowie den Pfarr- und sonstigen Benefizien nur ein einziger Elisabethtitel ausmachen. Dabei handelt es sich um ein 1478 erwähntes Altarbenefizium an der Hünfelder Stiftskirche, dessen Vergabe dem Dechant und Kapitel des Stiftes Hünfeld zustand.[11] Solche Stiftungen weisen auf eine persönliche Beziehung zu bestimmten Heiligen hin, die vielleicht nach einer Wallfahrt oder einer Anrufung erfolgten. Eine konkretere Gestalt nimmt diese Form in der Stiftung zur Feier des St. Elisabethfestes in den Klöstern Frauenberg und Neuenberg sowie zugunsten des Spitals vor dem Kohlhäuser Tor an. Der Fuldaer Priester, äbtliche Kaplan *in urbe* und Vikar des Dreikönigsaltars der Stadtpfarrei Conradus dictus Voitichin vermachte am 11. November 1342 ein Kapital *ad laudem et honerem beate Elysabeth* zur Feier ihres Festtages in den beiden Klöstern und als Spende *ad hospitale infirmorum ante valam kolhusen.*[12] Ansonsten vermerkt das Kalendar und Anniversarienregister der Stadtpfarrei aus dem Jahr 1486 unter dem 19. November: ELIZABETH

[9] Leonhard LEMMENS: Die beiden Klöster der Tertiarinnen in Fulda. In: *Fuldaer Geschichtsblätter* 6 (1907), S. 177–182.

[10] Gregor RICHTER: Das St. Elisabeth-Hospital zu Blankenau. In: *Fuldaer Geschichtsblätter* 6 (1907), S. 160.

[11] LEINWEBER: Hochstift (wie Anm. 5), S. 114.

[12] Ludwig PRALLE ; Gregor RICHTER: *Die Fuldaer Stadtpfarrei II.* Fulda : Parzeller, 1952 (Veröffentlichungen des Fuldaer Geschichtsvereins ; 22), S. 8–9.

VIDUE ohne jede weitere Bemerkung.[13] Die Fuldaer Stiftskirche besaß im 15. Jahrhundert eine Elisabethreliquie. Unter den hunderten von Reliquien sind in einem *scrinio albo maiori* die Reliquien von 22 heiligen Frauen genannt. Darunter auch der Eintrag: *Scte Elyzabeth Ungarie regine.*[14] Das Chorregister des Pater Michael Drisch, Konventuale von St. Andreas und Sakristan der Stiftskirche gibt darüber Auskunft, wie das Fest der heiligen Elisabeth im Spätmittelalter und noch zu Beginn des 17. Jahrhunderts begangen wurde: „Elizabethae schlegt mon aufm thorn zusamen, beyde cantores singen fur und reychert einmahl. Ant. super ps.: ‚Laetare Germania' etc. Post Bened. de s. Martino. Ad priorem Missam leut man aufm thorn, ad summam Missam aufm thorn und chor zusamen (Chorkappen)."[15] Ein letzter Hinweis findet sich bis heute im Fuldaer Dommuseum. Dabei handelt es sich um ein spätmittelalterliches Messgewand, die sog. Elisabethkasel aus dem Fuldaer Heiltumsschatz.[16]

Dieser bescheidene Befund auf der Spurensuche nach einem fuldischen Elisabethkult erfährt auch durch die folgenden Jahrhunderte nur eine geringe Ergänzung. Zwar hatten die Jesuiten in den ersten Jahren ihrer Fuldaer Wirksamkeit im Blick auf den hessischen Adel

---

[13] Ebd. I, S. 67.

[14] Gregor Richter: *Ein Reliquienverzeichnis der Fuldaer Stiftskirche aus dem 15. Jahrhundert.* Fulda : Fuldaer Actiendruckerei, 1907 (Quellen und Abhandlungen zur Geschichte der Abtei und der Diözese Fulda ; 4), S. 61.

[15] Gregor Richter: *Das Proprium Sanctorum Ecclesiae Fuldensis seit dem Anfang des 17. Jahrhunderts.* Fulda : Fuldaer Actiendruckerei, 1915 (Quellen und Abhandlungen zur Geschichte der Abtei und der Diözese Fulda ; 6), S. 159.

[16] Ludwig Pralle: *ars sacra: Das Dom-Museum in Fulda.* Königstein im Taunus : Langewiesche, 1974, S. 46.

auch der heiligen Elisabeth eine ihrer jährlichen Theateraufführungen gewidmet,[17] in der Folgezeit bleibt aber die heilige Elisabeth in dem im 18. Jahrhundert so exzessiv gepflegten Heiligenkult beinahe unbeachtet, letztere Einschränkung muss im Blick auf die Pflege der Elisabethmemoria bei den Franziskanern gemacht werden. Diese waren 1620 erneut nach Fulda gekommen und konnten 1623 das zur äbtlichen Mensa gehörende Kloster Frauenberg beziehen. Die Pflege der Elisabethverehrung im Fuldaer Franziskanerkonvent dokumentiert die mehrfache künstlerische Darstellung der Heiligen in der barocken Klosterkirche und dem Refektor sowie die Weihe des Altars auf den Titel der heiligen Elisabeth.[18] Die Franziskaner führten auch den „Dritten Orden" ein, für dessen Mitglieder ein *officium* zum Fest der heiligen Elisabeth existierte. Dieser „Tertiarenorden des Heiligen Franciscus in hiesiger Diözese" wurde 1789 durch Fürstbischof Heinrich von Bibra aufgehoben.[19]

Zusammenfassend lässt sich also feststellen, dass es im Stift und Fürstbistum Fulda bis zum Ende der Reichsabtei in der Säkularisation nur marginale Spuren einer Elisabethverehrung gibt.

---

17 Fidel RÄDLE: Eine „Comoedia Elisabeth" 1575 im Jesuitenkolleg zu Fulda. In: Udo ARNOLD ; Heinz LIEBING (Hrsg.): *Elisabeth, der Deutsche Orden und ihre Kirche* / Festschrift zur 700-jährigen Wiederkehr der Weihe der Elisabethkirche Marburg 1983. Marburg : Elwert, 1983 (Quellen und Studien zur Geschichte des Deutschen Ordens ; 18), S. 78–145.

18 Erwin STURM: *Die Bau- und Kunstdenkmale der Stadt Fulda.* Fulda : Parzeller, 1984, S. 312–361.

19 BIHL: Frauenberg (wie Anm. 8), S. 174.

2. Das „neue" Bistum Fulda und die heilige Elisabeth

Nach langwierigen und zähen Verhandlungen errichtete Papst Pius VII. durch die Bulle „Provida solersque" die Oberrheinische Kirchenprovinz und mit ihr das in seiner Verfassung und seinem Zuschnitt neu konzipierte Bistum Fulda, das aber erst im Jahre 1829 seinen ersten bürgerlichen Bischof in der Person des betagten Johann Adam Rieger erhielt.[20] Dieses Bistum Fulda war gekennzeichnet durch eine sehr heterogene Struktur. Der größte Teil der Pfarreien und der überwiegende Teil der Katholiken gruppierten sich um die Bischofsstadt Fulda und befanden sich in den an Kurhessen gefallenen Gebieten des alten Fürstbistums. Darüber hinaus umschrieben die Grenzen des Bistums aber einen weiten Raum, in dem sich mehrere katholische Exklaven des früheren Kurstifts Mainz befanden sowie einige katholische Gemeinden in der Diaspora.[21] Mit dieser Neuumschreibung wurde in kürzester Zeit das Bistum Fulda zum Erbe reicher Elisabethtraditionen. Nunmehr gab es im Bistum Fulda erstmals Pfarreien unter dem Patronat der heiligen Elisabeth. An erster Stelle ist die Pfarrei St. Elisabeth in Kassel zu nennen, die mit 1500 Katholiken die größte Elisabethpfarrei des Bistums war.[22] Sie verdankte ihren Ursprung einer Stiftung des konvertierten Landgrafen Friedrich II., der in der Zeit von 1770–1776 die erste katholische Kirche in Kassel nach der Reforma-

---

[20] Werner KATHREIN ; Dieter WAGNER: *Das Bistum Fulda im 19. und 20. Jahrhundert.* Straßburg : Editions du Signe, 1998, S. 7–9.

[21] Werner KATHREIN: Fulda. In: LThK³ 4. Freiburg i. Br. : Herder, 1995, Sp. 218–220.

[22] *Realschematismus des Bistums Fulda.* Fulda, 1910, S. 55.

tion errichten ließ und sie der Stammmutter des Hauses Hessen, der heiligen Elisabeth, dedizierte.[23] Eine ähnliche Vorgeschichte hat die kleine Pfarrei zur heiligen Elisabeth in Rotenburg an der Fulda, die bei der Neuumschreibung 165 Katholiken zählte und auf die Konversion des Landgrafen Ernst von Hessen-Rotenburg im Jahre 1652 zurückging.[24] Bedeutende Elisabethtraditionen hatten sich in der ehemaligen Mainzer Stadt Fritzlar entwickelt und erhalten, wenngleich diese nur in den Weihetiteln von Altären manifest wurde, was mit dem auf Bonifatius zurückgehenden Petruspatrozinium zu begründen ist.[25]

Für unsere Frage am bedeutendsten war freilich die nunmehr zum Bistum Fulda gehörende Region um die Universitätsstadt Marburg und das ehemalige Mainzer Amt Amöneburg. In diesem Bereich stand die Pfarrkirche von Niederklein unter dem Conpatronat der heiligen Elisabeth, fanden sich von der Volksfrömmigkeit geschätzte Elisabethstätten wie der sogenannte Elisabethbrunnen bei Schröck, vor allem aber lebte hier die Erinnerung an die Heilige durch ihre Grabeskirche fort. Seit dem Jahr 1787 war der katholische Gottesdienst in Marburg wieder zugelassen und fand in einem Raum des Rathauses

---

[23] *Katholisch in Kassel. Ansichten und Einblicke* / KATHOLISCHER KIRCHENGEMEINDEVERBAND KASSEL (Hrsg.). Kassel, 2006, S. 34–37. Zur Konversion Friedrich II. vgl. Karl E. DEMANDT: *Geschichte des Landes Hessen.* Kassel : Bärenreiter, 1972, S. 279–284.

[24] Realschematismus (wie Anm. 22), S. 18. DEMANDT: Hessen (wie Anm. 23), S. 267.

[25] Wilhelm JESTAEDT: *Erinnerungen an die heilige Elisabeth in Fritzlar.* Fulda : Fuldaer Actiendruckerei, 1932 (Quellen und Abhandlungen zur Geschichte der Abtei und der Diözese Fulda ; 13).

statt.[26] Unter Jerome wurde 1811 den Katholiken der Chor der Elisabethkirche zugewiesen und 1812 der aufgeklärte (ehemalige) Benediktiner Leander von Eß, der als Bibelgelehrter internationales Ansehen erwarb, zum Professor der Katholischen Theologie und Pfarrer der katholischen Gemeinde in Marburg berufen.[27] Im Jahre 1821 zählte diese Gemeinde 222 Katholiken.[28] Als Mann der Aufklärung war Eß weniger an einer Belebung der Elisabethverehrung interessiert als an einer historisch motivierten Erhellung des Verbleibs der Elisabethreliquien.[29] Eine völlig neue Variante erhielt die Frage aber durch die Experimente, die van Eß mit der beliebten Technik des Magnetisierens (wohl eine Form der Hypnose) anstellte.[30] In einer Eingabe an den Kur-

---

[26] Friedrich DICKMANN: „Die gnädigste Concession das Römisch-Catholische Religions-Exercitium in Marburg betreffend" vom 21. Dezember 1787 : Über die Neuanfänge der Katholischen Kirche nach der Reformation in der Stadt der heiligen Elisabeth. In: *Archiv für mittelrheinische Kirchengeschichte* 40 (1988), S. 175–188. Ebenso Ernst GUMBEL: *Notizen zur Geschichte der Seelsorgebezirke der Diözese Fulda (Westteil)*. Fulda : Bischöfliches Generalvikariat Fulda, 1972, S. 222–225.

[27] Carl MIRBT: *Der Kampf um die Elisabeth-Kirche in Marburg : Ein Beitrag zur Geschichte kirchlicher Simultanverhältnisse*. Leipzig : Quelle & Meyer, 1912. Zur Person und dem Werk des Pfarrers van Eß liegt jetzt eine gründliche Untersuchung vor: Johannes ALTENBEREND: *Leander van Eß (1772–1847) : Bibelübersetzer zwischen katholischer Aufklärung und evangelischer Erweckungsbewegung*. Paderborn : Bonifatius, 2001.

[28] Realschematismus (wie Anm. 22), S. 18.

[29] Dazu KATHREIN: Reliquien (wie Anm. 6), S. 343–346.

[30] Diese Darstellung beruht auf einer Sammlung von Abschriften aus dem Nachlass des früheren Fuldaer Kirchenhistorikers Gregor Richter (= Akte Richter), der seine Absicht, eine umfangreiche Untersuchung zur Wirkungsgeschichte der heiligen Elisabeth und ihrer Verehrung zu schreiben, nicht mehr verwirklichen konnte.

fürst aus dem Jahre 1817 berichtet van Eß: „Durch die Aussage eines magnetisch hellsehenden und schlafredenden 13-jährigen Bauernmädchens zu Niederasphe Amts Wetter, dessen magnetische Behandlung ich zufällig leite, ist mir der Ort und Stelle in der hiesigen St. Elisabeth Kirche bezeichnet worden, wo sich die Gebeine der erhabenen Fürstentochter, der heiligen Elisabeth, und die goldene unschätzbare Krone, welche Kaiser Friedrich II. derselben aufgesetzt, nebst Schriften und Pergament vorgeblich befinden sollen." Van Eß hatte nach eigenem Bekunden „nicht nur aus Büchern, sondern aus vielfacher eigener Erfahrung an solchen hellsehenden Personen und auch aus anderen wirklich eingetroffenen Aussagen dieses Mädchens" eine moralische Gewissheit erlangt, mittels des hellseherischen Mädchens, diese Kostbarkeiten finden zu können. Van Eß ersuchte nun darum, auf „meine eigenen Kosten" an einer bestimmten Stelle nachgraben zu dürfen und sah sein Ziel bereits vor Augen, „als überglücklicher Finder die unnennbaren Schätze in die allerhöchsten Hände meines teuersten Landesvaters bringen und begleiten zu dürfen".[31] Mit Datum vom 5. Januar 1818 erging an den Polizeidirektor von Hanstein zu Marburg der „allerhöchste Auftrag: 1. Die Nachgrabung in der St. Elisabeth-Kirche vorzunehmen; 2. nähere Erkundigungen über das schlaf redende Mädchen einzuziehen; 3. nachzuforschen, welche sichere Nachricht von der vormaligen Aufbewahrung der Gebeine der Landgräfin Elisabeth und ihrer goldenen Krone vorhanden sey?"[32]

Am 12. Januar 1818, morgens um 8.00 Uhr, begann die Grabung, an der neben dem Polizeidirektor von Han-

---

[31] Akte Richter, Blatt 1.
[32] Ebd., Blatt 3.

stein, Professor van Eß, der Maurermeister Justus Wick, dessen Geselle Christian Wick und der Bedienstete des Professors van Eß, Ignaz Sander, mitwirkten. „Das Nachgraben geschah unter dem Hochaltar neben dem gewölbten Grab des Comenthur von der Lippe. Dieser Platz wurde von dem Prof. v. Eß darum gewählt, weil das schlafredende Mädchen denselben dahin bezeichnet hatte, dass die Gebeine 10–11 Schue vom Hochaltar entfernt, in etwa Mannstiefe sich finden würden."[33]

Die Arbeiten dauerten bis zum Einbruch der Dunkelheit und brachten nicht nur Knochen, sondern auch andere Funde wie eine Degenklinge zutage, die für den Polizeidirektor keinen Zweifel ließen, dass „diese Überreste einem alten Ritter angehörten."[34] Van Eß sandte nun seinen Diener nach Niederasphe mit einem der gefundenen Knochen und einem Lageplan der Elisabethkirche, worauf das Mädchen die Antwort gab, „dass die Gebeine von einem alten Herr seien, und dass man sich mehr seitwärts wenden müsse".[35] So wurden die Grabungen am folgenden Tag fortgesetzt und zwar ohne jedes Ergebnis. Darauf fuhr Professor van Eß nach Niederasphe, um das Mädchen samt Mutter und Bruder nach Marburg zu holen. Am 14. Januar 1818, mittags um 1 Uhr, wurden die Nachforschungen fortgesetzt. Professor van Eß „magnetisierte" das Mädchen, das sofort in einem Zustand der Hypnose eine Stelle neben der Kanzel bezeichnete, wo sich die Gebeine der heiligen Elisabeth befänden. Nach dem Bericht Hansteins gab das Mädchen weiter an, dass „die Gebeine es nicht alle seien, aber an der rechten Schulter hänge noch

[33] Ebd.
[34] Ebd., Blatt 4.
[35] Ebd.

Fleisch. Auf dem Kasten liege die Krone von Gold und wir würden es beim Nachgraben finden“.[36] Höchst bezeichnend ist der Bericht, den Hanstein zum zweiten Punkt der Kurfürstlichen Anordnung erstattete, nämlich über das Mädchen zu berichten:

> „Das schlaf redende Mädchen ist die 13jährige Tochter eines Bauern aus Niederasphe. [...] Dieses Mädchen ist im Sommer vorigen Jahres von heftigen Krämpfen befallen und erst im Nov. v. J. durch das Magnetisieren des Prof. v. Eß und ihres Bruders, eines 21-jährigen Bauernburschen, von den heftigen Krämpfen befreit worden. Sie soll seitdem auch hellsehend geworden sein, wovon ein großer Missbrauch gemacht worden ist. Das Mädchen hat sich mit mancherlei Prophezeiungen abgegeben, welches eine Menge Menschen hingezogen hat und mancherlei Unfug besonders in ärztl. Pfuscherei veranlasst haben soll. Da diese Sache für Gesundheit und Moralität so äußerst wichtig ist, so habe ich dieselbe bereits am 13. Dezember v. J. zur Kenntnis Kurf. Obersanitätscollegiums gebracht, vor welches sie zunächst gehört, zugleich aber auch dem Beamten befohlen, allen fremden Besuch bei der Kranken zu verbieten. Dies hat aber den gewünschten Erfolg nicht gehabt, weil die Eltern und Angehörigen sich geschmeichelt finden, dass ihnen ein solches Wundermädchen angehört, und nebenher auch ihr Eigennutz volle Befriedigung erhalten soll. So geht dieser Missbrauch fort und ernstliche Verbote dürften uns übel Ärger machen. Das Hierherbringen des Mädchens, sowie dessen Bezeichnung des befragten Ortes in der Kirche, ist durch die Eltern und Verwandten desselben, die sich dessen rühmen, in der ganzen Stadt bekannt geworden, und hat die Abergläubigen darin bestärkt. Ich habe indessen geglaubt, dies Verfahren des Prof. v. Eß zugeben zu müssen, indem der Erfolg nun bald völlige Entscheidung geben wird.“[37]

---

[36] Ebd., Blatt 5.

[37] Ebd., Blatt 5 und 6.

Neben dieser letztgenannten Absicht dürfte das hohe Ansehen, das von Eß weit über Marburg hinaus genoss, der Grund dafür gewesen sein, dass unter der Aufsicht Hansteins am 19. Januar 1818 an der angegebenen Stelle weitere Grabungen vorgenommen wurden, die den ganzen Tag dauerten. Darüber berichtete Hanstein am 20. Januar zu „allerhöchst eigenen Händen". Die Grabungen hätten nicht die geringste Spur zutage gefördert und die Vermutung bestätigt, „dass die Gebeine der hl. Elisabeth sich nicht mehr hier befinden".[38] Bei der Annahme des Professors van Eß, das Mädchen sei hellsehend, handle es sich um eine Täuschung, die zwischenzeitlich durch das Sanitätskollegium festgestellt worden und im Wochenblatt publiziert worden sei. Die Absichten des Professors van Eß seien nur so zu erklären, dass dieser „sich womöglich in den Besitz wertvoller Reliquien setzen und dann einen neuen Beweis für die Clairvoyance im Magnetismus erhalten" wollte.[39] Abschließend empfiehlt Hanstein, dem Professor van Eß „die fernere Ausübung magnetischer Kuren" zu verbieten und gegebenenfalls durch eine allerhöchste Verordnung „alles Magnetisieren von anderen als fachkundigen Ärzten durchaus zu untersagen".[40] Damit war auch dieser Versuch endgültig gescheitert, die Reliquien der heiligen Elisabeth zu finden. Es bedarf keiner Frage, dass das Ansehen des Theologen von Eß durch diese Vorfälle starke Einbußen erlitt. Sein unglückliches Vorgehen bei der Suche nach Elisabethreliquien hat sicher zu seinem allmählichen Rückzug aus Marburg beigetragen. Am 21. Mai 1821 bat van Eß in einem Schreiben an

---

[38] Ebd., Blatt 7.
[39] Ebd.
[40] Ebd., Blatt 8.

das Ministerium, sich von Kaplan Johann Christian Multer vertreten lassen zu dürfen.[41] Schließlich ersuchte er um Entlassung aus seinem Dienstverhältnis, die ihm am 24. April 1822 gewährt wurde. Van Eß verließ daraufhin Marburg. Er starb am 13. Oktober 1847 in Affolderbach im Odenwald.[42] Der Vorgang belegt, dass das neue Bistum Fulda nicht nur Elisabethtraditionen, sondern auch neue Interessen an der Person der heiligen Elisabeth und ihren Reliquien ererbte. Das Interesse an der durch van Eß aufgeworfenen Frage verstummte jedenfalls nicht. Nach seinem eigenen Bericht hat er sich um die Aufhellung des Schicksals der Reliquien St. Elisabeths zunächst mittels der vorhandenen Quellen bemüht.

Die Elisabethkirchen, Gedenkstätten und auch die Bemühungen um die Heilige befanden sich freilich alle an der Peripherie der neuen Diözese. Ein einfacher Hinweis kann dies verdeutlichen: In den altfuldischen Teilen des Bistums blieb bis zum Jahr 1890 das Gesang- und Gebetbuch des Benediktiners Augustin Erthel im Gebrauch, das 1788 erschienen war und mit keiner Silbe die heilige Elisabeth bedachte.[43] Die Integration und das Zusammenwachsen der Bistumsteile mit so heterogenen Traditionen stellte eine nicht geringe Herausforderung dar. In diesem Prozess sollte der Elisabethverehrung eine wichtige Rolle zukommen.

---

[41] Carl Mirbt: *Die katholisch-theologische Fakultät zu Marburg*. Marburg : Elwert, 1905, S. 13.

[42] Wilhelm Liese: *Necrologium Paderbornense*. Paderborn : Junfermann, 1934, S. 184.

[43] Dies ergibt eine Durchsicht der 50. Auflage aus dem Jahre 1887: *Der nach dem Sinne der katholischen Kirche singende Christ : Gesang- und Gebetbuch für die Diözese Fulda*. Fulda : Uth, [50]1887.

3. Beförderer des Elisabethkults in der Diözese Fulda und dessen Entwicklung bis zum Jahre 1929

Es lässt sich deutlich ausmachen, wie und durch welche Träger die Beschäftigung mit und das Bewusstsein für die heilige Elisabeth befördert worden sind. Einen wichtigen Anstoß für die Beschäftigung mit der heiligen Elisabeth in Fulda bot erneut die Suche nach den Reliquien. Am 1. August 1854 berichtete der Amöneburger Landdechant Philipp Heinrich Müller an das Bischöfliche Domkapitel, dass sich in der Gegend das Gerücht verbreitet habe, es seien Reliquien der heiligen Elisabeth in der Elisabeth-Kirche zu Marburg im Zuge der Renovierung unter Professor Lange gefunden worden.[44] Müller hatte sich nach Marburg begeben und bei einem Ortstermin den Eindruck gewonnen, dass es sich bei den aufgefundenen Gebeinen tatsächlich um Reliquien der Heiligen handeln könne. Die Antwort des Domkapitels lässt ein hohes Interesse des Bischofs erkennen, der selbst in den Jahren 1834–1846 Pfarrer und Dechant in Amöneburg gewesen war, und stellt die erste kirchenamtliche Äußerung zur Elisabethverehrung in der Geschichte des Stiftes und des Bistums Fulda dar.[45] In dem Schreiben des Domkapitels heißt es: „Es bedarf wohl bei Hochdemselben keiner weiteren Begründung, dass bei der allgemeinen großen Verehrung, welche die Heilige wegen ihrer Tugenden nicht nur in Deutschland, sondern in allen katholischen Ländern genießt, bei den dankbaren Erinnerungen an ihre aufopfernde Liebe ge-

---

[44] Kathrein: Reliquien (wie Anm. 6), S. 337.

[45] Georg Ignatz Komp: *Christoph Florent. Kött, Bischof von Fulda.* Würzburg : Woerl, 1874 (Deutschlands Episkopat in Lebensbildern ; 22), S. 51–96.

gen die Armen und Kranken in unserem Vaterlande und bei nahen Verwandtschaftsverhältnissen der heiligen Elisabeth mit unserem allerhöchsten Regentenhause, es von der höchsten Wichtigkeit ist, dass nach canonischer Vorschrift untersucht und festgestellt werde, ob die erwähnten vorgefundenen Gebeine Reliquien der heiligen Elisabeth seien, eventuell hierüber eine öffentliche Urkunde ausgestellt, und dieselben unter bischöfliches Siegel vorschriftsmäßig gelegt werden, damit sie zur Verehrung öffentlich ausgestellt werden können."[46]

Das Domkapitel erreichte in dieser Angelegenheit nur einen barschen Bescheid des Kasseler Ministeriums des Innern: „Dem bischöflichen Domkapitel zu Fulda wird unter Rückgabe der Anlagen seiner Eingabe bekannt gemacht, dass, da die Auffindung der Gebeine der Landgräfin Elisabeth bei der damaligen Reparatur der Elisabeth-Kirche zu Marburg nichts als ein völlig leeres Gerücht ist, auf die gestellten Anträge einzugehen nicht die mindeste Veranlassung vorliegt."[47] Immerhin verdanken wir diesem Vorgang eine wichtige Stimme, die uns die Sicht des Bischofs und Domkapitels vermittelt: Die heilige Elisabeth genießt wegen ihrer Tugenden und aufopfernden Liebe zu den Armen und Kranken große Verehrung. Damit ist der Aspekt angesprochen, der die bedeutendste Erfolgsgeschichte im Bistum Fulda im 19. und frühen 20. Jahrhundert mit der Gestalt der heiligen Elisabeth verband und ihr Ideal verbreitete. Gemeint ist die Gründung der Barmherzigen Schwestern vom heiligen Vinzenz von Paul,

---

[46] Akte Richter (wie Anm. 30): Schreiben des Domkapitels vom 7.8.1854.

[47] Ebd.: Auszug aus dem Protokoll des Kasseler Innenministeriums vom 11.8.1854.

die im Jahre 1834 mit der Einführung von drei Schwestern durch Bischof Johann Leonhard Pfaff im Fuldaer Landkrankenhaus begann und ihren zahlenmäßigen Höhepunkt in der Entwicklung der Gemeinschaft mit etwa 900 Schwestern in den zwanziger Jahren erreichte.[48] Das in der heiligen Elisabeth gefundene Ideal der aufopfernden Liebe zu den Armen und Kranken verkörperte das Selbstverständnis der Barmherzigen Schwestern. Zahlreiche Niederlassungen und Einrichtungen erhielten in St. Elisabeth ihre Patronin. Die Kapelle des Mutterhauses in der Kanalstraße wurde mit dem heiligen Vinzenz von Paul auch der heiligen Elisabeth geweiht.[49] Das Wirken der Schwestern an so vielen Orten des Bistums hat zur Verbreitung des Elisabethideals entscheidend beigetragen.[50]

In diesem Zusammenhang müssen zwei Priester genannt werden, die als Promotoren der Elisabethverehrung gelten dürfen: Die Domdechanten Heinrich Fidelis Müller[51] und Joseph Herbener.[52]

Müller wurde 1837 in Fulda geboren. Sein Onkel war der langjährige Regens des Priesterseminars und Dom-

---

[48] Viktor THIELEMANN: *Die Gründungsanfänge der Genossenschaft der Barmherzigen Schwestern vom heiligen Vinzenz von Paul : Mutterhaus Fulda*. Fulda : Mutterhaus Fulda, 1934.

[49] STURM: Bau- und Kunstdenkmale (wie Anm. 18), S. 606.

[50] Zur Entwicklung der Genossenschaft vgl. Viktor THIELEMANN: *Die Genossenschaft der Barmherzigen Schwestern vom hl. Vinzenz von Paul : Mutterhaus Fulda*. Düsseldorf : Rhenania, 1930.

[51] Für Müller liegt eine neuere gründliche Untersuchung vor: Paul LANG: *Heinrich Fidelis Müller (1837–1905) : Priester und Komponist : Leben und Werk*. Petersberg : Imhof, 2005.

[52] Zur Person Herbeners muss auf die gedruckten Personalverzeichnisse sowie die Akten im Bischöflichen Generalvikariat zurückgegriffen werden.

kapitular Heinrich Komp,[53] sein Vetter der spätere Bischof von Fulda und ernannte Erzbischof von Freiburg Georg Ignaz Komp.[54] Müller war ein Mann der Seelsorge und der Kirchenmusik.[55] Als 7-jähriger Schüler trug er ein Festgedicht zur Einweihung des Bonifatiusdenkmals in Fulda vor.[56] Er hatte noch acht Geschwister, darunter seine Schwester Elisabeth. Eine Beziehung zu unserer Heiligen war also vielleicht schon in der Familie grundgelegt. Nach kurzer Zeit als Kaplan an der Stadtpfarrkirche und Aushilfspriester in Dermbach wurde er mit dem Aufbau der Pfarrei Bockenheim bei Frankfurt beauftragt, die sich rasch zur größten Pfarrei der Diözese mit 14.500 Katholiken im Jahr 1915 entwickelte.[57] Die von dem bedeutenden Kirchenarchitekten Ungewitter erbaute Pfarrkirche erhielt die heilige Elisabeth als Patronin und feierte ihr Titularfest am vorletzten Mittwoch vor dem ersten Adventssonntag.[58] Heinrich Fidelis Müller blieb der heiligen Elisabeth auf seinem weiteren Weg eng verbunden: Er wirkte von 1873–1890 als Pfarrer von St. Elisabeth und Dechant in Kassel und von

---

[53] Zur Person dieses bedeutenden Geistlichen in der Zeit der Neuumschreibung der Diözese finden sich zahlreiche Hinweise bei Uwe ZUBER: *Staat und Kirche im Wandel : Fulda von 1752 bis 1830.* Marburg : Historische Kommission für Hessen, 1993 (Quellen und Forschungen zur hessischen Geschichte ; 93), bes. S. 269–273.

[54] Josef LEINWEBER: *Die Fuldaer Äbte und Bischöfe.* Frankfurt a.M. : Knecht, 1989, S. 176.

[55] Zur Biografie vgl. LANG: Heinrich Fidelis Müller (wie Anm. 51), S. 13–136.

[56] Werner KATHREIN: Ein Denkmal für den Apostel der Deutschen. Vor 150 Jahren fand die Weihe des Fuldaer Bonifatiusdenkmals statt. In: *Almanach. Jahrbuch für das Bistum Fulda.* Fulda, 1992, S. 88–93.

[57] Archiv des Bischöflichen Generalvikariats.

[58] Realschematismus (wie Anm. 22), S. 121.

1890–1894 als Pfarrer in Amöneburg, wo er als Dechant auch für Marburg zuständig war, bis er 1894 als Domkapitular berufen und 1902 zum Domdechanten in Fulda gewählt wurde. Müllers ganze Liebe galt der Kirchenmusik, die er pastoral ausgerichtet und im Stil des Cäcilianismus verstand.[59] Als Komponist von Messen, Oratorien und geistlichen Liedern wurde er in ganz Deutschland bekannt. In seinem kompositorischen Schaffen nimmt die heilige Elisabeth einen breiten Raum ein. Bereits als Dechant in Kassel veröffentlichte er anlässlich der 100-jährigen Kirchweihe der Kasseler Elisabethkirche sein Werk: „Sancta Elisabeth. Ein Kranz geistlicher Lieder zum Preise der Heiligen." Diesem folgten sein geistliches Festspiel „Die heilige Elisabeth" in 7 Szenen,[60] seine „Missa in Honorem St. Elisabethae"[61] sowie weitere Elisabethlieder. Müllers Elisabethverehrung hat durch sein kirchenmusikalisches Wirken stark zur Verortung des Elisabethkults auch im Zentrum des Bistums beigetragen. Ein zeitgenössischer Zeitungsbericht über die erste Aufführung des Elisabethoratoriums lässt dies klar erkennen:

> „Das […] Festspiel: ‚Die hl. Elisabeth' war […] sehr zahlreich besucht und erntete den reichsten Beifall. Bei der Darstellung am Sonntag war der Verfasser, Herr Dechant Müller, selbst erschienen und wurde bei seinem Eintritt in die Festhalle von Musik und Volk freudig begrüßt. Am Schlusse des Spieles ergriff Herr Gymnasialdirektor Dr. Goebel das Wort und stattete dem Schöpfer des Werkes den gebührenden Dank ab. In das dreimalige Hoch, wozu er aufforderte, stimmten die Zuschauer begeistert ein.

[59] Die Einordnung von Müllers Werk bei LANG: Heinrich Fidelis Müller (wie Anm. 51), S. 391–450.

[60] Ebd., S. 224–244.

[61] Ebd., S. 285–287.

> Herr Dechant Müller dankte, sichtlich gerührt und tief bewegt, für die ihm gewordene Ehre und sprach seine Befriedigung darüber aus, dass sein schlichtes zur Verherrlichung der hl. Elisabeth geschaffenes Werk nun auch in der Bonifatiusstadt Fulda eine so treffliche Aufführung und herzliche Aufnahme gefunden. Als Sohn dieser Stadt habe er sich die Freude gestattet, bei diesem Anlass hier zu erscheinen, und er wolle diese Gelegenheit nun auch benützen, den Anwesenden die bewundernswerten Tugenden der hl. Elisabeth, deren Nachahmung ja auch in Fulda schon viel edle Früchte gezeigt habe, aufs Neue ans Herz zu legen."[62]

Eine Frucht der Müllerschen Bemühungen war das 1890 in erster Auflage erschienene neue Fuldaer Gesangbuch, in das nunmehr auch die heilige Elisabeth einen Eingang gefunden hatte.[63] Es löste das Diözesangesangbuch aus der Zeit Heinrich von Bibras ab, das 1887 die 50. Auflage erlebt hatte.

Neben Müller muss Domdechant Joseph Herbener erwähnt werden. Er wurde 1871 zum Priester geweiht und wirkte nach verschiedenen Seelsorgeaufträgen seit 1897 als Dechant, Pfarrer und Kreisschulinspektor in Hünfeld; 1903 erfolgte seine Wahl zum Domkapitular und 1921 zum Domdechanten.[64] Herbeners Verehrung der

---

62 Zitat ebd., S. 79.

63 Unter den Festen einiger ausgewählter Heiligen bringt dieses Gesang- und Gebetbuch folgendes kurzes Gebet zur heiligen Elisabeth von Thüringen: „Erleuchte, o erbarmungsvoller Gott, die Herzen deiner Gläubigen und verleihe durch die glorreiche Fürbitte der heiligen Elisabeth, dass wir die irdische Wohlfahrt verachten und der himmlischen Tröstungen uns allzeit erfreuen mögen; durch unseren Herrn Jesum Christum. Amen." (*Katholisches Gesang- und Gebetbuch für die Diözese Fulda*. Fulda : Fuldaer Actiendruckerei, 1890, S. 606).

64 Diese Angaben sind dem Realschematismus des Jahres 1910 (wie Anm. 22) entnommen.

heiligen Elisabeth ist begründet in seiner Herkunft. Er stammte aus Bauerbach bei Marburg und hatte die Liebe zur heiligen Elisabeth mit der „Muttermilch" angenommen. Seine Bemühungen galten dem Verein der heiligen Elisabeth, der sich 1883 erstmals eigene Statuten gab, durch ein Breve Papst Leo XIII. bestätigt und mit Ablässen beschenkt wurde.[65] Herbener blieb bis zu seinem Tod am 28. Oktober 1924 der Bischöfliche Kommissar für die Elisabethvereine in der Diözese Fulda.[66]

Angesichts dieser starken Impulse müsste man erwarten, dass das Elisabethjubiläum 1907 einen größeren Rahmen gefunden hätte als es tatsächlich geschah. Die Gründe dafür liegen in den Zeitumständen und der besonderen Fuldaer Situation. Hier hatte man 1905 mit einem gewaltigen Aufwand den 1150. Todestag des heiligen Bonifatius gefeiert. Der Dombrand vom 5./6. Juni 1905 hatte zu einer tiefen Erschütterung geführt, in deren Folge am 30. August 1905 Domdechant Müller und am 17. Juli 1906 Bischof Enders starben.[67] Am 19. März 1907 empfing Joseph Damian Schmitt die Bischofsweihe. Die Fuldaer Elisabethfeiern wurden auf den Frauenberg verlegt, wo der neue Bischof dem Jubiläumsgottesdienst vorstand.[68] Der Frauenberg schien für diesen Anlass besonders geeignet, nachdem dort die 1884 wiedererrich-

---

[65] Die Regeln und Gebete des Vereins der heiligen Elisabeth für die Diözese Fulda sind in zwei gedruckten Ausgaben aus den Jahren 1883 und 1892 in der Bibliothek des Bischöflichen Priesterseminars erhalten.

[66] *Totenverzeichnis der Bischöfe, Priester und Diakone der Diözese Fulda.1920 bis 2004.* Fulda : Bischöfliches Generalvikariat, 2005, S. 105.

[67] Werner KATHREIN: Zur Bonifatiusverehrung in Fulda seit dem 16. Jahrhundert. In: *Archiv für mittelrheinische Kirchengeschichte* 57 (2005), S. 150–155.

[68] Michael MÖLLER: *Joseph Damian Schmitt, Bischof von Fulda*

tete Ordensprovinz Thuringia unter dem Patronat der heiligen Elisabeth ihren Sitz erhalten hatte. Im Jahre 1907 erschien die Geschichte des Klosters Frauenberg von Pater Michael Bihl, die dieser der „lieben heiligen Elisabeth" widmete.[69] Weil sich vor Ort nur bescheidene Möglichkeiten für eine Jubiläumsfeier boten, suchte man durch die Teilnahme an externen Elisabethfeiern einen gewissen Ausgleich zu schaffen. Domkapitular Herbener hat über seine Teilnahme an den Jubiläumsfeiern auf dem heiligen Berge Andechs an den Fuldaer Kirchenhistoriker Gregor Richter berichtet.[70] Die heilige Elisabeth wurde in dieser Zeit die Patronin einer neu gegründeten Kuratie, die 1911 einen ersten Gottesdienstraum erhielt und zum Ausgangspunkt der Pfarrei St. Elisabeth in Hanau wurde.[71] Die Not der Kriegs- und Hungerjahre verlangte auch nach Antworten im Bereich der Kirche. Bischof Schmitt und der führende Kopf des Fuldaer politisch-sozial orientierten Katholizismus, Professor Thielemann, schritten 1917 zur Gründung eines Diözesancaritasverbands, der nicht Träger von caritativen Instituten sein wollte, sondern den Gedanken der christlichen Caritas verbreiten sollte.[72] Die heilige Elisabeth erschien neben

(1907–1939). Diplomarbeit masch. Fulda 1994. Bibliothek des Bischöflichen Priesterseminars, hier S. 59.

[69] BIHL: Frauenberg (wie Anm. 8).

[70] Herbener an Richter vom 10.9.1907 im Nachlass Richters. Zu den Feiern in Andechs vgl. die gedruckten „Festpredigten gehalten bei der Feier des siebenhundertjährigen Jubiläums der Geburt der hl. Elisabeth von Thüringen am 8., 9. und 10. September 1907 in der Klosterkirche auf dem hl. Berge Andechs." Andechs, 1907.

[71] GUMBEL: Seelsorgebezirke (wie Anm. 26), S. 139.

[72] Werner KATHREIN: *Domdechant Prof. Dr. Viktor Thielemann (1867–1944) : Gründer des Caritasverbandes für die Diözese Fulda*. Petersberg : Imhof, 2002, S. 24–27.

Martin von Tours dabei als wichtige Leitfigur. Im Rückblick auf 50 Jahre caritativer Arbeit in der Diözese Fulda schrieb Bischof Adolf Bolte 1967: „Für unsere Caritasarbeit muss auch heute noch der Geist der heiligen Elisabeth lebendig sein.“[73]

Für das Bistum Fulda bahnte sich in den zwanziger Jahren eine Entwicklung an, die auch für die Frage der Elisabethtradition von nicht geringer Bedeutung sein sollte, nämlich die Neuumschreibung der preußischen Diözesen und die Errichtung einer mitteldeutschen Kirchenprovinz.[74] Im August 1927 berieten die preußischen Bischöfe in Fulda auf Wunsch des apostolischen Nuntius Pacelli über einen von staatlicher Seite durch Professor Heyer erarbeiteten Entwurf zur Neugliederung der Diözesen. Danach sollte die Diözese Fulda den Bereich des Regierungsbezirks Erfurt mit dem gleichnamigen Dekanat und dem Kommissariat Heiligenstadt von der Diözese Paderborn erhalten, dafür aber das Dekanat Frankfurt an das Bistum Limburg abtreten. Die im Konkordat von 1929 getroffenen Regelungen folgten im Wesentlichen den staatlichen Vorstellungen. Für Fulda bedeutete dies eine erhebliche territoriale und zahlenmäßige Vergrößerung. Folgender Überblick kann dies verdeutlichen:[75]

---

[73] *Liebe und Vertrauen* / Festschrift zum 50jährigen Bestehen des Caritasverbandes für die Diözese Fulda e. V. Fulda : Bischöfliches Generalvikariat, 1967, S. 9.

[74] Remigius BÄUMER: Die Errichtung der mitteldeutschen Kirchenprovinz und die Erhebung des Bistums Paderborn zum Erzbistum. In: Paul Werner SCHEELE (Hrsg.): *Paderbornensis Ecclesia : Festschrift Lorenz Kardinal Jäger.* Paderborn : Schöningh, 1972, S. 592–626.

[75] Die statistischen Angaben hat Michael MÖLLER: Joseph Damian Schmitt (wie Anm. 68), S. 94–104 aus den kirchlichen Amtsblättern, Schematismen und dem Bestand „Preußenkonkordat“ im Archiv des Bischöflichen Generalvikariates erhoben.

Das Bistum Fulda hatte zwei Bezirke abzugeben. Die ehemals zu Kurhessen gehörenden Vororte von Frankfurt am Main, die im Laufe der Zeit nach Frankfurt eingemeindet worden waren, wurden von Fulda an das Bistum Limburg, zu dem die Pfarreien der Innenstadt Frankfurts gehörten, abgetreten. Im Einzelnen handelte es sich um das Dekanat Bockenheim mit den Pfarreien Eschersheim, Eckenheim, Fechenheim, Preungesheim und der Seelsorgestelle Seckbach sowie der neuen Frauenfriedenskirchenpfarrei. Im Dekanat waren damals elf Geistliche tätig für 22.186 Katholiken, die unter 67.804 Nichtkatholiken lebten. An Hildesheim ging der Kreis Rinteln, Grafschaft Schaumburg. Fulda verlor eine Pfarrei: Rinteln mit ihren zwei Kuratien Bad Nenndorf und Obernkirchen. 789 Katholiken, die von vier Geistlichen betreut wurden, lebten in einem ausgesprochenen Diasporagebiet. Im Ganzen verlor Fulda 22.975 Katholiken in 10 selbständigen Seelsorgebezirken mit 15 Geistlichen. Fulda erhielt von Paderborn zwei neue Bezirke: Das Kommissariat Heiligenstadt, das im Wesentlichen aus dem fast ausschließlich katholischen Obereichsfeld bestand. Es kamen aber auch zwei angrenzende größere Diasporabezirke hinzu. Das Kommissariat hatte neun Dekanate mit 75 Pfarreien und zwölf Kuratien, in denen es 117 Geistliche gab für 102.360 Katholiken, die unter 172.712 Andersgläubigen lebten. Das Dekanat Erfurt mit seinen in Preußen liegenden Gebieten umfasste zwölf Pfarreien, eine Kuratie, achtzehn Geistliche und 18.424 Katholiken unter 264.492 Nichtkatholiken.

An Klöstern kamen unter anderem hinzu die Franziskanerklöster in Dingelstädt und auf dem Hülfensberg, das Redemptoristenkloster Heiligenstadt sowie die Niederlassung der Schulbrüder vom heiligen Johannes Baptist de la Salle in Frankfurt.

Insgesamt gewann das Bistum Fulda 120.784 Katholiken hinzu. Der Katholikenanteil steigerte sich insgesamt von 224.175 auf 321.984 um gut 1/3. Die bisher 120 Pfarreien und 44 Kuratien steigerten sich auf insgesamt 264 Seelsorgestellen mit 202 Pfarreien und 44 Kuratien.

Wegen der Erweiterung des Diözesangebietes und der damit verbundenen Verwaltungstätigkeit wurde im Konkordat die Zahl der Fuldaer Kanonikate von vier auf fünf erhöht. Diese territoriale Neuordnung hatte zur Folge, dass nunmehr auch die Wartburg im Bereich der Diözese Fulda gelegen war, die neben der Grabeskirche der Heiligen in Marburg wichtigste Memorialstätte für die Elisabethverehrung. Schon im Laufe der Verhandlungen über die Neuumschreibung der Diözese wurde eine Bearbeitung des Weylandschen Gesangbuches von 1890 vorgenommen. Die Ausgabe von 1929 mit dem Vorwort von Bischof Joseph Damian unter dem Datum des 8. Dezember 1928 bot nunmehr neben dem bisherigen Gebet zur heiligen Elisabeth von Thüringen auch das aus dem Eichsfelder Gesangbuch von 1812 übernommene Lied „Elisabetha, Fürstin mild, des höchsten Königs glänzend Bild".[76] Es blieb bis zur Einführung des Gotteslobes fester Bestandteil des Fuldaer Gesangbuches und wurde 1975 textlich bearbeitet und stark verkürzt in den Diözesananhang des Gotteslobs übernommen.

---

[76] *Katholisches Gesang- und Gebetbuch für die Diözese Fulda.* Fulda : Fuldaer Actiendruckerei, 1929, S. 355.

4. Das Elisabethjubiläum 1931

Angesichts der einschneidenden Veränderungen in Folge des preußischen Konkordats kam dem Elisabethjubiläum des Jahres 1931 eine große Bedeutung zu. Das Bistum war jetzt in doppelter Hinsicht mit den Stätten des Lebens und Wirkens der Heiligen verbunden. Die Gestalt der Heiligen konnte zu einem wichtigen Bindeglied der heterogenen Bistumsteile werden. Am 16. November 1930 wurde das Jubiläum in allen Kirchen verkündet. In der Ankündigung schreibt Bischof Schmitt:

> „Im November des kommenden Jahres 1931 werden sich 700 Jahre vollenden, seitdem die heilige Landgräfin Elisabeth von Thüringen und Hessen ihr der Gottes- und Nächstenliebe geweihtes Leben durch einen gottseligen Tod beschlossen hat. Wohl gehört sie ganz Deutschland an. Aber Ihr wisst, dass wir sie mit berechtigtem Stolze als *unsere* heilige Elisabeth begrüßen dürfen. Hat sich doch im Bereiche unserer Diözese ihr heiliges Leben abgespielt. Dort in Eisenach auf der Wartburg ist in dem altehrwürdigen Frauengemach so manches erhalten, was durch ihre Hand geweiht ist und ihrem Gebrauche gedient hat. Und in Marburg erhebt sich über ihrem Grabe als ein Meisterwerk frühgotischer Kunst die Kirche, die ihren Namen verewigt. Besonders Euch fordere ich dazu auf, die Ihr dem dritten Orden des heiligen Franziskus angehört. Es ist Euch ja bekannt, dass die heilige Elisabeth die erste deutsche Frau gewesen ist, die sich mit dem grauen Gewande dieses Ordens bekleiden ließ, und dass der heilige Franziskus, um ihre Demut und Entsagung anzuerkennen, ihr seinen Mantel übersandte."[77]

---

[77] *Kirchliches Amtsblatt für die Diözese Fulda* 46 (1930), Stück XI.

Am 10. Mai 1931 übersandte Papst Pius XI. ein Apostolisches Handschreiben, in dem es heißt: „Deutschlands Ruhm ist St. Elisabeth“. Das Schreiben setzt Elisabeth bestimmten zeitgenössischen Entwicklungen gegenüber, wenn es darin heißt: „Denn einzig und allein die Liebe Christi, die im Herzen aller Guten erblüht, nicht aber Klassenhass und Parteihader, gibt Hoffnung auf das ersehnte Völkerglück und schafft die Ruhe dauernden Friedens.“[78]

In seinem Fastenhirtenbrief des Jahres 1931 beschäftigte sich Bischof Schmitt ausführlich mit der Heiligen. Wegen seiner Länge wurde der Hirtenbrief in zwei Abschnitten an aufeinander folgenden Sonntagen verlesen.[79] Bischof Schmitt beklagt zunächst die schwierige gesellschaftliche Situation: „Tage schwerer Heimsuchung sind über unser Volk gekommen. Wirtschaftliche Not, Wohnungsnot, Arbeitslosigkeit, Armut und Elend lasten schwer auf Millionen von Menschen. Mutlosigkeit und Verzagtheit, Hass und Hader untergraben die seelische Gesundheit unseres Volkes. Und, was noch traurigere Folgen hat, so viele haben den festen Grund des Glaubens, den starken Halt der christlichen Sitte, das innere Gnadenleben verloren.“ Dem stellt der Bischof in der für ihn so typischen Weise „drei Strahlen der Liebe, die das Herz der heiligen Elisabeth erfüllten“ entgegen: Die Nächstenliebe, die Kreuzesliebe und die Gottesliebe. Eine Passage aus diesem umfangreichen Schreiben mag die tiefe religiöse Haltung des greisen Bi-

---

[78] Der Text findet sich gedruckt bei Alex EMMERICH (Hrsg.): *Sankt Elisabeth : Festschrift zum Elisabeth-Jubiläum.* Paderborn : Schöningh, 1931, S. 2.

[79] *Kirchliches Amtsblatt für die Diözese Fulda* 47 (1931), Stück III.

schofs, aber auch deren zu enge Sicht in der damaligen gesellschaftlichen Realität verdeutlichen. Das Problem der Arbeitslosigkeit, das zudem Nährboden für das Wachsen der NSDAP darstellte, greift der Bischof zwar ausdrücklich auf, vermag aber nur eine wenig realitätsbezogen, fromm-asketische Antwort zu geben:

„Und die Arbeitslosen, die seelisch so niedergedrückt, in Versuchung sind zu hadern mit Gottes Vorsehung, sich aufzulehnen und erzwingen zu wollen, was ihnen durch Gottes Zulassung jetzt nicht gegeben werden kann, würde Elisabeth diese nicht ins Gotteshaus führen, unter das Kruzifix, zum Altar, wo das Kreuzesopfer erneuert wird, um ihnen die Augen zu öffnen dafür, dass gerade ihnen jetzt Zeit und Gelegenheit gegeben ist, aus der Kraft des Kreuzes Schätze zu erwerben, die sie reich machen für das ewige Leben? – Wie würde sie besonders die jugendlichen Erwerbslosen ermahnen, die ihnen aufgenötigte Freizeit durch Pflege des religiösen Lebens zurzeit inneren Wachstums und innerer Vervollkommnung zu machen? – Wie wohl würden erst die Witwen und Waisen sich bei ihr fühlen! Unter ihrem mütterlichen Blick, durch ihr liebevolles Wort würden sie das Kreuz, durch das der Heiland sie zu Gotteskindern, zu seinen Brüdern und Schwestern gemacht hat, lieben lernen und so stark werden, ihren Weg einsam durchs Leben zu gehen, zufrieden damit, die Liebe des Heilandes zu besitzen. Uns allen aber, geliebte Diözesanen, zeigt die Kreuzesliebe der heiligen Elisabeth den besten Weg christlichen Wandelns. Durch geduldiges Kreuztragen im Geiste Christi werden ja unsere Seelen gereinigt und geheiligt. Durch Ergebung in Gottes heiligen Willen werden wir demütig und lernen wir die rechte Art des Betens in Vertrauen und Beharrlichkeit. Wie viel Kraft könnten wir aus Kreuz und Leiden schöpfen, um in dieser Zeit göttlicher Heimsuchung Großes zu leisten für unser Vaterland und für die heilige Kirche. – Unsere Opfer könnten wir mit denen des Heilandes vereinigen, um die vielen Sünden zu sühnen, durch die Gottes Zorn herausgefordert wird. Durch das Kreuz mit dem Heiland

> verbunden, könnten wir umso wirksamer beten für all' die großen Anliegen unserer Tage. Wir würden dabei reich an Verdiensten, reif für eine hohe ewige Seligkeit im Himmel."

Ansonsten aber ist die heilige Elisabeth jetzt tatsächlich eine Fuldaer Bistumsheilige. Dazu stellt Bischof Schmitt fest: „St. Elisabeth ist jedem katholischen, jedem deutschen Herzen lieb und teuer. Besonders aber steht sie uns nahe, die heilige Landgräfin von Thüringen und Hessen, deren Leben sich fast ganz in den Grenzen der Diözese Fulda abgespielt hat, deren Tod und Grab unser Oberhessen verklärt."

Die Hauptveranstaltung des Jubiläumsjahres fand im August 1931 im Rahmen der Bischofskonferenz statt. Kardinal Bertram zelebrierte das Pontifikalamt, bei dem Kardinal Faulhaber predigte und die heilige Elisabeth von den sieben Werken der göttlichen Barmherzigkeit ausgehend deutete.[80] Bei der anschließenden Festversammlung hielt der Dompropst von Münster, Dr. Daners, die Festrede. Der Fuldaer Domorganist Fritz Krieger hatte zu diesem Anlass eine Kantate nach Texten des Pfarrers und Rhöndichters Ludwig Nüdling komponiert. In der gesamten Diözese fand ein „Tag der Armen" statt, an dem Spenden für Notleidende gesammelt wurden. Eine bescheidene Festschrift konnte nur durch Unterstützung zahlreicher Geschäftsleute erscheinen. Bereits am 17. März 1931 fand in Eisenach ein Thüringischer Ka-

---

[80] Die schwierigen Verhältnisse ließen eine zusammenfassende Dokumentation nicht zu. Die hier gemachten Angaben hat Michael MÖLLER: Joseph Damian Schmidt (wie Anm. 68) aus Beständen des Bischöflichen Generalvikariates sowie einer Durchsicht der Kirchenzeitung „Bonifatiusbote" für diese Jahre zusammengestellt.

tholikentag und am 19. Juni ein oberhessischer Katholikentag statt. An beiden Veranstaltungen, die unter Verzicht auf alle weltlichen Feierlichkeiten durchgeführt wurden, zelebrierte Bischof Schmitt in Anwesenheit des Domkapitels ein Pontifikalamt. Marburg erlebte zahlreiche Verbandstagungen katholischer Vereine und Organisationen wie die Generalversammlung des akademischen Bonifatiusvereins und des katholischen Lehrerinnenverbandes, eine Versammlung des Dritten Ordens des heiligen Franziskus und eine Elisabethfeier der katholischen Studentenschaften. Auch auf der Ebene der einzelnen Pfarreien wurden besondere Elisabethveranstaltungen durchgeführt. Die Chronik, der von Franziskanern betreuten Pfarrei Salmünster, berichtet beispielsweise über eine Pfarrwallfahrt zur Wartburg im Jahre 1931.[81] Am Elisabethtag, dem 19. November, wurde das Jubiläumsjahr mit einer Andacht im Fuldaer Dom geschlossen. Es dokumentiert die Funktion der Elisabethverehrung für die Einheit und das Zusammenwachsen der neu umschriebenen Diözese. Das Motiv wurde nochmals 1935 aufgegriffen, als man an die 700. Wiederkehr der Kanonisation der Elisabeth erinnerte.

5. Die jüngste Entwicklung

Die politische Entwicklung in Deutschland sollte gerade für die Diözese Fulda von besonderer Tragweite sein. Die 1929 vollzogene Neuumschreibung wurde bald in eine auseinanderstrebende Situation gelenkt.[82]

---

[81] Pfarrarchiv der Pfarrei St. Peter und Paul in Salmünster.

[82] KATHREIN ; WAGNER: Bistum Fulda (wie Anm. 20), S. 37–40. Vgl. auch Josef PILVOUSEK: Fulda und Erfurt 1929–1994 :

Durch das Abkommen von Potsdam waren die in Thüringen gelegenen Anteile des Bistums Fulda ein Teil der Sowjetischen Besatzungszone geworden. Diese Grenzziehung und die unterschiedliche politische Entwicklung erschwerten die einheitliche Entwicklung und bald auch den freien Verkehr zwischen dem Bischofssitz mit der kirchlichen Verwaltung in Fulda und dem östlichen Diözesangebiet. Um eine geregelte Seelsorge zu ermöglichen, ernannte Bischof Dietz den 1881 in Olpe geborenen Dr. Joseph Freusberg, der seit 1916 in Erfurt wirkte, zum Generalvikar für den östlichen Bistumsteil. Freusberg wurde 1953 zum Weihbischof des Bistums Fulda mit Sitz in Erfurt ernannt. Staatliche Behinderungen und die radikale Grenzziehung führten zur Notwendigkeit, dem Vertreter des Bischofs größere Vollmachten zu gewähren. Nachdem die Theologiestudenten aus dem Osten nicht mehr in Fulda studieren konnten, entstanden in Erfurt ein eigenes Priesterseminar und ein theologisches Studium für den gesamten Bereich der DDR. In der Person des Weihbischofs Hugo Aufderbeck erhielt Dr. Freusberg einen Nachfolger, der als einer der großen Diasporaseelsorger sich hoher Wertschätzung erfreute. Seit 1967 übte Weihbischof Aufderbeck sein Amt als „Bischöflicher Kommissar“ für den Ostteil der Diözese mit allen Fakultäten eines Diözesanbischofs aus.

Als nach der Wiedervereinigung im Jahre 1990 das Bistum Erfurt kanonisch errichtet wurde, erhielt dieses die heilige Elisabeth als Diözesanpatronin.[83] Aber auch im Westteil der Diözese nahm die Pflege der Elisabeth-

---

Marginalien zur Geschichte einer diözesanen Verwandtschaft. In: *Fuldaer Geschichtsblätter* 79 (2003), S. 193–219.

[83] Josef PILVOUSEK: Erfurt. 2) Bistum. In: LThK³ 3. Freiburg i.Br. : Herder, 1995, Sp. 760.

verehrung ihren Fortgang. Bereits 1943 war in Fulda ein Seelsorgebezirk St. Lioba eingerichtet worden, der seine Gottesdienste in der Marienschule abhielt und 1950 eine ehemalige Militärhalle als Notkirche in Ziehers Süd beziehen konnte. An ihre Stelle trat die am 8. September 1963 konsekrierte Pfarrkirche St. Elisabeth.[84] Die neue Pfarrei entstand durch eine Abtrennung aus dem Gebiet der Stadtpfarrei. Parallel erhielt auch die Dompfarrei eine Tochter unter dem Titel der heiligen Elisabeth. Am 1. Mai 1957 wurde eine Lokalkaplanei St. Elisabeth errichtet, aus der die heutige Pfarrei St. Elisabeth in Fulda-Lehnerz hervorgegangen ist.[85] Zum besonderen Förderer der Elisabethverehrung in der Diözese Fulda sollte der aus Mardorf (bei Marburg) stammende Bischof Eduard Schick (1975–1982) werden.[86] Seine Anhänglichkeit an die Heilige ging auf kindliche Erfahrungen zurück, die er gern und freimütig berichtete. Seit seinem Amtsantritt bemühte er sich intensiv beim Heiligen Stuhl um die Proklamation der heiligen Elisabeth als zweite Patronin der Diözese. Seinem Wunsch wurde 1976 stattgegeben.[87]

Auf dem Hintergrund dieser Entwicklung wurde das Jubiläumsjahr 1981 zu einem bedeutenden kirchlichen Ereignis des Bistums Fulda, das seine Zweitpatronin durch eine Festwoche vom 13. bis 20. September 1981 in Marburg ehrte. Erstmals wurden die kirchlichen Eli-

---

84 GUMBEL: Seelsorgebezirke (wie Anm. 26), S. 105. Ludwig PRALLE: *Neue Kirchen im Bistum Fulda. 25 Jahre kirchlichen Bauens und Kunstschaffens*. Fulda : Parzeller, 1970, S. 54.

85 GUMBEL: Seelsorgebezirke (wie Anm. 26), S. 209.

86 Werner KATHREIN: Schick, Eduard. In: LthK³ 9. Freiburg i.Br. : Herder, 2000, Sp. 137.

87 *Kirchliches Amtsblatt für die Diözese Fulda* (7. Juli 1976), Stück VII.

sabethfeiern auch durch wissenschaftliche und ökumenische Akzente ergänzt.[88] Papst Johannes Paul II. würdigte die heilige Elisabeth in einem Handschreiben als „leuchtendes Beispiel der Tugend".[89] Zu einer Reliquienprozession am 13. September durch die Straßen Marburgs konnte Bischof Schick zahlreiche Vertreter des deutschen und europäischen Episkopats begrüßen. Bei dem anschließenden Pontifikalamt predigte der Primas von Ungarn vor 6000 Gottesdienstteilnehmern auf dem historischen Marktplatz. Für die Gottesdienstteilnehmer und die Pilgergruppen des Jubiläumsjahres hatte das Bistum ein eigenes Pilgerbüchlein herausgegeben.[90] Die zahlreichen Predigten, Ansprachen und Vorträge wurden in einem Erinnerungsband dokumentiert. Das Profil der Heiligen wird darin gezeichnet zwischen „Heiligkeit und Weltverantwortung".[91] Zugleich erscheint Elisabeth als Gestalt von europäischer Dimension[92] und in einer betont ökumenischen Sichtweise.[93]

---

[88] Die wissenschaftliche Beschäftigung belegt die eindrucksvolle Festschrift der Philipps-Universität (vgl. Anm. 7). Zu den ökumenischen Aktivitäten finden sich zahlreiche Hinweise in den kirchlichen Pressemitteilungen sowie den Berichten der Bistumszeitung aus dem Jahr 1981.

[89] Dieses Apostolische Handschreiben findet sich gedruckt in der vom Bistum herausgegebenen Dokumentation der Festwoche vom 13.–20. September 1981 in Marburg: *Hl. Elisabeth : Festwoche des Bistums Fulda 1981 in Marburg* : *Dokumentation von Predigten, Vorträgen und Ansprachen* / BISCHÖFLICHES GENERALVIKARIAT FULDA (Hrsg.). Fulda 1981.

[90] *Pilgerbüchlein Elisabeth Jubiläum 1981* / BISTUM FULDA (Hrsg.). Fulda 1981.

[91] So lautete das Thema eines Kolloquiums in der Philipps-Universität. Vgl. Hl. Elisabeth (wie Anm. 89), S. 7.

[92] Diese betonte der Primas von Ungarn in seiner Predigt am 13. September 1981 in Marburg. Ebd., S. 16–23.

[93] Vgl. die Ansprachen des Marburger Propstes Dr. Christian Zip-

Die Elisabethfeiern des Jahres 1981 dokumentieren zunächst den endgültigen Aufstieg der Heiligen zu einer diözesanen Heiligen, die den bisherigen Zweitpatron der Diözese, den heiligen Sturmius, seines Ranges beraubt hatte. Das Bistum ließ eine Medaille prägen, die Elisabeth und Sturmius miteinander verbinden sollten.[94] Die Umschriften dokumentieren die veränderte Situation:

ECCLESIA FULDENSIS JUBILANS A.D.
MCMLXXIX S. STURMI ABBATI

und

ECCLESIA FULDENSIS JUBILANS A.D.
MCMLXXXI S. ELISABETH PATRONAE

Hier kommt sichtbar zum Ausdruck, was Bischof Schick 1976 schrieb: „Die heilige Elisabeth, im ganzen deutschen Sprachraum als die große Heilige der Caritas hoch verehrt, steht in besonderer Beziehung zu unserer Heimat und somit zu unserem Bistum; sie hat, geschichtlich gesehen, für die von Fulda weiter entfernten Teile der Diözese größere Bedeutung als der frühere Zweitpatron St. Sturmius."[95] Im Fuldaer Dom wurde eine ungefasste Statue der Heiligen, die nach einem westfälischen Vorbild neu angefertigt worden war, aufgestellt, die aber nach meiner bescheidenen Meinung noch nicht das letzte Wort hinsichtlich der künstlerischen Repräsentanz der zweiten Bistumspatronin in der Kathedrale sein wird.

---

pert und des Regionaldechanten Dr. Winfried Leinweber. Ebd., S. 65–71.

[94] Ein Belegexemplar findet sich im Bischöflichen Generalvikariat.

[95] *Kirchliches Amtsblatt für die Diözese Fulda* (7. Juli 1976), Stück VII.

Zusammenfassend wird man sagen können, dass die Geschichte der Verehrung der heiligen Elisabeth im Stift und Bistum Fulda ein geradezu lehrbuchartiges Beispiel für die Verbreitung und Rezeption eines Heiligenkultes ist. Gleichzeitig belegt dieser Vorgang die so häufig zu beobachtende Feststellung der Instrumentalisierung von Heiligen für das Propagieren frömmigkeitsgeschichtlicher Vorstellungen sowie politischer und kirchlicher Interessen.

Im Dienst einer Integration höchst unterschiedlicher Regionen und Traditionen wurde die Heilige aus Ungarn, Thüringen und Hessen unter kräftiger Förderung von Gemeinschaften und Kirchenvertretern nicht zu einer Fuldaer Heiligen, wohl aber zu einer Heiligen und zur Zweitpatronin der „neuen“ Diözese.

Die Verehrung der heiligen Elisabeth als ökumenisches Problem[1]

Christian Zippert (†)

In der religionspädagogischen Zeitschrift des Bistums Fulda „Lupe“[2] ist nicht nur der „Gemeinsame Hirtenbrief der Bischöfe von Erfurt und Fulda zum Elisabeth-Gedenkjahr 2007“ abgedruckt, sondern auch ein Gruß-

---

1 Anmerkung der Herausgeber: Der für den 29. Mai 2007 im Rahmen des Kontaktstudiums der Theologischen Fakultät Fulda zugesagte Vortrag des emeritierten evangelischen Bischofs Prof. Dr. Christian Zippert musste wegen dessen Erkrankung abgesagt werden. Am 15. August verstarb Christian Zippert in Marburg im 71. Lebensjahr. Der nachfolgende Beitrag ist das Vortragsmanuskript für den *Dies academicus*, den das Katholisch-Theologische Seminar an der Philipps-Universität am 7. Februar 2007 in der Aula der Alten Universität Marburg zum 800. Geburtstag der heiligen Elisabeth von Thüringen veranstaltet hat. Stets trat Bischof Zippert engagiert für ein gutes ökumenisches Miteinander der Evangelischen Kirche von Kurhessen-Waldeck, der er von 1992 bis 2000 vorstand, und des Bistums Fulda ein. Ein herausragendes gemeinsames christliches Zeugnis hat Bischof Zippert in dem von evangelischen und katholischen Christen gemeinsam gefeierten Gedenkjahr des 800. Geburtstages der heiligen Elisabeth von Thüringen gegeben, deren Leben in der Nachfolge Christi er in zahlreichen Vorträgen dargestellt hat. Da Bischof Zippert seine kurzen bibliographischen Hinweise nicht mehr selbst ausführen konnte, wurden diese von den Herausgebern soweit als möglich recherchiert und ergänzt.

2 Vgl. Heinz Josef ALGERMISSEN ; Joachim WANKE: Wie Gott die Menschen lieben : Gemeinsamer Hirtenbrief der Bischöfe Heinz Josef Algermissen und Joachim Wanke. In: *Lupe. Forum für den Religionsunterricht im Bistum Fulda* 3–4 (2006), S. 6–7.

wort des Bischofs der Evangelischen Kirche von Kurhessen-Waldeck: „Elisabeth von Thüringen – evangelisch betrachtet".[3] Es beginnt zwar mit der Andeutung eines ökumenischen Problems: „Heilige im Verständnis der römisch-katholischen Kirche kennen wir Evangelischen nicht",[4] zielt aber auf die Aussagen: „Mit Elisabeth lassen sich Brücken in Europa schlagen. [...]", auch „Brücken zwischen den Konfessionen". Es heißt da:

> „Auch wenn sich derzeit in das römisch-katholische und evangelische Bemühen um Ökumene manchmal Ernüchterung einschleicht, muss das ja ein verlässliches und vertrauensvolles Miteinander nicht ausschließen. Freilich braucht jede Beziehung Anlässe und Impulse, an denen sich gegenseitige Wertschätzung und Gemeinsamkeit erneuern lassen und bestehende Unterschiede als bereichernd wahrgenommen werden können. Das Elisabeth-Jubiläum gibt hierzu gute Gelegenheiten, denn die Bedeutung Elisabeths für beide christliche Kirchen steht, über konfessionelle Grenzen hinweg, außer Frage. Hier liegt eine große ökumenische Chance!"[5]

Der zuvor abgedruckte Hirtenbrief der katholischen Bischöfe ist ganz offenkundig um eine auch für evangelische Christen, sogar für Nichtchristen annehmbare Würdigung der heiligen Elisabeth bemüht, enthält aber nur sehr blasse Andeutungen über ökumenische Aufgaben und Möglichkeiten:

> „Elisabeth ist nur zu verstehen, wenn man ihre Christusfrömmigkeit als Quellgrund ihrer Menschenfreundlichkeit zu würdigen weiß. Die Entschiedenheit, mit der Elisabeth

---

[3] Vgl. Martin HEIN: Elisabeth von Thüringen – evangelisch betrachtet. In: *Lupe* (wie Anm. 2), S. 7–8.

[4] Ebd.

[5] Ebd., S. 8–9.

> den Weg der Christusnachfolge ernst nahm, ist eine deutliche Anfrage an das Christentum und die Gesellschaft heute. Elisabeth hat Christus in den Armen in einem umfassenden Sinn dienen wollen. Das Christentum verliert seine ‚salzende Kraft, wenn es Nächstenliebe nicht mehr so zu motivieren weiß'."[6]

Die hier angesprochenen ökumenischen Probleme und Chancen der Verehrung der heiligen Elisabeth heute lassen sich nur auf dem Hintergrund der bald 500-jährigen Geschichte der konfessionellen Auseinandersetzungen verstehen und werten. Deshalb die folgende dreiteilige Skizze.

1. Die durch die Reformation ausgelöste Krise und der Versuch ihrer Bewältigung

In seiner Schrift „Sehnsucht nach den Heiligen? Verborgene Quellen ökumenischer Spiritualität" skizziert der Marburger Theologe Hans-Martin Barth die Entwicklung, die Martin Luther „in der Frage der Würdigung der Heiligen" durchgemacht hat: „Sie führte von einer sehr engen Beziehung zur Welt der Heiligen, wie sie in den frühen Sermonen von 1519 zum Ausdruck kommt, zu einer scharfen, eschatologisch begründeten Kritik, wie sie vor allem in den Schmalkaldischen Artikeln formuliert ist."[7] In seiner Dissertation „Leitbilder des Glaubens. Die Geschichte des Heiligengedenkens in der

---

[6] ALGERMISSEN ; WANKE : Wie Gott die Menschen lieben (wie Anm. 2), S. 6.

[7] Hans-Martin BARTH: *Sehnsucht nach dem Heiligen? : Verborgene Quellen ökumenischer Spiritualität*. Stuttgart : Quell, 1992, S. 71.

evangelischen Kirche“ geht der bayerische Theologe Gerhardt Knodt[8] dieser Entwicklung noch ausführlicher und genauer nach: In seiner Frühzeit kann sich Luther trotz wachsender Kritik an bestimmten Formen der Heiligenverehrung (Reliquienkult, Wallfahrtswesen, Ablasshandel) durchaus positiv zur Anrufung der Heiligen äußern, von 1523 an erklärt er diese schon wegen des Fehlens einer biblischen Begründung für untragbar. Als Beispiele (*exempla*) für den Glauben an die Rechtfertigung der Sünder und die aus ihm erwachsenden Werke zieht er die Heiligen in Predigten gern heran, in einer Auslegung des 82. Psalms auch die heilige Elisabeth: „… wenn ein Fürst oder (eine) Fürstin einmal in ein Spital ginge und diente da den Armen und wüsche ihnen die Füße etc., wie man von S. Elisabeth lieset …, o das wäre ein trefflich Ding, das gleißet und kann Augen aufsperren und sich rühmen lassen über alle Tugend.“[9]

Dieser von Martin Luther entwickelten Sicht entspricht der von Philipp Melanchthon entworfene Artikel 21 des Augsburger Bekenntnisses:

> „Vom Heiligendienst wird von den Unseren so gelehrt, dass man der Heiligen gedenken soll, damit wir unseren Glauben stärken, wenn wir sehen, wie ihnen Gnade widerfahren und auch wie ihnen durch den Glauben geholfen worden ist; außerdem soll man sich an ihren guten Werken ein Beispiel nehmen, ein jeder in seinem Beruf. Aus der Heiligen Schrift kann man aber nicht beweisen, dass man die Heiligen anrufen oder Hilfe bei ihnen suchen soll. ‚Denn es ist

---

[8] Vgl. Gerhard Knodt: *Leitbilder des Glaubens : Die Geschichte des Heiligengedenkens in der evangelischen Kirche*. Stuttgart : Calwer, 1998.

[9] Martin Luther: Psalmenauslegungen (1529/32). *Kritische Gesamtausgabe. Weimarer Lutherausgabe*. Bd. 31/1. Weimar : Böhlaus, 1913, S. 201.

> nur ein einziger Versöhner und Mittler gesetzt zwischen Gott und den Menschen, Jesus Christus‘ (1 Tim 2,5). Er ist der einzige Heiland, der einzige Hohepriester, Gnadenstuhl und Fürsprecher vor Gott (Röm 8,43). Und er allein hat zugesagt, dass er unser Gebet erhören will. Nach der Heiligen Schrift ist das auch der höchste Gottesdienst, dass man diesen Jesus Christus in allen Nöten und Anliegen von Herzen sucht und anruft: ‚Wenn jemand sündigt, haben wir einen Fürsprecher bei Gott, der gerecht ist, Jesus‘ (1 Joh 2,1) …“[10]

Nach Gerhardt Knodt können dieser Artikel und seine Ergänzung in der Apologie als „erste ‚dogmatische‘ Lehrentscheidungen zur Heiligenverehrung“ gelten.[11] Freilich lassen sich auch Defizite dieses Artikels aufweisen, vor allem „vermisst man eine Bestimmung des Verhältnisses zwischen Hagiologie und Eschatologie“.[12] Die biblischen Ansätze des Glaubens an die „Gemeinschaft der Heiligen“ bleiben – warum auch immer – außer Betracht.

Landgraf Philipp von Hessen, einer der Unterzeichner des Augsburger Glaubensbekenntnisses, hatte schon 1528 einen Versuch unternommen, die Verehrung der Reliquien der heiligen Elisabeth in Marburg durch eine Versiegelung der Sakristei ihrer Grabeskirche zu unterbinden. Erst im Frühjahr 1539 gelingt ihm durch eine sorgfältig vorbereitete, spektakuläre Aktion, was er elf Jahr zuvor im Stillen versucht hatte. Das landgräfliche Protokoll berichtet davon in behördlicher Nüchternheit:

---

[10] http://www.ekd.de/bekenntnisse/augsburger_bekenntnis.html (06/2008).

[11] Knodt: Leitbilder (wie Anm. 8), S. 144–154.

[12] Ebd., S. 151.

„Anno 1539 auf Sonntag Exaudi ist das Deutsche Haus zu Marburg [...] reformiert und die Messe abgeschafft worden. Dabei (sind) zweitausend Personen gewesen, ihre Fürstlichen Gnaden Landgraf Philipp, die Ritterschaft, Doktoren und andere von der Academia (Universität), Rat und Gemeinde der Stadt. Nach gehaltener Predigt hat der Landgraf dem Landkommentur die Sakristei aufzuschließen befohlen, (ist) darauf alsbald hineingegangen und (hat) St. Elisabeths Sarg aufzuschließen befohlen. Als aber niemand den Schlüssel hat gestehen wollen, hat man den Goldschmieden befohlen, den Sarg aufzubrechen, welche die Liednägel abgezwängt. Hierin sind St. Elisabeths Gebeine in rotem Damast gewickelt befunden worden, aber nicht das Haupt. Hat derohalben der Fürst den Landkommentur gefragt, wo das Haupt sei, darauf er geantwortet: in dem Schrank; den Schlüssel aber dazu hat er nicht wissen wollen. Weil nun der Landgraf gewusst und gesagt, dass es vor wenig Tagen sei aufgeschlossen gewesen, hat er befohlen, den Schrank aufzubrechen. Hat der Landkommentur den Schlüssel also bald langen lassen. Darauf ist das Haupt herausgenommen (worden), auf welchem ist gewesen eine goldene Krone über 450 Goldgulden wert, welche St. Elisabeth von Heinrich, dem römischen Kaiser verehrt worden, andere (sagen), von Friedrich dem Zweiten. Solches alles hat der Fürst mit sich auf das Schloss genommen, aber bald hernach allen Spuk samt der Krone wiederum herabgeschickt und dem Landkommentur zustellen lassen, die Gebeine aber heimlich, dass niemand außerhalb zweier Personen gewusst, zur Verhütung fernerer Superstition begraben lassen.“[13]

---

[13] Vgl. hierzu und insgesamt zu den nachfolgenden Zitaten Thomas FRANKE: Zur Geschichte der Elisabethreliquien im Mittelalter und in der frühen Neuzeit. In: *Sankt Elisabeth. Fürstin – Dienerin – Heilige : Aufsätze, Dokumentation, Katalog* / PHILIPPS-UNIVERSITÄT MARBURG IN VERB. MIT DEM HESSISCHEN LANDESAMT FÜR GESCHICHTLICHE LANDESKUNDE (Hrsg.). Sigmaringen : Thorbecke, 1981, S. 167–179.

Das ausführliche Protokoll des Deutschen Ordens nennt zahlreiche interessante Einzelheiten. Zum Beispiel die Beteuerung des Landgrafen, er habe krank gelegen und wolle durchaus nicht, dass nach seinem Tod die „Abgötterei und Ketzerei" mit den Gebeinen Elisabeths, „wie vormals geschehen, wiederum angerichtet und getrieben werden." Oder auch seine peinliche Äußerung bei der gewaltsamen Öffnung des Schreins: „Das walte Gott. Das ist Sanct Elisabeths Heiltum, meines Gebeins ihre Knochen. Komm her, Muhme Els! Das ist meine Ältermutter, Herr Kommentur." Und dann noch: „Es ist schwer. (Ich) wollte, dass es eitel Kronen wären. Es werden die alten ungarischen Gulden sein."[14]

Das lateinische Protokoll des Magisters Adam Kraft konzentriert sich auf die theologischen Gründe der Staatsaktion: 1) Es gibt nur einen Gott, und ihm allein sollen wir dienen (5. Mose 6,4 ff.). 2) Es gibt nur einen Mittler, der die Mühseligen und Beladenen zu sich ruft, Jesus Christus (1 Tim 2,4; Mt 11,28). 3) Der einmal abgeschaffte Aberglaube darf niemals zurückkehren; der Teufel ist der Vater aller Lüge (u. a. 1 Petr 5,4). Dieser flüchtigen Skizze entspricht die Instruktion des Landgrafen für die Abgesandten zum Wormser Religionsgespräch von 1540: „Von Heiligen-Anrufung und -Ehrerbietung ist das Heiligen-Anrufen Abgötterei; denn Christus der wahrhaftige Mittler und Fürbitter ist. Dass man sie aber dergestalt ehre, dass man ihres Lebens und Leidens gedenke als zu einem Vorbilde, dem nachzufolgen sei, solches widerachten wir nicht, aber

[14] *Urkundliche Quellen zur hessischen Reformationsgeschichte* / Günther FRANZ (Hrsg.). 2 Bde. Marburg : Elwert, 1954 (Veröffentlichung der Historischen Kommission für Hessen und Waldeck ; 11), Nr. 388 A, S. 307–311.

alle Wallfahrten sind Abgöttereien und werden billig abgetan."[15]

Durch die gewaltsame Beendigung des Reliquienkults in der Elisabethkirche wurde eine weitere Ehrung Elisabeths als Landespatronin Hessens und als Vorbild des Glaubens und der Liebe keineswegs ausgeschlossen. Das zeigt der sogenannte Philippstein in dem in ein Landeshospital verwandelten Zisterzienserkloster Haina aus dem Jahr 1542. Er zeigt den christlichen Fürsten in prächtiger Ritterrüstung, als „neuen Herkules" gefeiert, auf gleicher Höhe mit seiner gekrönten Ahnfrau Elisabeth, die mit einem gebratenen Huhn auf einem Teller und einer Kanne mit Wein oder Wasser für einen Hungrigen und Durstigen dargestellt ist. Zwischen den beiden befindet sich eine „Harpye" als Bild für den überwundenen Aberglauben der vertriebenen Mönche. Der Spruch des Fürsten lautet:

„Gott, hilf verbreiten mir dein Ehr,
Das ist mein höchster Wunsch und B'gehr,
Danach dass ich mein Volk regier,
Dass wir all beid gefallen dir.
Und was ich hier gestiftet hab,
Dass solchs nie wird gestellet ab,
Und wer das tut, den straf dein Hand
Mit Armut, Krankheit, Schmach und Schand,
Bis dass er deinen Wohlgefall
Erkenn und tu, sprecht Amen all."

„Sanct" Elisabeth wird folgender Spruch zugeordnet:

„Wer Hoffnung hat zu Gottes Reich,
Der tu nicht dem Exempel gleich,
Wie ohn Gnad tät der reiche Mann,

[15] Urkundliche Quellen zur heimischen Reformationsgeschichte (wie Anm. 14), Nr. 388 C, S. 312.

Der unbarmherziglich liess stahn
Lazarus vor der Tür voller Schwärn,
Drumb muss er nun wiewohl ungern
Ewiglich leiden große Qual
In Höllenglut, das nehmt all wahr."

Es handelt sich um eine reformatorische Bildpropaganda für ein neues, der Heiligen Schrift angemessenes Verständnis der Heiligen als Vorbilder des Glaubens und der Liebe und der heiligen Elisabeth als Patronin der neuen hessischen Hospitäler in Stadt und Land.

In vergleichbarer Funktion steht ein 1587 neugefasstes, mittelalterliches Bild Elisabeths, verbunden mit einer feierlichen Inschrift, an dem vom Kasseler Landgrafen Wilhelm IV. erneuerten und erweiterten Elisabethhospital in Kassel und ein vom Marburger Landgrafen Ludwig IV. 1596 gestalteten Brunnenhaus im Wald bei Schröck nicht weit von Marburg. Auf den dort angebrachten Tafeln ist unter anderem zu lesen:

„Forschest, Wanderer, du, wer ich sei und was ich trage?
Ich bin der heiligen Elisabeth Quell,
Mit milder Flut tränkend mein Mutterland […]
Darum preist man mich als eine der ersten von Hessens Quellen!
Allein, was noch mehr!
Mich genießt jeder Bewohner des Hessenlands,
Nicht niederes Volk allein, sondern jeder Sprosse
Aus königlichem, fürstlichem, gräflichem, adeligem Geschlechte,
Und die in hohem Rume strahlen!
Unter diesen kam vormals öfter zu mir
Die heilige Elisabeth, Ungarns Königstochter,
Landgraf Ludwigs Ehegemahl,
Mildtätig gegen die Armen,
Gütig gegen alle, demütig und duldend,
Glühend von inbrünstigem Gebet zu Gott,

> Und dankend Gott, der Natur und mir,
> Erbaute sie neben mich ein Andachtshäuschen.
> Schmückte mich zuerst, nach ihrer Zeiten Sitte,
> Mit schlichtem Bau, und nannte mich: Elisabeth-Born!“

Eine neue reformatorische, sozusagen säkularisierte Art, das Gedächtnis der „Ahnmutter“ der hessischen Landgrafen zu pflegen, liegt hier vor.

Das Konzil von Trient (1545–63) hielt dem gegenüber an der traditionellen Heiligenverehrung und ihrer Begründung fest, jedoch ohne sie für heilsnotwendig zu erklären. In dem Dekret über die „Anrufung, die Verehrung und die Reliquien der Heiligen und über die heiligen Bilder“ vom 3. Dezember 1563 heißt es:

> „Die Heiligen, die zusammen mit Christus herrschen, bringen ihre Gebete für die Menschen Gott dar; es ist gut und nützlich, sie flehentlich anzurufen und zu ihren Gebeten, ihrem Beistand und ihrer Hilfe Zuflucht zu nehmen, um von Gott durch seinen Sohn Jesus Christus, unseren Herrn, der allein unser Erlöser und Erretter ist, Wohltaten zu erwirken“.[16]

Dann folgt die deutliche Abgrenzung:

> „Jene aber, die leugnen, dass die Heiligen, die sich der ewigen Glückseligkeit im Himmel erfreuen, anzurufen sind; oder die behaupten, sie würden für die Menschen nicht beten, oder ihre Anrufung, damit sie für uns auch einzeln beten, sei Götzendienst, oder sie stehe im Widerspruch mit dem Wort Gottes und widerstreite der Ehre des einen Mittlers zwischen Gott und den Menschen, Jesu Christi; oder es sei töricht, die im Himmel Herrschenden mit Herz und Mund anzuflehen: die denken gottlos.“[17]

---

[16] DH 1821.
[17] Ebd.

Das Dekret ist ganz auf Abgrenzung ausgerichtet, deshalb findet sich in diesem Abschnitt nichts über die Heiligen als Vorbilder des Glaubens und der Liebe.

Um die Forderung einer angemessenen Heiligenverehrung bemühten sich besonders die Jesuiten, was Elisabeth betrifft, zum frühesten bekannten Zeitpunkt bei der Rekatholisierung des Stiftes Fulda. Die vermutlich 1575 unter freiem Himmel aufgeführte Komödie „Elisabeth, Tochter des Königs von Ungarn und Gemahlin des Landgrafen von Thüringen“ ist, den Zielen des eben gegründeten Gymnasiums entsprechend, ganz auf die christliche Erziehung der Jugend ausgerichtet, aber auch, in der gespannten konfessionellen Situation begründet, auf die Darstellung gemeinchristlicher Grundüberzeugungen im Leben einer Heiligen der Nächstenliebe. Das schließt verdeckte Polemik keineswegs aus: Um Elisabeth aus dem Zusammenhang mit dem hessischen Landgrafen herauszulösen, wird der Bau ihres Hospitals kurzerhand nach Thüringen verlegt – „eine ziemlich dreiste Geschichtsfälschung“.[18] Im Prolog des Schauspiels heißt es, der Verfasser habe sich „dafür entschieden, das fromme Leben der Elisabeth, die ein strahlendes Licht dieses Landes, Thüringens wie auch Ungarns, ja eine selige Leuchte der ganzen Christenheit ist, für die Bürger Fuldas auf die Bühne zu bringen. Ihre Geburt verlieh Ungarn seinen Glanz, ihr Leben und Sterben brachte Ruhm und Heil für das Land Thü-

[18] Fidel RÄDLE: Eine „Comoedia Elisabeth“ (1575) im Jesuitenkolleg zu Fulda. In: Udo ARNOLD ; Heinz LIEBING (Hrsg.): *Elisabeth, der Deutsche Orden und ihre Kirche* / Festschrift zur 700-jährigen Wiederkehr der Weihe der Elisabethkirche Marburg 1983. Marburg : Elwert, 1983 (Quellen und Studien zur Geschichte des Deutschen Ordens ; 18), S. 78–145, hier S. 78–80.

ringen. Doch mit ihrem Wirken hat diese Frau allen Menschen, die Gott ehren, ein leuchtendes Beispiel gegeben. Man findet kein Volk, das so ungebildet wäre oder so abgelegen lebte, dass es nicht schon von ihrem Ruhm gehört hätte."[19] Der Chor nimmt den Prolog auf mit den Worten: „Wenn einer zugegen ist, der nur seine Sinne weiden will, kann er gleich wieder nach Hause gehen, wie er gekommen ist, hier wird nämlich kein Spiel aufgeführt, das nur eine Augenweide wäre, nein: für wahre Christen ziemt sich ein Stück mit heiligem Inhalt. Gerade für wahre Christen wird diese heilige Geschichte dargeboten, damit sie heilige Lehren empfangen und nicht etwa nur dumme Scherze gemacht werden."[20] Das also ist der Sinn dieser „Komödie".

In dem gleichen missionarisch- bzw. apologetisch-pädagogischen Geist sind die zeitgenössischen Kirchen gestaltet und die in ihnen theatralisch aufgestellten Bilder. Zum Beispiel die Anfang des 18. Jahrhunderts erbaute katholische Pfarrkirche St. Michael in dem seit 1608 rekatholisierten Dorf Schröck nahe Marburg. Über ihrem Portal steht eine Elisabeth, die mit der rechten Hand einem dringlich bittenden Bettler ein Brot reicht, während sie mit ihrer linken Hand ein offenes Buch hält, vermutlich ein Gebetbuch als Symbol katholischer Frömmigkeit. In ähnlicher Pose ein Stuckrelief in der wenig später erbauten Pfarrkirche im nahen Rossdorf: Elisabeth, zugleich lesend und Brot verteilend, von einem aus dem Himmel herabkommenden kleinen Engel gekrönt. Beide Gestalten sind Teil eines barocken Schauspiels. Ruhiger stellt sich die statt dem Buch ein fürstliches Szepter tragende Elisabeth in der Pfarrkirche St. Elisabeth in Rim-

[19] Ebd. S. 107.
[20] Ebd. S. 109.

beck nahe Warburg dar, die zur Vorlage der Großkopie für den Fuldaer Dom gedient hat, wo sie seit 1976 als Mitpatronin des Bistums Fulda steht.

Solche Bilder der heiligen Elisabeth finden sich in ganz Europa. Ein besonderes eindrückliches Beispiel ist die am Endes des 17. Jahrhunderts erbaute barocke Elisabethkapelle am Chor des gotischen Doms in Breslau. Sie wurde in Auftrag gegeben von Fürstbischof Friedrich von Hessen, dem jüngsten Sohn des Darmstädter Landgrafen Ludwig V., der 1637 zur katholischen Kirche konvertiert und 1652 zum Kardinal ernannt worden war. Er setzte damit der „Hauptfrau" des evangelisch gewordenen Hauses Hessen ein bewusst katholisches Denkmal: Inmitten des quadratischen, von einer Kuppel überwölbten Raumes eine strahlend weiße Gestalt der Heiligen in himmlischer Glorie, umgeben von prächtigen Gemälden von ihrer Christusvision, von ihrem Tod und ihrem Begräbnis.

Im 17. Jahrhundert stehen also zwei verschiedene Konzeptionen der Heiligenverehrung neben- und gegeneinander: die evangelische Anleitung zum Gedenken an Vorbilder und Beispiele des Glaubens und der Liebe ohne Ermutigung zu ihrer Anrufung und die katholische Ermutigung zur Anrufung mit der Bitte um Lehre, Hilfe und Schutz durch ihre Fürsprache bei Gott. Ob es sich dabei um eine ausschließliche Alternative handelt, mag hier offen bleiben.

2. Die gemeinsame Wiederentdeckung in der Zeit der Romantik

„Das alte, romantisch gelegene Marburg, meine Vaterstadt, erweckte frühzeitig in mir so manche heiterernste Erinnerungen an eine längst vorübergegangene Vorzeit ... Schon in meinen Jugendjahren fühlt' ich mich von dem Genius verflossener Jahrhunderte ergriffen, und durch die meinem Geiste vorüberschwebenden frischen oder halberloschenen Bilder hochherziger Vorfahren und großer Ereignisse begeistert. In lieblichem Helldunkel traten mir einzelne hehre Gestalten solcher Edlen, wie Sterne am nächtlichen Himmel, entgegen. Eine der anziehendsten dieser glänzenden Erscheinungen war mir Elisabeth die Heilige."[21] Mit diesen Sätzen leitet Karl Wilhelm Justi im Jahr 1835 die letzte Fassung seiner bahnbrechenden Biographie Elisabeths ein. Der vielbeschäftigte lutherische Pfarrer, Oberpfarrer, Superintendent, Professor der Philosophie und der Theologie berichtet vom Gang seiner Forschung. Er benennt als Ziel seiner Arbeit, dass das nun entstandene „geschichtlich-treue Bild edler Hingebung, frommer Selbstverleugnung und unbegrenzter Wohltätigkeit – wenngleich nicht ungetrübt von dem Hauche einer untergegangenen düsteren Zeit – bei manchen empfänglichen Gemütern Anklang finden, und für den unbefangenen Forscher nicht ohne psychologisches und rein-menschliches Interesse sein" möge, ebenso wie schon der erste unvollkommenere Versuch aus dem Jahr 1796, „dem nicht nur Protestanten, sondern auch sehr achtbare Katholiken ihren Beifall schenkten".[22] Durch dieses Buch gilt er als noch von der Aufklärung geprägter, aber für die zeitgenössische Romantik offener Wegbereiter der modernen Elisabethforschung.

Ein Jahr später erscheint die erste Auflage der umfangreichen Elisabeth-Biographie des französischen

---

[21] Karl Wilhelm JUSTI: *Elisabeth, die Heilige : Landgräfin von Thüringen und Hessen*. Marburg : Garthe, 1835, S. 5–7.

[22] Ebd., S. XI–XII.

Grafen Montalembert, die bis ins 20. Jahrhundert maßgeblich blieb – vor allem, aber nicht nur in der katholischen Welt: Das „Leben der heiligen Elisabeth von Ungarn, Landgräfin von Thüringen und Hessen.“[23] In der Einleitung erzählt er gemütvoll:

> „Am 19. November 1833 kam ein Reisender an der an den reizenden Ufern der Lahn gelegenen kurhessischen Stadt Marburg an, und verweilte dort, um die gotische Kirche zu studieren, die sowohl durch ihre reine, vollkommene Schönheit, als auch dadurch berühmt ist, dass in ihr zuerst in Deutschland der Spitzbogen über den Rundbogen zur Zeit der großen Wiederauflebung der Kunst im dreizehnten Jahrhundert den Sieg davon trug. Sie trägt den Namen der heiligen Elisabeth, und es fand sich, dass gerade jener Tag der Festtag dieser Heiligen war. In der gegenwärtig, wie das ganze Land, lutherischen Kirche sah man keine Andeutung irgendeiner Feier, nur war sie zu Ehren des Tages und gegen die protestantische Gewohnheit offen, und kleine Kinder spielten darin, über Gräber hüpfend. Der Fremde durchirrte ihre weiten, verlassenen und verödeten, aber durch schlanke Eleganz stets jugendlichen Säulengänge. An einem Pfeile sah er das Standbild einer jungen Frau in Witwenkleidung, mit sanftem, ergebenen Gesichte, in der einen Hand das Modell einer Kirche haltend, mit der andern einen unglücklichen Lahmen einen Almosen reichend. Weiterhin untersuchte er neugierig, auf nackten Altären, die nie eine Priesterhand vom Staube reinigt, alte Malereien auf Holz und halb erhabene Bildwerke, jene zum Teil verwischt, diese verstümmelt, aber beide tief das Gepräge des kindlich zarten Reizes der christlichen Kunst an sich tragend.“[24]

[23] Vgl. Charles Forbes Graf von Montalembert: *Leben der heiligen Elisabeth von Ungarn, Landgräfin von Thüringen und Hessen (1207–1231)*. Regensburg : Mainz, ^{3}1862.

[24] Ebd., S. 1.

Er beschreibt seinen Eindruck von den gemalten und geschnitzten Bildern des Elisabethaltars und berichtet, ihm sei gesagt worden,

> „... dies seien Züge aus dem Leben der heiligen Elisabeth, der Fürstin dieses Landes, die vor 600 Jahren an eben diesem Tage, in eben dieser Stadt Marburg gestorben und in eben dieser Kirche begraben worden sei. In einer dunkeln Sakristei zeigte man ihm den silbernen, mit Bildwerken bedeckten Sarg, der ihre Gebeine enthalten, bis einer ihrer Nachkommen, nachdem er ein Protestant geworden, sie herausgerissen und in die Winde gestreut habe. Unter dem steinernen Thronhimmel, der sich ehemals über diesem Sarge wölbt, sah er, wie jede Stufe tief ausgehöhlt war, und man sagte ihm, dies seien die Spuren der unzähligen Pilger, die ehemals hier niederzuknien kamen, seit 300 Jahren aber nicht mehr gekommen seien. [...] Der Fremde küsste diesen Stein, den untergegangene gläubige Generationen ausgehöhlt, und setzte seine einsame Wanderung fort, aber eine sanfte und zugleich traurige Rückerinnerung an die verlassene Heilige, deren vergessenes Fest er, ein absichtsloser Pilger, zu feiern gekommen war, verließ ihn nicht mehr.“[25]

Eine „Wanderung“, teils mittelalterliche Pilgerfahrt, teils klassische Bildungsreise. Ihre Folge: Eine Forschungsreise auf den Spuren der „lieben heiligen Elisabeth“ in Thüringen und in Bayern; nach Ungarn zu reisen gelingt ihm nicht. „Endlich kehrt er nach Marburg, wo sie ihre letzten Lebenstage heldenmütigen Liebeswerken widmete und im Alter von vierundzwanzig Jahren starb, zurück, betete auf ihrem verödeten Grabe, und sammelte mühsam einige Erinnerungen aus dem Munde eines Volkes, das mit dem katholischen Glauben

---

[25] Ebd., S. 2.

auch die Verehrung seiner Wohltäterin verleugnet hat. Die Früchte dieser langen Forschungen, dieser frommen Pilgerfahrten, enthält gegenwärtiges Buch."[26]

Dieses Buch erscheint in französischer Sprache erstmals 1836, in deutscher Übersetzung erstmals 1837, in einer ansehnlichen französischen Luxusausgabe 1880. Der Verfasser, 1810 als Sohn eines katholischen französischen Emigranten und einer schottischen Protestantin in London geboren, richtet sich, wie er sagt, an „die in Glauben und Gefühlen mit ihm Gleichgesinnten", um ihnen „in ihrem Geiste den erhabenen Bau der katholischen Jahrhunderte wiederaufzurichten".[27] Er sucht jedoch vom ersten Besuch in Marburg an das Gespräch mit Karl Wilhelm Justi, den er in einem Literaturbericht vornehm-freundlich, aber nicht unkritisch würdigt: „Dem Verfasser, Superintendenten der lutherischen Kirche zu Marburg, sind wir aufrichtigen Dank schuldig. Seine Schriften und gelehrten Unterredungen haben uns die ersten Nachrichten über die Geschichte unserer Heiligen geliefert, und er hat einen großen Teil seines Lebens darauf verwendet, die Tugenden und den Ruhm der Elisabeth wieder in helleres Licht zu setzen. In seinem Werke sind alle früheren, die er auch umständlich beschreibt, mit großer Genauigkeit benutzt. So sehr wir einige, von moderner Weisheit angeratenen Weglassungen bedauern, und die antikatholischen Irrtümer und Vorurteile, denen der Verfasser ganz natürlich in seiner Stellung ausgesetzt war, beklagen müssen, so können wir doch die Gelehrsamkeit und den Eifer nur bewundern, die er zur Ehre einer Heldin der katholischen Jahrhunderte verwendet hat.

---

[26] Ebd., S. 4.
[27] Ebd., S. 5.

Man möchte viel neueren Katholiken für die alten Glorien ihrer Kirche nur eben so viele zarte Verehrung wünschen, als dieser lutherische Prälat für diese Heilige an den Tag gelegt hat."[28] Hier begegnen sich zwei Liebhaber der heiligen Elisabeth in fast schon versöhnter Verschiedenheit.

In seinem eingangs genannten Buch über die „Geschichte des Heiligengedenkens in der evangelischen Kirche" (1998) weist Gerhardt Knodt darauf hin, dass „im Bereich des römischen Katholizismus schon im Zeitalter der Romantik eine Wiederbelebung der Heiligenverehrung einsetzte, die durch die großen Theologen der Tübinger Schule einen lehrmäßigen Unterbau fand".[29] Er nennt J. S. Drey (1777–1853) und J. A. Möhler (1796–1838) und schreibt weiter: „Einen lutherischen Neuansatz zur Hagiologie brachte erst der Übergang von der Erweckungstheologie zum Neuluthertum des 19. Jahrhunderts."[30] Dafür verweist er vor allem auf den fränkischen Lutheraner Wilhelm Löhe (1808–1872) in Neuendettelsau, aber auch auf den hessischen Lutheraner A. F. Ch. Vilmar (1800–1868) in Marburg. In dessen posthum herausgegebenen Kommentar zur „Augsburgischen Confession" (1870) finden sich erstaunliche Sätze über die Anrufung der Heiligen, die freilich in der Folgezeit nicht allzu viel Beachtung fanden:

> „Die Sache […], um die es sich eigentlich und im Ganzen handelt: der Zusammenhang der diesseitigen Glaubenswelt mit den Heiligen im Paradiese oder vielmehr im Zustande der vollendeten Seligkeit im Himmel – ist noch nicht, weder durch die Conf(ession) noch durch die Con-

---

[28] Ebd., S. 139–140.
[29] Knodt: Leitbilder (wie Anm. 8), S. 247.
[30] Ebd., S. 248.

futat(ion) noch durch die Apol(ogie) erschöpft, und konnte damals nicht erschöpft werden, weil beiden Parteien damals die Lehre von der Kirche noch unklar war und die Lehre von den letzten Dingen verhältnismäßig fern lag – wird auch jetzt noch nicht erschöpft werden können, da bis auf den heutigen Tag diese beiden *capita doctrinae* noch nicht *erlebt*, von der Kirche *erfahren* sind. Mit diesen beiden Lehrpunkten aber hängt die *invocatio Sanctorum* unmittelbar zusammen, von derselben hängt sie ab."[31]

Eine vergleichbare Übereinstimmung miteinander oder doch Offenheit füreinander lässt sich auch unter den Malern der Romantik wahrnehmen. Die Rückbesinnung auf das Mittelalter in der Malerei des 19. Jahrhunderts betraf von Anfang an auch die heilige Elisabeth. Dabei rückte bald das erst am Ende des Mittelalters auftauchende Rosenwunder anstelle der Werke der Barmherzigkeit in den Mittelpunkt des Interesses, daneben auch andere, die Gefühlswelt der Zeit anrührende Motive, wie die Vertreibung der Witwe aus der Wartburg oder auch der Tod der Heiligen. Friedrich Wilhelm Müller, ein vermutlich reformierter Maler in Kassel (1801–1889), beschäftigte sich so oft mit solchen Bildern, dass er von den Franzosen den Beinamen „Maler der heiligen Elisabeth" erhielt. Weit berühmter wurde Moritz von Schwindt mit den im Auftrag des Erbgroßherzogs von Weimar gemalten Elisabethbildern in der neugestalteten Wartburg, zunächst (1854) durch die Medaillons mit den Werken der Barmherzigkeit, dann (1855) durch die Gemälde mit

[31] August Friedrich Christian VILLMAR: *Die Augsburgische Confession erklärt* / Karl Wilhelm PIDERIT (Hrsg.). Gütersloh : Bertelsmann, 1870, S. 167–168.

Szenen aus dem Leben Elisabeths: die Ankunft auf der Wartburg, das Rosenwunder, Abschied vom Ehemann Ludwig, Vertreibung aus der Wartburg, Tod und Begräbnis. Vor allem sein Bild vom Rosenwunder hat sich tief in das allgemeine Bewusstsein eingeprägt und wirkt nach wie kaum ein anderes Bild – noch heute.

Auf zahlreichen Glasbildern in evangelischen wie katholischen Kirchen erstarrt dieses Motiv zu einem bald nicht mehr viel aussagenden Muster, zum Beispiel in der evangelischen Kirche in Schweinsberg (1885/86) oder im katholischen Dom zu Fritzlar (1914). Gleichzeitig ergibt sich im Zusammenhang der Historienmalerei ein neuer Realismus. Dafür steht die etwa 1887 entstandene Studie des hessischen Malers Carl Bantzer (1857–1941) „Wallfahrer am Grab der heiligen Elisabeth“, deren Ausführung sich in der Dresdener Gemäldegalerie neuer Meister befindet. Ebenso der 1895/98 entstandene Entwurf von Peter Jansen zu dem Bild „Die heilige Elisabeth und ihr geistlicher Zuchtmeister Konrad von Marburg“ in der Aula der Marburger Philipps-Universität. Er wurde in der zuständigen Senatskommission als „unwürdige“ Darstellung Elisabeths empfunden. Auf dem 1903 fertig gestellten Wandgemälde fehlt immerhin der Strick, den Konrad auf dem Entwurf wie eine Geißel schwingt. Im Übrigen bleibt der Maler bei der Darstellung der Szene im Marburger Hospital realistisch – im Blick auf den autoritären, ja gewalttätigen „Zuchtmeister“ ebenso wie auf die demütige, ja unterwürfige Elisabeth und auf die verzweifelte Hoffnung der Kranken.

Die in diesem Bild angebahnte kritische Sicht des Mittelalters im Allgemeinen, Elisabeths von Thüringen und Konrads von Marburg im Besonderen hat in der dreißig Jahre später veröffentlichen, alsbald heftig umstrittenen psychoanalytischen Biographie von Elisabeth Busse-Wilson einen späten Höhepunkt erreicht.[32]

3. Die ökumenische Heilige der Nachkriegszeit (1945 bis zur Gegenwart)

Einen wichtigen Neuansatz in der Verehrung der Heiligen Elisabeth bilden einerseits wissenschaftliche Untersuchungen, andererseits allgemeinverständliche, im besten Sinne des Wortes erbauliche Darstellungen – beide weitgehend frei von kontroverstheologischen Eigenheiten. Unter den wissenschaftlichen Untersuchungen spielen drei Beiträge des zunächst in Marburg, dann in Erlangen lehrenden evangelischen Kirchenhistorikers Wilhelm Maurer eine hervorragende Rolle.[33] Über die Heiligenverehrung im Allgemeinen äußern sich in den folgenden Jahren nicht nur, aber vor allem katholische Vertreter der historisch-, systematisch- und pastoraltheologischen Wissenschaft.[34]

---

[32] Vgl. Elisabeth BUSSE-WILSON: *Das Leben der heiligen Elisabeth von Thüringen : Das Abbild einer mittelalterlichen Seele.* München : Beck, 1931.

[33] Wilhelm MAURER: Zum Verständnis der heiligen Elisabeth. In: *Zeitschrift für Kirchengeschichte* 65 (1953/54), Heft 1–2, S. 16–24; DERS.: Die heilige Elisabeth im Lichte der Frömmigkeit ihrer Zeit. In: *Theologische Literaturzeitung* 79 (1954), S. 401–403; DERS.: Die heilige Elisabeth und ihr Marburger Hospital. In: *Jahrbuch der Hessischen Kirchengeschichtlichen Vereinigung* 7 (1956), S. 36–69. Diese drei Aufsätze Maurers wurden erneut veröffentlicht. Vgl. hierzu Ernst-Wilhelm KOHLS ; Gerhard MÜLLER (Hrsg.): *Kirche und Geschichte : Gesammelte Aufsätze.* Bd. 2: Beiträge zur Grundsatzfragen und zur Frömmigkeitsgeschichte. Göttingen : Vandenhoeck & Ruprecht, 1970.

[34] Vgl. vor allem Gerhard Ludwig MÜLLER: Die Heiligen – ein al-

Bei den allgemeinverständlichen Darstellungen sind sowohl die evangelischen Autoren Jörg Erb[35] und Walter Nigg[36] wie auch die katholischen Autoren Reinhold Schneider[37] und Hedwig Fritzen[38] zu erwähnen. Hier wie dort ist die von dem Marburger Karl Wilhelm Justi und dem französischen Grafen Montalembert im 19. Jahrhundert angedeutete Übereinstimmung im Sinne „versöhnter Verschiedenheit" weitestgehend erreicht.

Das gilt auch von zahlreichen zeitgenössischen Bildwerken und, was noch wichtiger ist, von liturgischen Texten, also von Gebeten und Liedern aus der Zeit nach dem Zweiten Vatikanischen Konzil. Im nachkonziliaren Messbuch (1975) ist die mittelalterliche *Oratio* zum 19. November durch eine Neufassung ersetzt. Sie lautete:

> „O du Gott der Erbarmung, erleuchte die Herzen deiner Gläubigen und lass uns auf die glorreichen Fürbitten der heiligen Elisabeth das Glück der Welt verachten und uns allezeit himmlischen Trostes erfreuen ..."

---

tes und neues Thema. In: DERS. (Hrsg.): *Heiligenverehrung : ihr Sitz im Leben des Glaubens und ihre Aktualität im ökumenischen Gespräch.* München : Schnell und Steiner, 1986, S. 102–122.

35 Vgl. Jörg ERB: *Die Wolke der Zeugen.* Bd. 1. Kassel : Stauda, 1951, S. 192–194.

36 Vgl. Walter NIGG: *Elisabeth von Thüringen.* Düsseldorf : Patmos, 1963.

37 Vgl. Reinhold SCHNEIDER: Elisabeth von Thüringen. In: Theodor HEUSS: *Die großen Deutschen.* Bd. 1. Berlin : Propyläen-Verlag, 1956, S. 13–53.

38 Vgl. Hedwig FITZEN: Elisabeth von Thüringen. In: Peter MANNS (Hrsg.): *Die Heiligen in ihrer Zeit.* Bd. 2. Mainz : Grünewald, 1966, S. 116–118.

Nun heißt es, nicht mehr Welt verneinend, sondern Welt bejahend:

> „Gott, du Vater der Armen, du hast der heiligen Elisabeth ein waches Herz für die Armen gegeben, in denen sie Christus erkannte und verehrte. Auf ihre Fürsprache gib auch uns den Geist der Liebe und leite uns an zu helfen, wo Menschen in Not und Bedrängnis sind …"

Nur die Hoffnung auf die Fürsprache der Heiligen ist noch „typisch katholisch". In der 1996 veröffentlichten, von der Landessynode der Evangelischen Kirche von Kurhessen Waldeck verabschiedeten Gottesdienstagende finden sich unter anderem Vorschläge für den Gedenktag der heiligen Elisabeth, vor allem ein ausführliches Fürbittengebet, das wie folgt beginnt:

> „Wir danken dir für die Menschen wie Elisabeth, die dich gefunden haben auf dem Weg der Liebe. Sie hat Hungrige gespeist und Durstigen zu trinken gegeben: Sie war nicht nur wohltätig, sondern verschwenderisch in der Liebe. Wir bitten dich, barmherziger Gott: Lass uns an ihrer Liebe zu den Armen unsere Berufung entdecken. Dann wird die Begegnung mit Menschen, die Not leiden, unsere Liebe wecken; wir werden Wege suchen und Möglichkeiten finden, Not zu lindern und für gerechtere Lebensbedingungen einzutreten …"

Dies Gebet ist zweifellos für römisch-katholische Christen ohne Anstoß und Hemmung nachvollziehbar.

Mit den Liedern steht es ähnlich. Das „Gotteslob" für das Bistum Fulda (1975) enthält ein Lied, das durch Umarbeitung einer älteren Vorlage entstanden ist:

> „Elisabeth, du Fürstin mild / der Liebe Christi strahlend Bild,
> du hast dich fern von Glanz und Pracht / dem Herrn zum Opfer dargebracht.

> Mit treuer Sorge wendest du / dich tröstend allen Kranken zu,
> und wo in Not ein Armer klagt, / bist immer du hilfreiche Magd.
> Hilf uns den Weg der Liebe gehn, / dass wir den Herrn im Nächsten sehn;
> wenn er erscheint im Armutskleid, / dann lehre uns Barmherzigkeit.
> Lass uns auf Jesus Christus schaun / und nicht auf eigne Kraft vertraun,
> damit auch heute Gottes Geist / sich in der Schwachheit stark erweist."

Dieses Lied werden evangelische Christen nicht ohne weiteres mitsingen können, weil es die heilige Elisabeth ausdrücklich um Hilfe bittet, freilich nicht ohne auf Jesus Christus und den Heiligen Geist als die eigentliche Quelle der Hilfe zu verweisen.

Anders das in den hessischen Regionalteil des „Evangelischen Gesangbuchs" (1994) aufgenommene, aus Thüringen stammende Lied von Claus Peter März und Kurt Grahl:

> „Wenn das Brot, das wir teilen, als Rose blüht
> und das Wort, das wir sprechen, als Lied erklingt,
> dann hat Gott unter uns schon sein Haus gebaut,
> dann wohnt er schon in unserer Welt.
> Ja, dann schauen wir heut schon sein Angesicht
> In der Liebe, die alles umfängt ..."

Dieses deutlich erkennbar aus biblischen Quellen gespeiste Lied wird inzwischen in evangelischen Gottesdiensten gern und oft gesungen, nicht nur, aber auch im Gedenken an die heilige Elisabeth. Die poetische Anspielung auf das Rosenwunder an seinem Beginn dürfte dabei eine geringere Rolle spielen als das neben dem Lied abgedruckte Wort bei der großen Armenspeisung in Marburg von 1228: „Seht, ich habe es doch gesagt, wir sollen die Menschen froh machen."

Ich komme zum Schluss: Die Verehrung der heiligen Elisabeth hat sich längst nicht nur als ökumenisches Problem, sondern auch und vor allem als ökumenische Chance erwiesen. Was dabei historisch-, systematisch- und pastoraltheologisch zu bedenken ist, lässt sich sorgfältig formuliert nachlesen in dem von der „Bilateralen Arbeitsgemeinschaft der Deutschen Bischofskonferenz und der Kirchenleitung der Vereinigten-Evangelisch-Lutherischen-Kirche Deutschlands" erarbeiteten „Dokument wachsender Einheit" mit dem Titel „Communio sanctorum. Die Kirche als Gemeinschaft der Heiligen". Darin findet sich ein Abschnitt über die Verehrung der Heiligen, der die Kontroverse des 16. Jahrhunderts zu überwinden und die katholische mit der lutherischen Tradition zu verbinden sucht, ohne die verbleibenden Unterschiede zu verwischen.[39] An entscheidender Stelle wird nach einem grundlegenden Zitat aus der Konzilskonstitution über die Kirche „Lumen gentium" als „gemeinsames Zeugnis" ausgesagt:

> „Die ganze Existenz der Heiligen ist bis in die Wurzeln hinein geprägt und zur Reife gebracht worden durch die Gnade Christi. Ohne diese sind sie für die Kirche ohne Bedeutung, durch sie aber werden sie zu Zeugen der Liebe Gottes zu den Menschen. Dadurch werden sie für unseren Glauben zu helfenden Vorbildern. Weil sie nicht aus eigener Leistung, sondern als Jüngerinnen und Jünger Christi ihre Lebensgestalt gewonnen haben, ist ihre Verehrung stets und vor allem auf die Ehre dessen ausgerichtet, dem sie nachgefolgt sind. Das Lob der Heiligen ist das Lob der

---

[39] Vgl. *Communio Sanctorum : Die Kirche als Gemeinschaft der Heiligen* / Bilaterale Arbeitsgruppe der Deutschen Bischofskonferenz und der Kirchenleitung der Vereinigten Evangelisch-Lutherischen Kirche Deutschlands. Paderborn : Bonifatius Dr. Buch Verlag, 2000, Nr. 91.

> Güte des dreifaltigen Gottes, der sich uns durch seinen Sohn, den einzigen Mittler zwischen Gott und den Menschen, geoffenbart hat. Wenn Glaubende Gott anbeten, dann ehren sie ihn auch in allen seinen Werken. Zu diesen gehört die Gemeinschaft der Heiligen als Werk seiner Gnade. Sie realisiert sich in den Menschen, die in der Jüngerschaft Christi stehen und dieser entsprechend den ihnen geschenkten Gaben leben. So gebührt allen Christen Ehre, vornehmlich denen, die ihr Christsein in exemplarischer Weise bis in den Tod hinein gelebt haben."[40]

Was im Folgenden über die verbleibenden Unterschiede in den zeit- und kulturbedingten Formen der Heiligenverehrung gesagt wird – bis hin zu Wallfahrten und Reliquienverehrung – kann hier auf sich beruhen. Es wird jedenfalls deutlich: Bei ausreichendem Bemühen um gegenseitiges Verstehen können die Unterschiede nicht mehr als „kirchentrennend" gelten.

Es wäre nicht nur schön, sondern auch wichtig, ja notwendig für das uns aufgegebene gemeinsame christliche Zeugnis, wenn evangelische und katholische Christen dieses Jahr der heiligen Elisabeth nutzen würden, um – angefangen vom Religionsunterricht in der Schule – miteinander und voneinander zu lernen, was es heißt, wenn wir im apostolischen Glaubenbekenntnis sagen: „Ich glaube an die Gemeinschaft der Heiligen."

[40] Ebd., Nr. 235 und 236.

Die heilige Elisabeth, kein Thema für eine zeitgenössische Kunst?[1]

Burghard Preusler

Als unter dem Titel „com//PASSION“ ein Teilaufbau der Begleitausstellung zur documenta 12 im Kirchenschiff von St. Elisabeth in Kassel getätigt war, äußerte ein Besucher des folgenden Sonntagsgottesdienstes sinngemäß: „Endlich wieder einmal viele Bilder in diesem modernen Raum …“ Andererseits haben daraufhin Hochzeitspaare ihr großes Fest kurzfristig in andere Kirchen verlegt. Offensichtlich bewegt die Menschen das, was dort in Bildern zu sehen ist. In welche Richtung es sie bewegt, mag zunächst dahingestellt sein.

Man wird, auch wenn in der Heiligenverehrung immer wieder Kontinuität festzustellen sein dürfte, von einer Blütezeit qualitätvoller Heiligenbilder derzeit nicht sprechen können – obwohl, ja vermutlich genauer gesagt, weil am Beginn des 21. Jahrhunderts weit mehr Bilder weit mehr Menschen angeboten werden, als den bildhungrigsten Vorfahren je zugänglich waren. Die wie auch immer gewachsene Bilderfahrung der Menschen scheint die Qualität der Bilder nicht zu fördern. In der Sprache der Ökonomen würden wir so vielleicht von einer inflationären Entwertung der Bilder sprechen.

---

[1] Überarbeitetes Vortragsmanuskript für das Kontaktstudium (15. Mai) im Sommersemester 2007 an der Theologischen Fakultät Fulda.

Das muss aber nicht zum Pessimismus verleiten. Schließlich bleibt der Zugang zu den Bildern nicht mehr einer kleinen Gruppe von vermögenderen Menschen vorbehalten. Vielleicht haben wir in der Fülle nur den Blick für die verbliebenen Qualitäten verloren? Wem würden die Menschen heute als Lotsen in der Bilderflut Vertrauen schenken? Wo doch gerade für die aktuelle Kunst Verunsicherung, Diskurs oder Provokation als Voraussetzung von Qualität gesehen werden. Einen affirmativen Charakter der qualitätvolleren Bilder kann es demnach nicht geben. Wie erkennen wir jedoch die Qualitäten und *scheiden die Geister*? Von wem akzeptieren wir die „Philosophie einer neuen ästhetischen Sensibilität unserer Zeit", wie sie Hans Ulrich Gumbrecht kürzlich bereits gekommen sah?[2] Oder die genannte Inflation bereinigt, wohl leider unter erheblichen Verlusten, einen Markt, der irgendwann wie ein Kartenhaus zusammenbricht. Von dieser Möglichkeit spricht zumindest der Kunsthistoriker Werner Spies, ein erfahrener Insider und langjähriger *Steuermann* der aktuellen Kunstszene.[3]

In der Kirche kehren viele Argumentationsstränge gegen die Bilder und die Künste der vergangenen 2000 Jahre immer wieder, wie zum Beispiel die Betonung, dass die Hochschätzung oder gar Verehrung der Bilder von der Verehrung Gottes ablenke. Interessanterweise findet sich seit der Aufklärung immer seltener der in

---

[2] Hans-Ulrich GUMBRECHT: Sanfte Wende. Erika Fischer-Lichte findet eine Ästhetik für unsere Gegenwart. In: *Frankfurter Allgemeine Zeitung* (22.1.2005), Nr. 18.

[3] Vgl. Werner SPIES: Werner Spies über Genie : Gespräch mit Eva Karcher. In: *Süddeutsche Zeitung* (31.3.2007/1.4.2007), Nr. 76, S. 8.

der Bildpolemik der Reformationszeit noch gern benutzte Hinweis, dass die Bilderverehrung ja eigentlich unchristlich, archaischen Ursprungs und heidnischer Aberglaube sei.

Und so konzentrierte man sich selbst in der Evangelischen Kirche Anfang der 80er Jahre des vorigen Jahrhunderts auf einen ganz anderen Aspekt, als man in Marburg eine Ausstellung moderner Kunst zum Gedenken an die heilige Elisabeth plante. Horst Schwebel schildert 1983 die Situation anlässlich der damaligen Überlegungen zum Jubiläum der Elisabethkirche aus evangelischer Sicht: „Würde man Elisabethdarstellungen zusammenbringen, wie sie in einigen Kirchen dieses Jahrhunderts verwirklicht wurden, wäre eine solche Ausstellung künstlerisch bedeutungslos. Würde man sich an Gegenwartskünstler wenden, wäre die Suche nach einer Elisabethdarstellung vergeblich."[4] Wer das Thema vertiefen möchte, findet in dem genannten Katalogband bestes Anschauungsmaterial, insbesondere vor dem Hintergrund des genannten Anspruchs, die in Kirchen verwirklichten Beispiele des 20. Jahrhunderts seien künstlerisch bedeutungslos. Die Distanz von inzwischen fast einer Generation mag uns helfen, Urteile zu schärfen bzw. zu relativieren.

Für den katholischen Kirchenbau der vergangenen zwei Generationen lässt sich feststellen, dass die Heiligen, in Bildern dargestellt, sehr viel weniger geworden sind. Wenn es ein Bildprogramm gibt, dann vornehmlich von Christus, seinem biblischen Wirken und seiner

---

[4] Horst SCHWEBEL: Einführung. In: *Elisabeth aus der Sicht junger Künstler : Ausstellung des Instituts für Kirchenbau und kirchliche Kunst der Gegenwart Marburg* / Horst SCHWEBEL (Bearb.). Marburg : Elwert, 1983, S. 9.

Mutter Maria. Auch die Apokalypse spielt eine bedeutende Rolle. Für das Werk von Agnes Mann, in unserer Region umfassend tätig gewesen, lässt sich bislang insbesondere das große Gewicht der neutestamentlichen Themen konstatieren. Bei Lioba Munz kommt etwas mehr das Alte Testament hinzu. Heiligenbilder sind jedoch selten.

Das Elisabeth-Bild in der Vergangenheit

Das Andenken an Elisabeth ist seit 800 Jahren den Menschen wertvoll genug, um sie den jeweils lebenden Zeitgenossen in Texten und Bildern zur Anschauung zu bringen (siehe Abb. 1–4). Gerade bei ihr wird deutlich, dass es dazu Auftraggeber braucht, die ihr *Vor-Bild* in die jeweils aktuelle Zeit lebendig einflechten wollen. So war eine wichtige Schiene des Auftretens ihrer Bilder die regionale Ausbreitung des Deutschen Ordens. Die ist in ihrer regionalen Weite wenig bekannt. Gelegentlich wundert man sich, wo überall in Europa dessen Engagement in der Krankenpflege mit Hilfe von Elisabethbildern über die Zeiten dokumentiert ist. Dies umso mehr, als dieses Gedankengut, wie im Lübecker Heilig-Geist-Spital, in bürgerlichen Stiftungen Resonanz fand. Die Geschichtsschreibung hat sich in der vergangenen Zeit vornehmlich mit seinem politischen Engagement beschäftigt.

Ein weiterer Pfad der Bilderverehrung blieb Elisabeths Herkunft, ihre Familie. In Hessen, Thüringen und von Ungarn aus, auch in Italien mit Neapel, finden sich über viele Generationen nach ihr Regentinnen und Regenten, die die Kontinuität der familiären Bande mit ihr unterstreichen wollten. Das geschah in Bayern mit ihrem Bezug zu Andechs bis an den Anfang des 20. Jahrhunderts. Umgekehrt stand sie dem Stift Fulda weitgehend fern. Da sind dann allerdings die Franziskaner zu nennen, die ihr hier wie in aller Welt in Bildern die Ehre erwiesen. So auch am Frauenberg und in Salmünster.

Auch in der engeren Nachbarschaft Fuldas, gibt es einen Bezug zum Deutschen Orden: Für Almendorf hat der dort gebürtige und außerhalb seiner Heimat tätige Deutschordenspriester Johannes Scheffer sowohl einen Kapellenneubau als auch einen Barockaltar von 1707 gestiftet – geschmückt mit einer Figur der heiligen Elisabeth.

Auf dem Weg ins 21. Jahrhundert

Unser Thema weist deutlich über Stadt- und Bistumsgrenzen hinaus. Dennoch kann man es vornehmlich an Beispielen aus der Region darstellen. Es fordert jedoch daneben eine Reihe von unterschiedlichen Perspektiven, z. B. die in diesem Zusammenhang sicher verkürzte Einschätzung der Rolle einer zukünftigen zeitgenössischen Kunst in der Kirche. Die ist wiederum, gerade am Beispiel der heiligen Elisabeth, nicht ohne Rückblick auf die Bedeutung der Kunst in den vergangenen 800 Jahren zu leisten. Darin eingeschlossen ist, *nolens volens*, die Frage, wieweit Heiligenbilder in der katholischen Kirche eine Zukunft haben. Skizzenartig und verrätselt hat sich die Rhöner Künstlerin Agnes Mann unserem Thema zugewandt. Eine mächtige, offensichtlich von der Prinzessin auf dem Weg zur Heiligen (?) überwundene Mauer füllt mehr als die Hälfte des Formats (Abb. 5). Dazu wird auch auf die in Kassel anlässlich der documenta 12 eingerichtete Ausstellung com//PASSION verwiesen.

Peter Steiner, langjähriger Direktor des Diözesanmuseums in Freising, fordert von der Kunst in der Kirche: „Dieses Werk muss von heute sein, die heutige Sprache sprechen, vom Weltbild und der Erfahrung einer lebendigen Kirche ausgehen und diese in Beziehung zur Glaubenswahrheit setzen."[5] Das klingt logisch, denn wie will man Verkündigung einer ewiggültigen Botschaft für die Zukunft mit überlebten sprachlichen und bildlichen Mitteln betreiben?

Das wird aber – der Blick in eine katholische Kirche genügt – in den wenigsten Kirchengemeinden so gesehen. Das Bistum Fulda und das Dekanat Kassel-Hofgeismar bemühen sich trotzdem oder gerade deshalb in diesem *Elisabethjahr* mit einer Begleitausstellung zur documenta12 um entsprechende Präsenz in einer Bildsprache *von heute* (siehe Abb. 6–8). Ob der Anspruch einzulösen ist, wissen wir spätestens zum Ende des Projekts.

Ausblick

Die eingangs erwähnte Bilderflut am Ende des 20. Jahrhunderts nährt sich vornehmlich aus der Verfügbarkeit der Materialien und Techniken, in denen Bilder gestaltet und verbreitet werden. Die klassischen Gattungen von Malerei und Bildhauerei mit einer kleinen Reihe von verwendeten Materialien sind spätestens seit Marcel Duchamps „Ready mades" nur noch Teilsparten des Kunstbetriebs, der sich inzwischen in Film, Video, In-

---

[5] Peter B. Steiner: Mit ganzem Herzen – mit aller Kraft. In: *com// PASSION : Lichtkunst in St. Elisabeth Kassel : Begleitausstellung der katholischen Kirche zur documenta 12*. Fulda : Bischöfliches Generalvikariat, 2007.

stallation, Performance, Werkblock oder Intervention u. a. Gattungen stetig neu definiert, auffächert. Wie im Spiegel dazu ist eine „Kunstproduktion“ zu betrachten, die bereits in dem kleinen Büchlein zum Jubiläumsjahr 1957 von Josef Stierli so dargestellt ist:

> „Elisabeth von Thüringen gehört zu den wenigen wahrhaft volkstümlichen und überzeitlichen Heiligen, zusammen mit Franz von Assisi, Antonius von Padua und Theresia von Lisieux. Auch ihr hat man, zu verhängnisvollem Unrecht, den Mantel des religiösen Kitsches umgehängt. [...] Denn auf diesem Weg kommen wir am leichtesten an der aufregenden Botschaft der Heiligen vorbei.“[6]

Peter Steiner beklagt:

> „Andachtsräume werden oft mit Blumen, Trockengestecken, Kerzen, Deckchen, Symbolzeichen und Bildern überladen. Mit allem Krampf kämpfen gutwillige Dilettanten gegen die Leere an. Die einfachen Tatsachen, dass auch Räume Bilder sind und durch zusätzliche Bilder gestört werden, [...] werden verdrängt. [...] Die meisten Kirchen bräuchten viel weniger, wenn nicht überhaupt, zuerst eine Grundreinigung. Aber was dann hineinkommt, muss höchsten Ansprüchen, dem Anspruch des Höchsten, genügen.“[7]

Hier klingt unter anderem die Bildaskese durch, die zum Beispiel in jüngerer Zeit von Friedhelm Mennekes für die Moderne reklamiert wird.[8]

---

[6] Josef Stierli: Elisabeths dreifache Liebe. In: Bernhard Opfermann (Hrsg.): *St. Elisabeth von Thüringen : Deutschlands Ruhm und Zierde : 1207–1957.* Leipzig : St. Benno-Verlag, 1957, S. 15–22.

[7] Steiner: Mit ganzem Herzen – mit aller Kraft (wie Anm. 5), S. 15.

[8] Vgl. Friedhelm Mennekes: Zur Sakralität der Leere : Am Beispiel von St. Peter in Köln. In: *kunst + kirche* 3 (2002), S. 159–164.

Welchen Weg man auch geht, wir stellen als Menschen Ansprüche, die allerdings in den Kunstwerken definiert, erschlossen und in ihrer Bedeutung für die Ausrichtung auf den *Höchsten* von anderen Menschen erkannt werden müssen. In einer pluralistischen Gesellschaft mit vielfältiger, wenn nicht unendlicher Differenzierung von Erfahrungen und Chancen der Individuen, folgt dem hohen Anspruch eine menschlich komplexe Umsetzung.

In den Auseinandersetzungen um die kirchliche Kunst spielt die Frage nach Qualität und Tiefe der Aussage, Kitsch und Theatralik, spätestens seit der Renaissance und der zeitlich mit ihr eng verknüpften Reformation eine anhaltende Rolle. Da wird einem eifernden Bildersturm, einer entsprechenden Verneinung der Heiligenverehrung, zunächst die gegenreformatorische Inszenierungskunst in Barock und Rokoko entgegengestellt. Letztere wird bald von der Polemik des Klassizismus getroffen, der Klassizismus wird seinerseits sehr bald in die wissenschaftliche Zucht des Historismus eingehegt, bevor dieser sich wiederum zum Ende des 19. Jahrhunderts den Attacken gegen die akademische Bildung und der Propaganda für eine so genannte *freie Kunst* ausgesetzt sieht.

Dieser Eifer hält bis heute an. In der für Deutschland politisch sehr unsicheren Zeit der 50er Jahre hat man das in dem bereits erwähnten kleinen Erfurter Heft zum damaligen Elisabethjubiläum aus Sicht der katholischen Kirche – politisch in der damaligen Sowjetzone eingesperrt – vergleichsweise weitblickend formuliert: „Ob die Bilder der Heiligen, je nach dem Stil der Zeit und ihrer Kunst, gotisch, renaissance, barock, rokoko, romantisch oder modern aufgefasst und dargestellt werden, sie wollen uns alle ein erhabenes Lichtbild zeigen, das vom Himmel kommt und den Menschen helfen möchte, auf dieser Erde zum Himmel hinzufinden (M. Hartig).“[9]

Heilige und andere Menschen

So vorurteilslos wird man meines Erachtens mit der Kunst umgehen müssen, um überhaupt die qualitätvollere von der zu vernachlässigenden Kunst scheiden zu können. So wird die Herangehensweise sein müssen, um den so genannten Kitsch von der Kunst zu scheiden.

Das affektive, um nicht zu sagen affektierte Überzeichnen der Qualität von Kunst, sei es hin zum Positiven, sei es hin zum Negativen, führt (nur) zu Auseinandersetzungen der Menschen untereinander: der Künstler, ihrer Auftraggeber und der Besucher unserer Kirchen. Sie ringen um ihre jeweils aktuellen Chancen. Immer wieder gelingt so die Durchsetzung kurzfristiger irdischer Interessen. Beispielhaft stehen dafür die hochschlagenden Emotionen, die die von Domkapitular Jürgen Lenssen vor einigen Jahren in Würzburg eingerichtete Ausstellung „Mensch Maria“ verursacht hat.[10]

Dieser Umgang miteinander, diese Art der Auseinandersetzung, fördert andererseits nicht den offenen Blick auf *überindividuelle* und damit *überzeitliche* Botschaften. Gottes Wort, von außerhalb der menschlich erschließbaren Welt gesprochen, erreicht uns auf diese Weise nur eingeengt und gefiltert durch menschliche Affekte. Diese Positionierung widerspricht natürlich dem

[9] Opfermann: St. Elisabeth von Thüringen (wie Anm. 6), S. 28.

[10] Vgl. *Mensch Maria: Ausstellung der Diözese Würzburg* / Jürgen Lenssen (Hrsg.). Würzburg : Echter, 1992.

allein auf die Affekte, die Gefühle, die Begeisterung der Menschen gerichteten Wesen der Kunst, ohne die sie schal und wertlos wäre. Und mancher erwartet, wie oben schon gesagt, inzwischen Qualität moderner Kunst nicht mehr ohne *Auseinandersetzung*. „Künstlerische Bilder terminieren in reflektierter Lust", hat Hartmut Böhme einmal formuliert.[11] Die affektive wie die rationelle Seite der Menschen müssen wohl zusammenfinden. Erst dann erreicht die *höhere* Kunst die Menschen, erst dann kann Gott die Menschen berühren.

Wir Menschen müssen jedoch mit dem Nachteil ringen, dass unsere Wahrnehmungen und Reflexionen, im Gegensatz zu denen unseres Gottes, nicht unendlich sind. Menschen können sich – müssen aber nicht – die komplexe Wirklichkeit der Welt durch Bilder erschließen, die allerdings bei großen Distanzen, zum Beispiel heute auch von fernen Galaxien, medial bzw. technisch transformiert sind. Und andere Bilder sind von anderen Menschen, zum Beispiel von Künstlern formiert. Wir alle beantworten uns täglich gegenseitig die ewige Anfrage unseres Gottes, ob und wie wir uns darauf einlassen wollen. Die von uns verehrten Heiligen haben ihre Antworten auf besonders verehrungswürdige Weise in ihrem Leben gefunden. Bischof Algermissen schreibt im Katalog zu com//PASSION:

> „Bilder haben [...] immer eine wichtige Rolle gespielt, zunächst vor allem sprachlich, in Berichten und reich geschmückten Legenden. Bald schon folgten Malerei und Bildhauerei. Der fremde Aussätzige war im eigenen Ehebett nur zu vertreten, weil Elisabeth auf den leidenden Christus am Kreuz verweisen konnte. Im anderen Individuum und

---

[11] Hartmut Böhme: Was sieht man wenn man sieht? In: *Frankfurter Allgemeine Zeitung* (8.1.2005), Nr. 6, S. 8.

> in sich selbst Christus zu erkennen, das sind wirkmächtige Bilder, zeitlos und Kirche wie Welt herausfordernd."

Das hat man um 1300 in Mardorf mit damals *modernen* Bildern durchaus verstanden, da trugen die Menschen, denen Elisabeth sich zuwandte, alle den Nimbus Christi. Aus der Beziehung zwischen ihr und den Menschen, in denen sie Christus sah, entstand ihre Bedeutung für uns, ihre *Heiligkeit*.

Elisabethverehrung im 19. Jahrhundert

Das Oratorium „Die heilige Elisabeth" des Fuldaer Domdechanten Heinrich Fidelis Müller (1837–1905) [1]

Paul Lang

0. Das 19. Jahrhundert – Ein Randthema im Umgang mit der heiligen Elisabeth?

Sich mit der Verehrung der heiligen Elisabeth im 19. Jahrhundert zu beschäftigen, mag auf den ersten Blick ein Randthema im Umgang mit dieser im Bistum Fulda hoch verehrten und im Jahr 2007 umfassend gewürdigten Frauengestalt sein. Bei näherem Hinsehen aber ist rasch zu erkennen, dass das 19. Jahrhundert für unsere Gegenwart wichtige und unmittelbare Weichenstellungen vornimmt. Sie zu kennen und zu hinterfragen, ist notwendige Voraussetzung dafür, die Vorstellungen und Bilder dieser Heiligen, die unsere Zeit prägen, verstehen und einordnen zu können. So erklärt sich das zunehmende Interesse, das diesem Jahrhundert auf vielen Feldern in jüngerer Vergangenheit entgegengebracht wird.

Die Begegnung mit der Elisabethverehrung im 19. Jahrhundert ist zunächst eine Einladung zum Hören und Sehen. Und das nicht etwa, weil die dort vorzufindenden Bilder *per se* so wertvoll sind, sondern um ein

[1] Überarbeitetes Vortragsmanuskript für das Kontaktstudium (29. Mai) im Sommersemester 2007 an der Theologischen Fakultät Fulda.

eigenes Elisabeth-Bild zu entfalten und vorhandene Facetten wiedererkennen zu können.

In seinem 2006 erschienenen Band vom Leben und Wirken der heiligen Elisabeth „Hingabe und Heiterkeit“ widmet Christian Zippert ein ganzes Kapitel der, wie er formuliert, „romantisch verklärten Heiligen“.[2] Ein Vortrag Zipperts, des am 15. August dieses Jubiläums-Jahres verstorbenen Altbischofs der evangelischen Landeskirche von Kurhessen-Waldeck, hätte an dieser Stelle stehen sollen. Es mag eine Hommage an ihn sein, wenn der Blick auf das 19. Jahrhundert mit einem von ihm gewählten Zitat aus H. F. Müllers Elisabeth-Oratorium beginnt:

„Ich kenn' ein holdes Blümelein
In Gottes weitem Garten,
Elisabetha ist's genannt,
Die Engel seiner warten.

Das Blümlein ist von Wunderart,
O selig, wer's erblicket,
Ein holde Rose glühend rot,
Wer's hat, ist hochentzücket.

In manche arme Hütte hat's
Gar süßen Duft gespendet,
Hat manchen Herzeleid und Ach
In Freud' und Fried' gewendet.

Elisabetha, Rose rot,
O wohn' in meinem Herzen,
O sel'ge Liebe, heile Du
Der Erde Leid und Schmerzen.“[3]

---

[2] Christian ZIPPERT ; Gerhard JOST: *Hingabe und Heiterkeit : Vom Leben und Wirken der heiligen Elisabeth*. Kassel : Verlag Evang. Medienverband, 2006, S. 111–113.

[3] Heinrich Fidelis MÜLLER: *Die heilige Elisabeth : Geistliches Festspiel in sieben Bildern*. Fulda 1889, S. 10–11. Beim Vortrag

1. Romantische Verklärung? – Wenn Bilder sprechen

Der Vorwurf der Verfälschung oder zumindest Verzerrung von tatsächlicher oder vermeintlicher historischer Wahrheit schwingt im Begriff der „romantischen Verklärung“ unüberhörbar mit. Am Beispiel der zunehmenden Betonung des Rosenwunders und der Rose als Attribut in der Ikonographie scheint sich dies im 19. Jahrhundert für die heiligen Elisabeth belegen zu lassen. Das 19. Jahrhundert kennt allerdings durchaus auch andere Elisabeth-Darstellungen.

a) Das Rosenwunder

In großer räumlicher und zeitlicher Nähe entstanden etwa im unmittelbaren Umfeld Marburgs am Ende des 19. Jahrhunderts zwei Elisabeth-Fenster. Die Magdalenen- oder Lindaukapelle am Fuß der Amöneburg, Wallfahrtsstätte der oberhessischen Gemeinden, zeigt nach einer Vorlage von Carl Schäfer (Kassel, 1867) die Heilige mit fürstlicher Krone, mit Brot und Krug (Abb. 9).

Die evangelische Stephanskirche zu Schweinsberg, die Hauskirche der Adelsfamilie Schenck zu Schweinsberg (um 1885/86), hingegen verwendet das Rosen-Attribut (Abb. 10), wie es in einer der bekanntesten Formen 1855 Moritz von Schwindt für die Wartburg geschaffen hat (Abb. 11). Leichtfertig wäre es, die Rosen als kitschige Zutat einzuordnen. In der Malerei ebenso wie in der Musik und in anderen Künsten drückt

---

am 29. Mai 2007 erklang diese Solo-Passage in einer Aufnahme des Fuldaer Chores St. Elisabeth vom 19. November 1989 unter Leitung von Prof. Dieter Wagner, Solistin: Dagmar Hesse.

sich im 19. Jahrhundert eine große Sehnsucht nach der Natur aus. Dies umso mehr, als die Menschen ihre Welt mit Häusern, Fabriken und Straßen verändern und Natur zunehmend verdrängen.

Aussage und Intention des Rosenwunders gehen allerdings über diese Sehnsucht noch hinaus: „Einst trug Elisabeth, von einer ihrer Dienerinnen begleitet, Brot, Fleisch, Eier und andere Speisen unter dem Mantel ... den Berg hinunter, um sie den Armen auszuteilen. Da trat ihr unvermutet der Landgraf entgegen ..." Auf seine Aufforderung, zu zeigen, was sie da trage, habe er schließlich statt der Speisen, so formuliert die Legende im 19. Jahrhundert, Rosen erblickt, „... die schönsten roten und weißen Rosen, die er je gesehen. Die Zeit der Rosen war aber längst vorüber. Zugleich war es ihm, als sehe er über ihrem Haupte ein glänzendes Kruzifix ..." Der Landgraf kehrt in sich nach diesem Erlebnis.[4]

Historisch ist die gesamte Szenerie nicht recht passend: Schon eine Heimlichkeit zwischen Elisabeth und Ludwig in dieser Form widerspricht den zeitgenössischen Quellen. Tatsächlich wird dieses Rosenwunder in Verbindung mit der heiligen Elisabeth von Portugal (1269/70–1336), einer Großnichte Elisabeths von Thüringen, erstmals berichtet, bereits im Mittelalter aber – möglicherweise aus Unwissenheit – auf „unsere" Elisabeth übertragen.[5] Mag das Rosenwunder im 19. Jahrhundert in der Elisabeth-Ikonographie breiteren Raum einnehmen, so verdrängt es doch die zuvor bedeutsame Gabenspenderin Elisabeth keineswegs, sondern ergänzt sie.

---

[4] Georg OTT: *Legende von den lieben Heiligen Gottes.* Zitiert nach ZIPPERT ; JOST: Hingabe (wie Anm. 2), S. 115.

[5] Vgl. Stefan SCHWARZMÜLLER: Elisabeth von Thüringen. In: *Materialbrief RU* 2 (2007), S. 15.

Der zitierte Text aus dem Oratorium Müllers stellt seinerseits überhaupt nicht den Versuch dar, die Legende vom Rosenwunder zu vertonen. Mit der Legende haben seine Verse bis auf den Begriff der Rose nicht viel gemein. Die Rose verwendet Müller als Metapher, als Bild für Elisabeth: Sie ist wie eine Rose.[6] Ihr Anblick öffnet Augen, vermindert seelische und physische Not. Davon gibt es im 19. Jahrhundert gewiss nicht weniger als in anderen Zeiten.

b) Theologische Bilderzyklen des Mittelalters

Bilder aus Elisabeths Leben gibt es bereits vom Mittelalter an. Die ersten Bildzyklen stehen in ebenso großer zeitlicher Nähe zu ihrem Leben wie die schriftlichen Quellen.[7] Unmittelbar nach Elisabeths Heiligsprechung 1235 beginnen die Arbeiten an ihrem Schrein, der sich heute in der Sakristei der Elisabeth-Kirche befindet. 1249 ist er fertig gestellt (Abb. 12).

Sein Bildprogramm zeigt die Heilige Stadt: Christus – im Zentrum der beiden Längsseiten als Pantokrator und

[6] Diese an marianische Frömmigkeit erinnernde Bildwelt ist ihrerseits typisches Element der Elisabeth-Verehrung im 19. Jahrhundert. Vgl. Stephan Gerber: Die Heilige der Katholiken und Protestanten : Die heilige Elisabeth in konfessioneller Wahrnehmung während des „langen" 19. Jahrhunderts. In: Dieter Blume ; Matthias Werner (Hrsg.): *Elisabeth von Thüringen : eine europäische Heilige.* Bd. 2. Petersberg : Imhof, 2007, S. 499–509, hier S. 503.

[7] Eine Elisabeth-Vita verfasst bereits ihr geistlicher Begleiter Konrad von Marburg 1232, die „Aussagen der Dienerinnen" werden 1235/1244 niedergeschrieben, die Vita des Caesarius von Heisterbach liegt 1237 vor, die des Dietrich von Apolda in Erfurt 1289/97.

gegenüber als Gekreuzigter dargestellt – beherrscht sie im Kreis der an seinen Seiten thronenden Apostel. Die Giebelseiten zeigen die sitzende Gottesmutter, mit dem Jesuskind auf dem Arm, und Elisabeth, ein Buch in der Hand. Sie tritt gerade in diesen Kreis des Himmels ein. Acht Reliefs verzieren das Dach des Schreins. Sie zeigen Stationen ihres Lebens: 1.) Landgraf Ludwig, Elisabeths Gemahl, nimmt das Kreuz der Kreuzfahrer, 2.) Ludwig und Elisabeth nehmen Abschied, 3.) Ludwigs Ring und Gebeine werden der nun zur Witwe gewordenen Landgräfin Elisabeth überbracht, 4.) Elisabeth kleidet einen Bettler, 5.) Elisabeth nimmt das graue Gewand der Hospitalschwestern (sie sind nicht Ordensleute im eigentlichen Sinne), 6.) Elisabeth verteilt Almosen (bzw. Geld aus ihrem Witwengut), 7.) Elisabeth speist Hungrige, 8.) Elisabeth wäscht einem Bettler die Füße.

Wunderdarstellungen finden sich unter diesen acht Szenen nicht. Und doch sind sie wundersam: Anliegen dieser Komposition ist – wie im Mittelalter üblich – eine theologische Aussage. Elisabeth ist – lateinisch gesprochen – *alter Christus*, ein anderer, ein zweiter Christus geworden, sie handelt wie Christus. Spätestens die Fußwaschung als Schlussszene macht dies unmissverständlich deutlich. Durch die Nachahmung Christi ist sie Bürgerin der himmlischen Stadt geworden.[8]

Die Grabeskirche Elisabeths beherbergt ein zweites, durchaus ähnliches und doch konkurrierendes Bildprogramm in dem um 1250 gestalteten Elisabethfenster des Chorraums (Abb. 13). Die beiden Lancetten umfassen 12

[8] Die ersten vier Reliefs zeigen Elisabeth „in der Welt“, die übrigen als Hospitalschwester. In beiden Phasen gestaltet sich Nachfolge Christi: Kreuznahme, Abschied vom Geliebten, Werke der Barmherzigkeit etc.

nacheinander zu lesende Szenen:[9] 1.) Elisabeths Geburt[10], 2.) Ludwig und Elisabeth nehmen Abschied, 3.) Ludwigs Ring und Gebeine werden von Elisabeth empfangen, 4.) Elisabeth nimmt das graue Gewand, 5.) Elisabeth verteilt Almosen, 6.) Elisabeth stirbt, 7.) Elisabeth speist Hungrige, 8.) Elisabeth wäscht einem Bettler die Füße, 9.) Elisabeth bekleidet Nackte, 10.) Elisabeth beherbergt Obdachlose, 11.) Elisabeth besucht Kranke, 12.) Elisabeth besucht Gefangene. Die Rosette in der Fensterspitze zeigt Christus und die Gottesmutter. Ihnen sind Franziskus und Elisabeth als Assistenzfiguren zugeordnet.

Der Vergleich mit dem Schrein zeigt Übereinstimmungen, aber auch Unterschiede. Offenbar gibt es kein starres Bildschema, wie Elisabeths Leben darzustellen und zu verstehen ist. Beiden Darstellungen ist gemeinsam, dass sie nicht historische Darstellung eines menschlichen Lebens, sondern dessen theologische, christologische Deutung sein wollen und sind.

2. Ein Bildschema des 19. Jahrhunderts – Moritz von Schwindt und Franz Liszt

Die Wartburg oberhalb Eisenachs und ihre Wiederherstellung in der Mitte des 19. Jahrhunderts stehen symptomatisch für die Mittelalter-Begeisterung des 19. Jahrhunderts und für das, was gerne als Burgenromantik bezeichnet wird (Abb. 14). So ist es nicht verwunderlich, dass diese

[9] Zunächst die rechte, dann die linke Lancette jeweils von unten nach oben.

[10] Diese Szene ist im Laufe der Zeit als einzige vermutlich verloren gegangen und wurde durch eine Darstellung der Geburt Christi ersetzt.

Burg neben einer Rosen tragenden Elisabeth auch das Titelbild des 1889 im Fuldaer Verlag Maier veröffentlichten Elisabeth-Oratoriums des Priesterkomponisten Heinrich Fidelis Müller (1837–1905) ziert (Abb. 15).

a) Die Elisabethfresken der Wartburg

Zwischen 1853 und 1855 schuf der zu dieser Zeit am Frankfurter Städelschen Kunstinstitut lehrende Moritz von Schwind (1804–1871) im Auftrag und auf Wunsch des Erbgroßherzogs Carl Alexander von Sachsen-Weimar-Eisenach für das deutschlandweit beachtete Werk der Wartburg-Wiederherstellung einen Freskenzyklus über die heilige Elisabeth. Sechs Szenen ihrer Vita umfasst er: 1.) Elisabeths Ankunft als vierjährige Prinzessin auf der Wartburg, 2.) Das Rosenwunder, 3.) Abschied Elisabeths von ihrem zum Kreuzzug aufbrechenden Gemahl Ludwig, 4.) Elisabeths Vertreibung von der Wartburg nach Ludwigs Tod, 5.) Elisabeths Tod, 6.) Die feierliche Erhebung der Gebeine Elisabeths 1236.[11]

Nur Rosenwunder und Vertreibung von der Wartburg sind verglichen mit Bildfolgen und der Elisabeth-Ikonographie des Mittelalters auffällige Abweichungen. Von Schwind – damit eng an der Tradition von Elisabeth-Schrein und -Fenster in Marburg – stellt neben und zwischen seine Szenen jeweils eines der sieben traditionellen leiblichen Werke der Barmherzigkeit: 1.) Hungrige speisen, 2.) Dürstenden zu trinken geben, 3.) Nackte beklei-

---

[11] Vgl. Stefan SCHWEIZER: Der katholische Maler und sein protestantischer Auftraggeber : Moritz von Schwinds Elisabeth-Fresken auf der Wartburg. In: BLUME ; WERNER (Hrsg.): Elisabeth von Thüringen (wie Anm. 6), S. 419–435.

den, 4.) Fremde beherbergen, 5.) Gefangene besuchen, 6.) Kranke pflegen und 7.) die Toten begraben.

b) Franz Liszts Elisabeth-Oratorium

Für den von Elisabeth als sozialer Heiligen begeisterten Komponisten und religiös tief verwurzelten Komponisten Franz Liszt (1811–1886)[12] war der Zyklus von Schwinds Anstoß, dem Leben und Wirken Elisabeths eine große geistliche Komposition, sein Elisabeth-Oratorium zu widmen. Fern lag ihm die Beschäftigung mit dieser Heiligen nicht: Lebenslang bewegten Liszt gesellschaftliche Probleme, die ungerechte Verteilung der Güter, die Frage nach dem Elend in der Welt, der menschlichen Hinfälligkeit. Einen weiteren Impuls für das Interesse des Weltbürgers Liszt an Elisabeth bedeutete deren Nationalität. Zwar war Liszt geprägt von französischer Kultur und wirkte überwiegend im deutschen Sprachraum, doch empfand er sich mit zunehmendem Alter aufgrund seiner Abstammung immer stärker als Ungar, somit als Landsmann der Heiligen.

1855 schuf auf Listzs Aufforderung hin Otto Roquette das Libretto zu dem geplanten Werk. Die sechs Szenen dieses Oratoriums folgen den von Schwind ausgewählten.[13] Das Rosenwunder, das das 19. Jahrhundert, wie wir gesehen haben, gerne betrachtet und im

---

[12] Franz Liszt empfing 1865 in Rom die niederen Weihen. Zeitlebens interessierte er sich sehr für religiöse Fragen; viele seiner Kompositionen umkreisen geistliche Themen.

[13] In den Bezeichnungen weichen die Szenen allerdings ab. So überschreibt Liszts Oratorium etwa die Szene des Rosenwunders mit „Landgraf Ludwig“ oder die Vertreibung von der Wartburg mit „Landgräfin Sofie“ etc.

Schwindschen Zyklus vorgegeben ist, findet in Liszts Oratorium diese Gestaltung:[14]

> „[Landgraf Ludwig:] Aus dem Nebel der Täler erschalle hervor,
> Du, mein Jagdhorn, in jubelnder Weise!
> Die begrüßenden Töne, sie steigen empor
> zu des rüstigen Weidwerks Preise.
>
> Gezogen, entflogen
> aus bindender Haft,
> durch der Lüfte Wogen,
> der Wiesen Saft,
> entsend' ich vom Bogen
> den schwirrenden Schaft,
> und das Glück ist gewogen
> der fröhlichen Kraft.
> Du, mein Heimatgefild, wie durchstreif ich so gern, Deine Berge wohl auf und nieder!
> Du mein väterlich Schloss, mit dem Abendstern,
> Wie kehr ich so liebend Dir wieder!
> Doch sieh,
> was schimmert durch das Grün
> den steilen Pfad hinab ins Tal?
> Elisabeth!
>
> [Elisabeth] O weh mir, mein Gemahl!
>
> [L.] Elisabeth, wie Deine Wangen glüh'n!
> Was bebst Du vor des Gatten Aug' zurück?
> Wohin so einsam ohne Deine Frauen?
> Und was verbirgst Du da vor meinem Blick?
>
> [E.] Geliebter, frage nicht!
>
> [L.] Lass mich es schauen!
> Mir sagt Dein Zittern, dass Du meine Bitten
> verhöhnst und meinen liebevollen Willen,
> nicht mehr auf ödem Pfade zu den Hütten

[14] Zum Vortrag erklang diese Passage als Hörbeispiel.

des Elends in Geheimnis Dich zu hüllen.
Was trägst Du da?
Ich bitte, lass mich seh'n!
Du schweigst? – Ich will's!

[E.] Halt ein, ich will gesteh'n!
Ich pflückte Rosen im Geheg'
und ihre Fülle lockte mich den Weg
so weit hinab.

[L.] Und darum ist dein Blick
so wirr?

[E.] Hab' Mitleid mit mir Armen!"

Die Form des Dialogs und dessen gedankliche Entwicklung wirken zunächst außerordentlich dramatisch. Kein Drama aber wollte Liszt schaffen. Vielmehr liegt ihm an der Darstellung von fünf Wendepunkten in Elisabeths Leben in subjektiver Form. Wie ein mittelalterliches Mysterienspiel stellen die Szenen gleichzeitig auf der einen Seite real-alltägliches dar, auf der anderen aber moralisch-ideelles.[15] So erklärt sich die Fortsetzung der Szene:

„[L.] Warum hältst Du die Rosen mir zurück?
Elisabeth! Elisabeth!

[E.] Erbarmen!
Zu Deinen Füßen sieh' mich liegen!
Die Wahrheit hab' ich Dir verhehlt,
das Böse ließ ich in mir siegen
und hab' an Gott und Dir gefehlt.
Nicht Rosen pflückt' ich hier im Hage,
zu einem Kranken ging ich hin.
Sieh' Wein und Brot hier, das ich trage,
die Spenden einer Sünderin!

---

[15] Vgl. Janos MATYAS: Liszt und das Oratorium. – Booklet zur CD Franz LISZT : *The legend of Saint Elizabeth*. Hungaroton Classic 1984/1996.

[L.] Was seh' ich – Rosen! Welch ein Duft
Weht atmend durch die Abendluft?

[E.] O Herr des Himmels – Rosen!

[L.] Sage,
Enthülle, dass mein Herr es glaubt!
Ha, welch ein Glanz umfließt dein Haupt!

[E.] Mit milder Spende zog ich aus,
Mit Wein und Brot aus deinem Haus.
Nun sind es Rosen – ist's ein Wahn?

[Chor:]
Ein Wunder hat der Herr getan!

[L.] Ein Wunder! Ja, ich will ihn loben,
Und diesen Engel, hold und rein!
Geliebte, kannst Du mir verzeihn?"

Elisabeths abschließende Aussage kommentiert und deutet nun der Chor. Auch er verwendet das Bild der Rose. Ähnlich wie eingangs bereits in Müllers Tenor-Solo beobachtet, wird es auch hier umgedeutet.

„[E.] Erschüttert steh' ich und erhoben!

[Chor]
Selige Lose
Sind Dir erfüllt
O, Du der Rose
Blühendes Bild!

Über die Schwelle,
die Dich errang
Segnende Helle
Liebevoll drang.
Leuchtend umkosen
Strahlen Dich ganz,
Himmlischer Rosen
Ewiger Kranz!"

Die Parallele in der Verwendung der Rosen-Metapher mag aber nicht darüber hinweg täuschen, dass es sich um im Grunde nicht vergleichbare Kompositionen handelt. Die Gesamtdauer von Liszts „Elisabeth-Legende" beträgt zwischen zweieinhalb und drei Stunden. Es handelt sich um ein Werk von opernhaftem Umfang.

Die Uraufführung von Liszts „Elisabeth" erfolgte am 15. August 1865 in Budapest in ungarischer Sprache. Es schlossen sich in rascher Folge weitere Aufführungen im Jahr 1867 an: auf der Wartburg selbst, in München und Prag und an weiteren Orten. Bis zum Lebensende Liszts erfreute sich dieses Oratorium außerordentlicher Beliebtheit. Es stellt einen großen Erfolg in Liszts kompositorischem Schaffen dar.

In musikalischer Hinsicht gilt das Werk als epochal. Es bedeutet keine Fortführung der Oratorienkomposition wie sie etwa von Händel, Bach, Haydn und Mendelssohn gepflegt wurde. Musiktheoretiker sprechen statt dessen von einer „vokalen Sinfonie". Liszts Elisabeth ist eine äußerst komplizierte, in sich kohärente Komposition, etwa was ihre Tonalität und ihre formalen Gestaltungsmittel anbetrifft. Die musikalische Detail-Arbeit – aus der Feder Liszts sind Erläuterungen und Auflistungen der Motive erhalten – erinnert an Wagners Leitmotivtechnik: Variiert, aber immer wiederkehrend kennzeichnen musikalische Ideen Personen und Sachverhalte. Musikalisches Material, das Liszt verwendete, sind u. a. historische (bzw. zumindest für historisch gehaltene) ungarische Melodien, die Liszt sich aus verschiedenen Quellen in Ungarn schicken ließ.

3. Die „heilige Elisabeth" des Fuldaer Priesterkomponisten H. F. Müller[16]

Weihnachten 1881 wird in Kassel ein Werk des dortigen katholischen Pfarrers Heinrich Fidelis Müller (Abb. 16) uraufgeführt. „Die heilige Elisabeth. Geistliches Festspiel in sieben Bildern für Soli und gemischten Chor nebst verbindendem Text zur Aufführung mit lebenden Bildern." So überschreibt es die Titelseite der Druckausgabe, die 1889 in Fulda erschienen ist. Von musikalischer Seite her kann dieses Werk nicht mit dem Oratorium des Abbé Liszt verglichen werden. Tatsächlich erhebt es auch in keiner Weise einen solchen Anspruch: Sowohl hinsichtlich der Ausführenden als auch der Rezipienten liegen Welten zwischen beiden Kompositionen. Und doch ist Müllers Elisabeth durch und durch authentisches Zeugnis der Elisabeth-Verehrung des 19. Jahrhunderts, nicht weniger als Liszts Oratorium.

Wie die moderne Drucktechnik im 19. Jahrhundert ikonographische Typen der heiligen Elisabeth in zuvor ungeahnten Auflagenhöhen produziert und so für breiteste Kreise verfügbar macht, so sind es nun die ungezählten Chöre, Singgruppen und Gesangvereine, die Musikverlage nach immer neuen, einfach aufführbaren und doch gehaltvollen Kompositionen Ausschau halten lassen. Hier liegt die musikgeschichtliche Bedeutung der Kompositionen Heinrich Fidelis Müllers: Er stellt kirchlich orientierten Chören einfache, aber nicht einfältige Musik bereit. Und so ist seine „Elisabeth" auch an brei-

[16] Zu Müllers Elisabeth-Oratorium vgl. Paul Lang: *Heinrich Fidelis Müller (1837–1905) : Priester und Komponist : Leben und Werk*. Petersberg : Imhof, 2005, S. 224–226.

teste Kreise von Ausführenden und Rezipienten gerichtet. Dass Müller ein Werk ausgerechnet über die heilige Elisabeth verfasst, ist dabei nicht nur einer „Mode“ des 19. Jahrhunderts geschuldet. Müllers persönliche Nähe zu dieser Heiligen verweist tief in die Stationen seines Lebens und seelsorglichen Wirkens.

a) Die heilige Elisabeth im Leben eines Diözesanpriesters im 19. Jahrhundert

Den Priesterkomponisten Heinrich Fidelis Müller in seinem Geburtsort vorzustellen, mag kaum von Nöten sein. Sein Name erscheint im Fuldaer Diözesananhang des „Gotteslobes“ etwa unter dem Osterlied „Im Kreuz ist Sieg“,[17] den Liedern „Herr, du willst dein Reich vollenden“[18] und „Wir danken dir für deinen Tod.“[19] Mag auch die Anbringung einer Tafel an seinem Geburtshaus noch ihrer Verwirklichung harren, so ist doch über seine Grabstätte auf dem Mittleren Städtischen Friedhof Fuldas hinaus manches von seinem Wirken in seiner Heimatstadt präsent.

Am 1. November 1861 übernahm Müller, als gerade 24-jähriger Priester, die seelsorgliche Betreuung der Katholiken in Bockenheim vor den Toren Frankfurts, das damals kirchlich nach Hanau und somit dem Bistum Fulda zugeordnet war. Er traf hier auf eine rasch wachsende Diasporagemeinde inmitten aufstrebender Industriebetriebe. Seit 1838 wurden eigene Kirchenbücher

---

[17] *Gotteslob : Katholisches Gebet- und Gesangbuch für das Bistum Fulda*. Fulda : Parzeller, [4]1975, Nr. 826.

[18] Ebd., Nr. 909.

[19] Ebd., Nr. 810.

für die Bockenheimer Katholiken geführt, seit 1841 existierte eine katholische Schule in angemieteten Räumlichkeiten. Für 160 Schüler, etwa 1.200 Katholiken in der Stadt Bockenheim und 300 in der zugehörigen Umgebung, leistete Müller zunächst als Kaplan, bald als Pfarrkurat Enormes. Der Aufbau einer Pfarrgemeinde bedeutete hier intensivsten Kontakt mit wirtschaftlicher und geistlicher Not, mit massiver Armut. Seine Gemeinde – ein eindrucksvoller Augenzeugenbericht schildert seine Bereitschaft, das letzte persönliche Geld weiterzugeben – sieht in ihm vor allem den karitativen Priester. Die erste Kirche, deren Bau Müller zusammen mit den Gremien der engagierten Gemeinde von 1868–1870 nach Plänen des Kasseler Architekten Georg Gottlob Ungewitter betreibt, wird der heiligen Elisabeth von Thüringen geweiht (Abb. 17).

1873 wird Müller Pfarrer, bald Dechant der Kasseler Elisabeth-Gemeinde, damals die größte Pfarrei des Bistums. Hier trifft er auf ähnliche Rahmenbedingungen wie in Bockenheim: Eine in enormem Wachstum befindliche Diasporagemeinde, ein alle Stadtgrenzen sprengendes Wachstum von Vororten und Industrieanlagen, das mit gewaltigen sozialen Missständen einhergeht. Auch Müllers Kasseler Pfarrkirche (Abb. 18) ist der heiligen Landgräfin von Thüringen geweiht. Sie allerdings ist deutlich älter als die in Bockenheim: 1772–1776 war sie durch Hofbaumeister du Ry für Landgraf Friedrich II. errichtet worden. Dieser war als 29-jähriger Erbprinz im Jahr 1749 zum Katholizismus konvertiert.[20]

---

[20] Bau und Bedeutung dieses Gotteshauses können hier nur am Rande gestreift werden. Immerhin bedeutete bereits die Konversion enorme politische Verwicklungen; das bedroht scheinende interkonfessionelle Gleichgewicht Europas musste zu-

Dass Elisabeth als Patronin dieses Gotteshauses erscheint, liegt nahe, ist sie doch über ihren Enkel Hermann, den Sohn ihrer ältesten Tochter Sophie von Brabant, Ahnherrin des hessischen Landgrafenhauses geworden.[21] Musste sich dieses Gotteshaus von außen auch im Gewand eines Herrenhauses zeigen – der Dachreiter mit dem Geläute wurde in napoleonischer Zeit zugefügt – so besaß es doch im Innern eine erlesene Ausstattung: einen Passionszyklus des Malers Tischbein etwa. 1877 – zur 100-Jahrfeier der Weihe der Elisabethkirche – verfasst ihr Pfarrer Heinrich Fidelis Müller eine Kleinschrift. Neben einem kurzen historischen Abriss der Baugeschichte enthält sie auch sechs mehrstrophige Gedichte auf Elisabeth. Fünf von ihnen verwendet Müller als Deklamationstexte in seinem wenige Jahre später uraufgeführten Elisabeth-Oratorium (op. 12). Ihre Themen sind: 1.) Elisabeths Gottesliebe in jungen Jahren, 2.) Elisabeths Freude am Wohltun, 3.) Abschied von Ludwig, 4.) Vertreibung von der Wartburg, 5.) Elisabeths Verherrlichung nach dem Tode.

Vier große Statuen des Gotteshauses zeigen die Apostelfürsten Petrus und Paulus, die Gottesmutter und schließlich Elisabeth, ein Werk des Bildhauers Johann August Nahl aus dem 18. Jahrhundert. Auf sie bezieht Müller sich, wenn er das sechste und letzte Gedicht (6.) als Bitte an die heilige Elisabeth formuliert:

„Es schmückt seit hundert Jahren
dein Bild Elisabeth

---

nächst durch verschiedene Vertragsvereinbarungen in der so genannten Assekurationsakte wiederhergestellt werden.

[21] Nach Aussterben der Thüringer Landgrafen in der männlichen Linie hatte Sophie für ihren Sohn eine Erbteilung erstritten, die schließlich zur Gründung Hessens führte.

den Tempel, den erbauet
allhier dein Enkel hat.
Im Chore prangt es herrlich
am heiligen Altar,
du bringst auf deinen Armen
dem Herrn die Kirche dar."

Über dieses vorgefundene Elisabeth-Patrozinium hinaus, zeigen weitere Aktivitäten des engagierten Dechanten in Kassel seine gedankliche Nähe zu Elisabeth als der Heiligen der Nächstenliebe schlechthin: 1882 kommen auf Müllers Betreiben Vinzentinerinnen aus Hildesheim nach Kassel. „Elisabeth-Kloster" nennt man deren Niederlassung rasch, eine Elisabeth-Kapelle wird dort 1888 benediziert. Ende 1882 gründet Dechant Müller neben dem bereits vorhandenen Vinzenz-Verein nun auch einen Elisabeth-Verein. Dass auch eine von Müllers leiblichen Schwestern Elisabeth heißt, und zwar die, die ihm später dem Haushalt führen wird, sei am Rande nicht unerwähnt.

Wenn an Weihnachten 1881 in Kassel ein Elisabeth-Oratorium Müllers aufgeführt wird, so mag ein äußerer Grund sicher in einem Jubiläumsjahr der Heiligen liegen – 650 Jahre lag ihr Todesjahr inzwischen zurück. Die Komposition hat aber eben auch einen deutlichen geistlichen und geistigen Hintergrund im Leben und Wirken eines sozial engagierten Priesters.

b) Die Bildfolge von Müllers Elisabeth-Oratorium (op. 12)

Anders als Franz Liszt, Moritz von Schwind und seine eigene fünfteilige Vorgabe von 1877 überbietend, wählt H. F. Müller sieben Szenen bzw. Bilder: 1.) Elisabeths Gottesliebe in jungen Jahren, 2.) Das Rosenwunder, 3.)

Elisabeths Freude am Wohltun, 4.) Abschied von Ludwig, 5.) Vertreibung von der Wartburg, 6.) Des Landgrafen Beisetzung in Reinhardsbrunn, 7.) Elisabeths Verherrlichung nach dem Tode. Im Zentrum jeder der sieben Szenen steht nach dem Wunsch und Willen Müllers ein so genanntes „Lebendes Bild“. Gemeint ist damit das „Einfrieren“ der Handlung. Kostümierte Darsteller positionieren sich dazu auf einer Bühne vor einem entsprechenden Bühnenbild. Diese Kunstform ermöglicht die Verknüpfung von statischer Betrachtung und Vergänglichkeit. Bis heute nutzt das Medium des Films dies bisweilen, aber auch im Passionsspiel Oberammergau werden Lebende Bilder, die im 19. Jahrhundert weit verbreitet waren, noch gepflegt.

Jede Szene beginnt mit einer musikalischen Eröffnung – das sind ein Solo- oder Chorgesang bzw. eine Kombination aus beidem. Es folgt eine gesprochene Deklamation, an die sich das lebende Bild anschließt. Ein Schluss-Chor fasst entsprechend gleichsam die Empfindungen der Betrachter zusammen. Instrumentalpartien sind in Müllers op. 12 lediglich ein Instrumental-Vorspiel und ein Trauermarsch in Bild sechs.

Gegenstand der ersten Szene ist das Niederlegen der Krone durch die kindliche Elisabeth beim Anblick des Gekreuzigten, ein Motiv, das sich so bei von Schwind und Liszt nicht findet und auch den mittelalterlichen Bildfolgen fremd ist. Elisabeths Verhalten wird von ihrer Schwiegermutter Sophie getadelt. Ist das eine Zutat aus romantischer Verklärung? Der Blick auf die Kindheit des Menschen ist es gewiss. Doch die Betonung des Verzichts auf Macht weist tiefgründiger ebenso und intensiver auf die Realität des katholischen Priesters im Kulturkampf in Kassel.

Der Deklamationstext des zweiten Bildes (Rosen-

Abb. 1:
Wandmalerei in der
Hubertuskirche,
Amöneburg-Mardorf,
um 1300

Abb. 2:
Relief in der Elisabethkirche,
Kaschau-Cosice, Anf. 15. Jhdt.

Abb. 3:
Relief in der Pfarrkirche
Mariae Geburt,
Amöneburg-Roßdorf, 1750

Abb. 4:
Tafelbild in der Michaelskirche, Marburg-Schröck, Hermann Wirth, um 1935

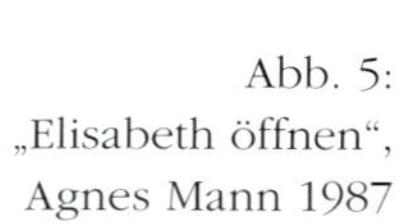

Abb. 5:
„Elisabeth öffnen“,
Agnes Mann 1987

Abb. 6:
com//PASSION, Innenansicht der Elisabethkirche, Kassel, Katharina Veldhues und Gottfried Schumacher, 2007

Abb. 7:
com//PASSION, Innenansicht der Elisabethkirche, Kassel, Katharina Veldhues und Gottfried Schumacher, 2007

Abb. 8:
com//PASSION, Lichtprojektion in der Sakramentskapelle, Elisabethkirche, Kassel, Katharina Veldhues und Gottfried Schumacher, 2007

Abb. 9:
Elisabethfenster in der Lindaukapelle Amöneburg, Carl Schäfer, Kassel, 1867

Abb. 10:
Elisabethfenster in der evangelischen Pfarrkirche St. Stefanus, Schweinsberg (1885/86)

Abb. 11:
Moritz von Schwindt: Rosenwunder (Wartburg Eisenach, 1855)

Abb. 12:
Elisabethschrein (1235–1249) von Süden; Sakristei der Elisabethkirche Marburg

Abb. 13:
Elisabethkirche Marburg:
Elisabethfenster (um 1250)

Abb. 14.
Die Wartburg bei Eisenach – Sinnbild von Burgenromantik und Mittelalter-Begeisterung

Abb. 15:
Titelseite des Elisabeth-Oratoriums des Fuldaer Priesterkomponisten Heinrich Fidelis Müller (1837–1905), Fulda 1889

Die heilige Elisabeth.
Geistliches Festspiel in sieben Bildern
für Soli und gemischten Chor mit Clavierbegleitung nebst verbindendem Text
zur Aufführung mit lebenden Bildern
componirt von
Heinrich Fidelis Müller.
OP. 12.
Preise netto Clavierauszug . Mark
FULDA,
Verlag von Alois Maier.

Abb. 16:
Heinrich Fidelis Müller (1837–1905)

Abb. 17:
Sankt-Elisabeth-Kirche in Bockenheim,
erbaut 1868–1870

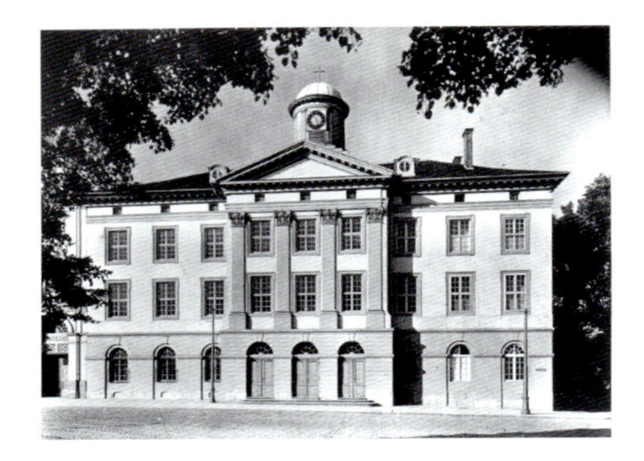

Abb. 18:
Pfarrkirche St. Elisabeth Kassel um 1900 mit dem in napoleonischer Zeit aufgesetzten Dachreiter, ansonsten in der im 18. Jh. festgelegten Gestalt des „Geistlichen Hauses", das von außen kein Gotteshaus erkennen lässt

Für Ihre so freundl. Zeilen in Betreff der Aufführung der „hl. Elisabeth" sowie für Zusendung der Zeitung danke ich Ihnen bestens. Möge das Werk, wie die Zuhörer erfreut so auch zu Werken der Caritas begeistert haben.

Fulda 19/12 97.

Hochachtungsvollst
Müller
Domkapitular.

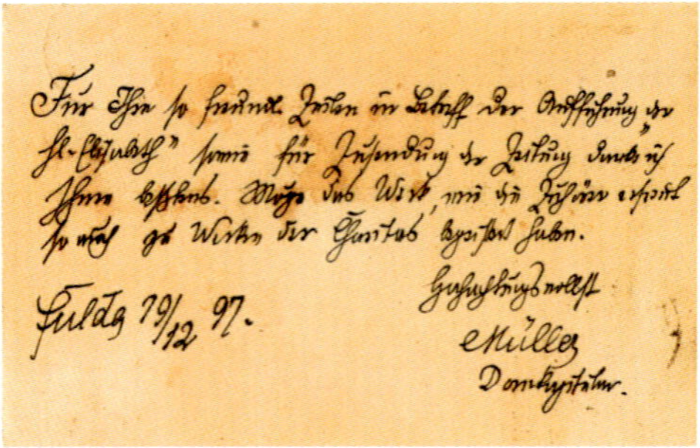

Abb. 19:
Kartengruß von H. F. Müller, 19.12.1897. „Für ihre so freundlichen Zeilen in Betreff der Aufführung der hl. Elisabeth sowie für Zusendung der Zeitung danke ich Ihnen bestens. Möge das Werk, wie die Zuhörer erfreut so auch zu Werken der Caritas begeistert haben. Hochachtungsvollst Müller, Domkapitular."

wunder) deutet das Geschehen in ganz anderer Form als die dramatisch wirkende Szenerie bei Liszt. Müller lässt Elisabeth sagen:

> „Ich bring den armen Kranken
> die Gaben, mein Gemahl,
> die fromm und mild Erbarmen
> so gern gibt ohne Wahl:
>
> Es sind der Armen Rosen,
> der süßen Düfte voll,
> an deren mildem Glanze
> ihr Herz gesunden soll."

Die „Rosen" der Armen, so deutet Müller, das sind die Gaben der Landgräfin. Inhaltlich durchaus passend verlegt Müller die dritte Szene („Mutter der Armen") aus ihrem historischen Kontext als Witwe in Marburg nach Eisenach: Die rastlos tätige Fürstin lässt Brot und Geld verteilen, geht selbst in die Küche, lässt Feuer machen. Den „Aussagen der Dienerinnen" ist die Szene entnommen – Elisabeth hört, wie die Armen schließlich im Hof ihres Hospitals zu singen beginnen:[22]

> „Sie eilt zu ihren Gästen,
> und tritt zum Saale ein
> und klatschet voller Freuden
> in die zarten Händelein.
>
> „Hab' ich euch doch gesaget,
> wir müssen die Leut' erfreun!"
> – O goldnes Wort, das glänzet
> viel heller als Edelstein."

---

[22] Die „Aussagen der Dienerinnen" machen deutlich, dass es sich hier um eine offenbar historisch einmalige Verteilung von Geldern aus Elisabeths Witwenschaft handelt, was ihr geistlicher Begleiter Konrad hernach kräftig kritisiert.

Der Abschied von Ludwig, das vierte Bild Müllers, ist eine durchweg klassische Szene, die sich bei von Schwind ebenso findet wie in den mittelalterlichen Elisabeth-Zyklen. Die Vertreibung von der Wartburg hingegen war als „romantische“ Zutat des 19. Jahrhunderts zunächst kennenzulernen. Für den katholischen Priester Müller in Kassel hat die Szene jedoch eine ganz andere Brisanz und Aktualität: Seit 1875 ist er – im Land herrscht Kulturkampf – quasi seinerseits im „Exil“, des Pfarrhauses verwiesen. „Soll's sein, so sei's, wie Gott es will“ lässt er den Chor singen. Und im Wissen um seinen biografischen Hintergrund klingt das überhaupt nicht romantisch, sondern ähnlich wie Müllers Rosen-Interpretation erstaunlich kritisch.

Eigenständig und in Abweichung zu von Schwind und Liszt greift Müller schließlich auch die Beisetzung des Landgrafen auf – eine Szene, die das Mittelalter, wie aufgezeigt, für überaus bedeutsam hielt. Pilger auf dem Weg zu Elisabeth nach Marburg zeigt das Werk schließlich im siebten und letzten Bild. „Was ziehen aller Wegen der frommen Waller viel? – Marburg im Hessenlande ist ihres Wallens Ziel.“ Der Kaiser krönt Elisabeth – hier nun treten in der Tat zeitgenössische Interessen Müllers auf, sicher mit romantischen Zügen: der Kaiser, das Pilgern zu Fuß, das Vertrauen in die Heilige.

4. Versuch einer Zusammenschau

Der kurze und im gegebenen Rahmen nur in bescheidenem Ansatz mögliche Blick auf die Bildfolge eines Priesterkomponisten des 19. Jahrhunderts zur heiligen Elisabeth verrät, dass jede Zeit ihr eigenes Elisabeth-Bild findet. Tatsächlich erschöpft sich die Verehrung von Heiligen nicht im Historischen. Sie braucht die Aktualisierung von ihrem Wesen her.

Das 13. Jahrhundert schaffte seinerseits klare Bildfolgen, die sich aber keineswegs völlig entsprachen, sondern durchaus unterschiedliche Akzente zu setzen verstanden. Vieles mag der heutigen Zeit daran fremd sein, manches ihr sogar völlig verschlossen bleiben. Dabei sei etwa auf die Beziehung zwischen Konrad von Marburg und der heiligen Elisabeth verwiesen. Wem Rosen voreilig als Inbegriff von Kitsch erscheinen, dem wird möglicherweise auch die Bildwelt des 19. Jahrhunderts verschlossen bleiben.

Der Blick auf Bildfolgen der Vergangenheit bliebe unvollständig, wenn er nicht auf die eigene Gegenwart zurück verweisen würde. Er fordert geradezu auf, in der Betrachtung eines exemplarischen Lebens Züge zu finden und herauszustellen, die ihrerseits heute Aussagekraft haben und Deutungen ermöglichen.

Ohne große Mühe lässt sich dabei angesichts des Globalisierungsprozesses und der Diskussionen um fairen Welthandel in der Gegenwart jene Elisabeth entdecken, die nach der Herkunft von Speisen „aus gerechtem Besitz“ fragt. Ohne weiteres verständlich sein mag in der Gegenwart auch eine junge Frau, die auf der Suche nach dem eigenen Weg Neues sucht. Die hochadelige Witwe Elisabeth lehnt einen Klostereintritt ebenso ab wie eine erneute Heirat. Statt dessen versucht sie sich in dem kaum etablierten Metier der „Hospitalschwester“ und stellt sich in die Nähe der kritisch und argwöhnisch beobachteten Armutsbewegung ihrer Zeit.

So jedenfalls hat Heinrich Fidelis Müller selbst sein Opus 12 gedeutet. Und so mag auch ein Gruß von ihm diesen Beitrag abschließen, mit dem er die Zusendung einer Rezension seines geistlichen Festspiels beantwortete (Abb. 19):

> *„... Möge das Werk, wie die Zuhörer erfreut so auch zu Werken der Caritas begeistert haben ...“*

Elisabeth als Impuls? Diakonie im postmodernen Sozialstaat[1]

Peter Schallenberg

Im Jubiläumsjahr der Geburt der heiligen Elisabeth mag es nahe liegen, auch aus moraltheologischer und insbesondere aus sozialethischer Sicht die Bahn brechende Gestalt der Heiligen näher in den Blick zu nehmen. Und dies um so mehr, als unter dem Patronat und im Namen der heiligen Elisabeth gerade im 19. und frühen 20. Jahrhundert zahllose caritative und soziale Verbände und Vereine im katholischen Raum entstanden.[2] Was liegt also näher, als nach den verborgenen Wurzeln einer spezifisch christlichen Form der Diakonie im Leben und im Wirken der heiligen Elisabeth zu fahnden. Dabei geht es dem Moraltheologen allerdings weniger um historische Fakten, als vielmehr um eine bestimmte Deutung und Bedeutung der ungarisch-thüringischen Heiligen. Es stellt sich mithin die Frage: Ist eine bestimmte Form christlicher und katholischer Diakonie auch und gerade im postmodernen Sozialstaat wesenhaft an die Form der Heiligkeit gebunden, die in der Person der Elisabeth von Thüringen über den weiten Abstand von Jahrhunderten hinweg zum Ausdruck kommt? Kurz ge-

---

[1] Der Vortrag wurde am 22. Mai im Rahmen des Kontaktstudiums Sommersemester 2007 an der Theologischen Fakultät Fulda gehalten.

[2] Vgl. etwa die Einrichtung der Elisabeth-Konferenzen (heute Caritas-Konferenzen), gegründet 1840 in Trier.

sagt: Die Gestalt der heiligen Elisabeth in ihrer Deutung durch die christliche Ethik gibt zu denken!

1. „Vielleicht sendet uns Gott Menschen ins Haus, die wir erst verstehen sollen, wenn sie gegangen sind."[3] Dieser programmatische Satz Reinhold Schneiders kann brennglasartig bündelnd verdeutlichen, welche Bedeutung eine historische Persönlichkeit weit über ihr geschichtlich fassbares Leben hinaus hat: Gerade die nachfolgende Deutung eines Lebens entfaltet eine folgenreiche Wirkung und eine nachfolgende Geschichte. Die heilige Elisabeth (1207–1231) als ausdrücklich benanntes Vorbild christlicher Nächstenliebe[4] ist zugleich ein typisches Beispiel christlicher (pietistischer[5] und katholischer[6]) Idealisierung. Deutung geht ja immer mit Stilisierung und Konturierung einher; in eine historische Persönlichkeit werden bestimmte Charakterzüge und leitende Ideen hineingelesen, und es entsteht eine Art von bedeutungsschwangerem Gemälde. In der Persönlichkeit der heiligen Elisabeth kommt es dabei zu einer interessanten Verknüpfung durchaus verschiedener Motive, die im Folgenden kurz skizziert werden sollen.

2. Ein erstes erhellendes Stichwort kann die so genannte „Päpstliche Revolution" des 11. bis 13. Jahrhun-

---

[3] Reinhold SCHNEIDER: *Las Casas vor Karl V.* Frankfurt a.M. : Suhrkamp, 1946, S. 92.

[4] Vgl. Helmut ZIMMERMANN ; Eckhard BIEGER: *Elisabeth : Heilige der christlichen Nächstenliebe*. Kevelaer : Butzon und Bercker, 2006.

[5] Man denke an die Auswanderung der württembergischen Pietisten 1817 in den Transkaukasus und die Gründung der dortigen ersten Siedlung mit Namen „Elisabeththal", die bis heute 30 km südöstlich von Tiflis (Georgien) existiert, vermutlich der östlichste Ort mit einer Elisabethverehrung in Europa.

[6] Man denke an die nachtridentinische Bewegung der sozial-caritativen Elisabethinnen.

derts mit der Entstehung von Ethik und Recht, nicht zuletzt auch mit der Entstehung des Fegefeuers geben: Mit der Reform und dem Machtanspruch Papst Gregor VII. (1073–1085) und der damit einhergehenden „Auffassung, dass es die Welt dringend zu christianisieren galt, auf dass sie fähig werde, ihre ethischen und eschatologischen Ziele zu erreichen",[7] sowie mit der Schrift „Cur deus homo" (1097) des heiligen Anselm von Canterbury. Mit der Wertschätzung der individuell-menschlichen guten Tat als Antwort auf die Wiedergutmachung der Erbsünde durch Christus[8] kommt es jetzt zur Entstehung einer christozentrischen Ethik. Menschlich gutes Handeln entzündet sich ausdrücklich am Vorbild Jesu einerseits und an der Gegenwart des leidenden Herrn im leidenden und hilfsbedürftigen Mitmenschen andererseits. „Dass das menschliche Tun Wert und Sinn hat, kann nicht besser dargestellt werden, als wenn man das Menschsein Christi unterstreicht. Weil Christus als Retter der Menschheit ebenso Mensch ist wie Gott, darf sich der Mensch die *imitatio Christi* zum moralischen Programm machen und ist der Aufstieg zum Heil zumindest teilweise schon in Reichweite der menschlichen Natur und Willenskraft."[9] Sehr viel später wird dies

---

[7] Philippe NÉMO: *Was ist der Westen : Die Genese der abendländischen Zivilisation* / Karen Ilse HORN (Übers.). Tübingen : Mohr Siebeck, 2005, S. 49.

[8] Die spezifische Lehre von der Genugtuung Gottes, die durch die Menschwerdung möglich wurde, erhält ethische Relevanz im Hinblick auf die Antwort des gerechtfertigten Menschen; vgl. Franz SCHUPP: *Geschichte der Philosophie im Überblick*. Bd. 2: Christliche Antike und Mittelalter. Hamburg : Meiner, 2003, S. 162: „Genugtuung-Fordern wurde als sittliche Pflicht angesehen." Dann aber wird auch das Genugtuung-Leisten in der aktiven Nachfolge Jesu zur sittlichen Pflicht!

[9] Ebd., S. 56.

Max Weber mit Blick auf Martin Luthers Deutung des Berufes und der Arbeit als Berufung, als „weltliche Askese“ bezeichnen, und er wird dies nicht zufällig mit dem Dritten Orden der franziskanischen Bewegung im Mittelalter verbinden: „Der Tertiarierorden des heiligen Franz war ein mächtiger Versuch in der Richtung asketischer Durchdringung des Alltagslebens, und nicht etwa der einzige.“[10] Aber die Entwicklung ging in der Folge eines ausgeprägten Prädestinationsglaubens im Calvinismus noch weiter: „Der Calvinismus fügte nun aber im Verlauf seiner Entwicklung etwas Positives: den Gedanken der Notwendigkeit der Bewährung des Glaubens im weltlichen Berufsleben hinzu.“[11] Anders gesagt: Die Ethik wird mit Blick auf die endzeitliche Erwählung eines Menschen eschatologisiert und zugleich fest in den gottgefälligen Werken des Alltags verankert. An die Stelle eines ausschließlich geltenden mönchischen Vollkommenheitsideals tritt ein umfassend gültiges Ideal alltagstauglicher Gerechtigkeit.

3. Hinzu kommt die franziskanisch imprägnierte Wende vom 12. zum 13. Jahrhundert: Eine mächtig einsetzende Urbanisierung geht einher mit starkem wirtschaftlichem Aufschwung und einer immens anwachsenden sozialen Ungleichheit, die das traditionelle Gleichgewicht einer Standesgesellschaft ins Wanken

---

[10] Max Weber: *Die protestantische Ethik und der „Geist“ des Kapitalismus*. Bodenheim : Athenäum Hain Hanstein, 1993, S. 80.

[11] Ebd., S. 81. Vgl. auch zum Ganzen: Philippe Besnard: *Protestantisme et capitalisme. La controverse post-weberienne*. Paris : A. Colin, 1970. Wolfgang Schluchter ; Friedrich Wilhelm Graf (Hrsg.): *Asketischer Protestantismus und der „Geist“ des modemen Kapitalismus*. Tübingen : Mohr Siebeck, 2005.

kommen lässt. Armut und soziales Elend verändern ihr Gesicht und werden, nicht zuletzt durch die Entstehung einer Alltagsethik, zunehmend als schreiendes Unrecht empfunden. „Das Wirtschaftswachstum hatte die Armut nicht beseitigt, sondern nur deren Aussehen verändert. Bisher ließen sich in der allgemeinen Unterentwicklung die Ärmsten immer noch ausmachen, und mit der Gewöhnung an die Unveränderlichkeit der Gesellschaftsordnung hielt man auch Armut für eine normale Komponente menschlichen Lebens. Auch wenn in Krisenzeiten die Menge der Bettler und Kranken anschwoll, veränderte sich das Sozialgefüge nicht wesentlich. Das Bild des Kranken und Schwachen, durch lange Gewöhnung vertraut, trägt in den schriftlichen Quellen und in den künstlerischen Darstellungen fast stereotype Züge."[12] Der Sprung der europäischen Gesellschaft nach vorn an der Wende vom 12. zum 13. Jahrhundert mit der Bevölkerungsexplosion in Europa ist zugleich ein ethischer Sprung im öffentlichen Bewusstsein, denn er hat das Auftauchen einer völlig neuen Massenarmut zur Folge. „Um dieser neuen Armut zu begegnen, entwickeln sich und bilden sich natürlich Werke der Unterstützung und der Caritas: Asyle, Hospize, wohltätige Einrichtungen. Gleichzeitig neigt die christliche Reflexion mehr und mehr dazu, den Armen mit Christus zu vergleichen."[13] Wiederum begegnet hier ein deutlicher christozentrischer Zug der sich neu entwickelnden Ethik: Wer Christus lieben will und ihm nahe sein will, der muss den Nächsten lieben und ihm gerade in seiner

---

[12] Maurice MOLLAT: *Die Armen im Mittelalter.* Frankfurt a.M. : Büchergilde, 1987, S. 61–62.

[13] Michel CLEVENOT: *Im Herzen des Mittelalters.* Luzern : Ed. Exodus, 1992, S. 157.

Not nahe sein wollen. Die Gestalt des heiligen Franziskus (1181–1226) mit der legendär geschilderten Bekehrung durch die Worte des gekreuzigten Herrn im Kirchlein von San Damiano „Geh und bau mein Haus wieder auf!" erhält eine geradezu programmatische Bedeutung und markiert sehr deutlich jene ethische Wende zum Konkreten und Individuellen im christlichen Alltag. Denn damit verbunden ist ja zugleich, bei Franziskus wie von jetzt an idealerweise bei jedem getauften Christen, eine Bekehrung zum konkreten Armen. Von Franziskus heißt es in der „Legenda Maior" des heiligen Bonaventura daher auch scharf und präzis: „Von dieser Zeit an zog er den Geist der Armut, den demütigen Sinn und das Streben herzlichen Erbarmens an. Wenn ihn nämlich früher nicht nur beim Umgang mit Aussätzigen, sondern schon bei deren Anblick aus der Ferne heftiger Ekel überkam, so erwies er nun rein um der Liebe des gekreuzigten Christus willen, der nach des Propheten Wort wie ein Aussätziger verachtet erschien, den Aussätzigen in wohltätigem Erbarmen Dienste der Demut und der Hilfsbereitschaft, um sich selbst vollständig zu verachten. Auch den armen Bettlern wollte er nicht bloß die Gaben, sondern sich auch selbst schenken; zuweilen zog er seine Kleider aus, trennte sie auf oder zerschnitt sie, um sie ihnen zu geben."[14] Deutlich wird hier in dieser christozentrischen Zuspitzung der alltäglichen Lebensführung zugleich das Element der *memoria passionis* (im Anschluss an Bernhard von Clairvaux) als Impuls für ein tätiges und nicht mehr bloß passives Mit-Leiden (Compassion) mit dem leidenden Mitmenschen. Das hat zunächst Auswirkung auf

[14] BONAVENTURA: *Legenda Maior* I, 6.

eine neue Form mittelalterlicher Spiritualität und Frömmigkeit, worauf Arnold Angenendt aufmerksam macht: „Mit der Hinwendung zum Menschgewordenen konzentrierte sich das Gebet weithin auf Passionsfrömmigkeit."[15] Zugleich damit kommt es zur Entwicklung einer umfassenden Laienfrömmigkeit und eines ganz neuen Laienapostolates, und dies wiederum im Zeichen eines so genannten Dritten Ordens im Geist franziskanischer Spiritualität, der ausdrücklich für in der Welt und im Berufsleben stehende Laien gedacht war, und dem auch die heilige Elisabeth angehörte und von dessen Frömmigkeit sie inspiriert war:[16] „Im Jahre 1214 richtete Franziskus einen Rundbrief an ‚alle Christen, Ordensbrüder, Kleriker und Laien, Männer und Frauen; an jedermann in der ganzen Welt', und lud sie ein, sich seinem Werk anzuschließen, soweit sie die Möglichkeit dazu hätten. Es war noch nicht vorgekommen, dass ein solcher Brief von einem Mann geschrieben wurde, der nicht der Papst, nicht einmal ein Bischof war, und dennoch führte der Brief 1221 zur Gründung des Dritten Ordens des heiligen Franziskus, der sich ausschließlich aus – oft verheirateten – Laien zusammensetzte. Sie verpflichteten sich, die Regel des heiligen Benedikt so weit zu befolgen, wie sie mit einer normalen Lebensführung vereinbar war."[17] Diese franziskanische Bewegung findet ihre durchaus konsequente Fortsetzung in der caritativen Tätigkeit

---

[15] Arnold Angenendt: *Geschichte der Religiosität im Mittelalter.* Darmstadt : Wiss. Buchgesellschaft, 1997, S. 537.

[16] Vgl. Ortrud Reber: *Elisabeth von Thüringen : Landgräfin und Heilige.* Regensburg : Pustet, 2006, S. 125: „Elisabeth spricht von *illum dulcem Jesum* und verwendet so ein Kern- und Kennwort der deutschen Mystik."

[17] Bernard Hamilton: *Die christliche Welt des Mittelalters.* Düsseldorf : Artemis und Winkler, 2004, S. 79.

und in der sozialethisch inspirierten Predigt des heiligen Bernhardin von Siena (1380–1444), eines Franziskaners, mit der ersten Entstehung von Bankinstituten in der frühkapitalistischen Toscana als praktische Konsequenz christlicher Nächstenliebe. Philosophisch wird diese Entwicklung befördert durch die nominalistische Wende zum Konkreten und Individuellen.

4. Ein weiteres Motiv und eine folgenreiche Facette der neuen Spiritualität des christlichen Alltags findet sich in der Tugend der Ritterlichkeit, programmatisch gebündelt etwa in der Gestalt des heiligen Martin von Tours (315–397): Stärke ist zum Dienst am Schwachen gegeben, geliehen von Gott, zu Lehen gegeben und Verantwortung einfordernd. Der Dienst des Ritters ist immer und zuerst Dienst am schwachen und notleidenden Menschen. Dieser reine Dienst verlangt nach vollem und unbedingtem Einsatz ohne die Beimengung von Eigeninteresse, denn, so die theologisch-ethische Begründung: Christus verbirgt, ja versteckt sich geradezu im Armen, um die Lauterkeit des Motivs und der Liebe zu prüfen. Denn eine Liebe, die nur gut handeln würde in der Hoffnung auf Gegenleistung, wäre nur eine besonders geschickt kaschierte Form simpelster Tauschgerechtigkeit! Erst wenn der Arme, der nichts an Gegengabe anbieten kann, geliebt wird ohne Aussicht auf eine Antwort, ist das Hochplateau wirklich christlicher Nächstenliebe erreicht. Eine eindrucksvolle Fortsetzung dieser mystisch inspirierten christozentrischen Nächstenliebe findet sich später noch in der soldatischen Mystik des heiligen Ignatius von Loyola (1491–1556).

5. Schließlich muss ein benediktinisch geprägter Grundzug der christlichen Spiritualität genannt werden, ohne den das bisher skizzierte Bild unvollständig bliebe: Es ist das Idealbild der Klösterlichkeit als einer bewusst

christlichen Gegen-Gesellschaft beim heiligen Benedikt von Nursia (480–547). Im Hintergrund steht die augustinische Unterscheidung von *civitas dei* (mit der absichtslosen, reinen Haltung des Sich-Freuens am Guten, dem *frui)* und *civitas terrena* (der in sich korrumpierten und auf Nutzen zielenden Haltung des Gebrauchens und Verwertens, des *uti).* Das Kloster als „himmlisches Jerusalem“ in der Erdenzeit wird zum Ort der reinen Liebe und der freiwilligen Hinwendung zum Mitmenschen, der nicht mehr als Objekt eigener Bedürftigkeit, sondern als lebendiges Bild Gottes aufgefasst wird. Damit wird das benediktinische Kloster gerade nicht zum weltabgewandten Ghetto, sondern zum stets provozierenden Impuls für das „innere Jerusalem“, für die von reiner Liebe erfüllte Seele eines Menschen, die in den Widrigkeiten des Alltags danach strebt, die Seele des Mitmenschen zu berühren und zu heilen.

6. Nicht zu vergessen ist natürlich der wirkmächtige und stets präsente biblische Hintergrund: Die Gleichnisrede am Schluss des Matthäusevangeliums (Mt 25: „Was ihr dem Geringsten getan habt, habt ihr mir getan!“) und insbesondere das Gleichnis vom barmherzigen Samariter (Er sah ihn und hatte Mitleid) richteten seit je den Blick auf die unlösbare Verbindung von Gottes- und Nächstenliebe, wie sie dann in der historischen Gestalt der heiligen Elisabeth und ihrer folgenreichen Deutung als gelungenes Beispiel der Nachfolge Christi sich bündelt.

7. Aus all dem aber ergibt sich in sozialethischer Perspektive ein abgerundetes Bild: Jede christliche Theologie, die ihren Ausgang nimmt vom Nach-Denken der Menschwerdung Gottes, ist immer und notwendig politisch. „Compassion“, wie Johann Baptist Metz dies in einer durchaus gelungenen Wortschöpfung nennt, versteht

sich in dieser Sicht als „Mystik der offenen Augen, die auf die gesteigerte Wahrnehmung fremden Leids verpflichtet".[18] Und dies geht einher, gerade und nicht zuletzt durch die franziskanische Wende des Mittelalters, mit einer starken Betonung der Singularität und Individualität als Kategorie geschichtlichen und ethischen Denkens nach Auschwitz. Gott begegnet immer und zuerst in der konkreten und anfordernden Praxis alltäglicher Nächstenliebe, und jede Theorie christlicher Moral und Sozialethik ist immer nur ein Nach-Denken der konkreten Gottesbegegnung im leidenden Mitmenschen.

8. Und dies kann nochmals postmodern verschärft werden, denn zunehmend erscheint „der Mensch als computerisierte Intelligenz ohne Leidempfindlichkeit und ohne Moral, kurzum die zur sanft funktionierenden Maschine erstarrte Rhapsodie der Unschuld".[19] Denn die Postmoderne kennt kein Ziel mehr und daher folgerichtig auch keine Erlösung vom Leid: „Das Leiden am Fehlen der Finalität ist der postmoderne Zustand des Denkens, also das, was man heute gemeinhin seine Krise, sein Unbehagen oder seine Melancholie nennt."[20] Dagegen setzt das Christentum im bewussten Widerspruch zur unschuldsbewehrten und zugleich geschichtsvergessenen Postmoderne die mitleidende Erinnerung an Gottes Leiden in der Geschichte, denn: „Die Herrschaft der entfristeten, der kontinuierlich ins Unendliche wachsenden Zeit hat nicht nur Gott undenkbar

---

[18] Johann Baptist METZ: *Memoria passionis : Ein provozierendes Gedächtnis in pluraler Gesellschaft.* Freiburg i.Br. : Herder, 2006, S. 27.

[19] Ebd., S. 80.

[20] Jean-Francois LYOTARD: *Postmoderne Moralitäten.* Wien : Passagen-Verlag, 1998, S. 95.

gemacht und die gänzlich unpathetische Gottlosigkeit unserer späten Moderne heraufgeführt. Sie löst auch die Substanz eines geschichtlichen Denkens, das, was wir Geschichtszeit nennen, immer mehr auf."[21]

9. Ein postmoderner Sozialstaat nach dem Beispiel des barmherzigen Samariters und nach dem Impuls der heiligen Elisabeth müsste demnach zugleich als systemische Versicherung von Solidarität subsidiär (auf Gerechtigkeit hin) und supplementär (auf Liebe hin) tätig sein. Und dieser christlich inspirierte Sozialstaat setzt ein Ethos von ethischen Leistungsträgern, eine Spiritualität von Persönlichkeiten, weniger pathetisch gesagt: ein starkes Bewusstsein des Sozialstaatsbürgers und seiner Verantwortung voraus, nämlich in mindestens dreifacher Ausprägung: (1) eine Ebene der individuellen Leistungsbereitschaft und Leistungsfähigkeit, (2) eine Ebene des sozialen Verhaltens und der sozialen Kompetenz, früh erworben in der Familie, (3) schließlich und spezifisch christlich eine Ebene der Endlichkeitsbewältigung, denn: „Im Handeln werden wir nicht gesund; wir müssen vielmehr gesund sein, wenn wir handeln wollen."[22] An Gestalten wie der heiligen Elisabeth lässt sich eindrucksvoll ablesen und in ihrer Wirkungsgeschichte über Jahrhunderte verfolgen, wie wichtig eine Verankerung der äußeren Taten von Liebe und Gerechtigkeit in einem inneren Bewusstsein von der Liebe Gottes ist.

10. Dies bildet dann das Spezifikum der christlichen Sozialethik: Die wirkmächtige Verknüpfung von Compassion und Effizienz, von innerlichem Bewusstsein und äußerer Verantwortung, und zwar in genau dieser Reihenfolge! „Daran liegt es ja nicht, dass wir die Welt mit

---

[21] METZ: Memoria passionis (wie Anm. 18), S. 132.
[22] SCHNEIDER: Las Casas (wie Anm. 3), S. 21.

dem Kreuze durchdringen; sondern es liegt alles daran, dass wir über unserer Mühe von ihm durchdrungen werden."[23] Die Persönlichkeit der Heiligen Elisabeth und ihre Deutung als gelungene Nachfolge Christi zeigt diese Leid überwindende Kraft des Kreuzes.

[23] Ebd., S. 202.

Com//Passion – Menschsein für andere [1]

Lothar Kuld

1. Warum sich einem Menschen zuwenden? Aus einem Erfahrungsbericht

„Als ich verkündet bekam, dass ich in die (Werkstätten für Behinderte) kam, war ich nicht so begeistert. ‚Behinderte, na toll', habe ich gedacht und außerdem habe ich befürchtet, dass ich meine Arbeit nicht bewältigen kann, weil ich es dort psychisch nicht aushalte", schreibt die Schülerin einer 11. Klasse, die im Rahmen des com//Passion-Projekts ihrer Schule zwei Wochen lang mit geistig behinderten Jugendlichen zusammen war. Jetzt aber „bin ich sehr froh, dass ich in (diesen Werkstätten) war. Ich habe gelernt, mit Behinderten umzugehen, ohne Mitleid zu haben. Sie sind glücklich mit ihrem Leben und brauchen es nicht. Sie brauchen Hilfe und Unterstützung, ein offenes Ohr, Verständnis, aber kein Mitleid. Ich glaube, ich habe jetzt auch etwas mehr Geduld. Wenn man hundertmal ein und dasselbe erzählt bekommt, ist man nahe am Ausrasten; aber ich habe gemerkt, wie gut das Zuhören tut. Und die Behinderten sind auch nicht blöd. Sie sind langsam, haben eine schlechte Konzentration, oder sind unflexibel, aber sie haben Gefühle. Mehr vielleicht als jeder ‚normale' Mensch. Dass die Martina aus meiner Gruppe geweint

---

[1] Der Vortrag wurde am *Dies academicus* 2007 des Katholisch-Theologischen Seminars in Marburg gehalten.

hat, weil ich nach zwei Wochen nicht mehr da bin, wo passiert einem das sonst noch? Wo fragt einen jemand, ob man Schmerzen oder Angst hat, nur weil man gerade mal etwas müde ist? Der Michi hat's getan." (Vanessa)

2. Das Projekt com//Passion – Idee und Konzept

Das Schulprojekt, von dem die Schülerin erzählt, heißt „com//Passion". Sie hat zwei Wochen Arbeit in den Behinderten-Werkstätten ihres Heimatortes hinter sich, als sie diesen Bericht schreibt. Für uns ist dieser Bericht sehr wertvoll. Er zeigt, wie ein junger Mensch lernt, ihm fremde und ihn wegen ihrer Fremdheit ängstigende Menschen zu verstehen und – das war nicht verlangt, aber er tut es – schließlich sogar zu schätzen.

Die meisten unserer Schülerinnen und Schüler leben in einer Welt, in der all diese Menschen kaum vorkommen: kleine Kinder, alte Menschen, kranke Menschen, behinderte Menschen, obdachlose Menschen, Menschen also, die aus ganz verschiedenen Gründen auf Hilfe angewiesen sind und Unterstützung und Zuwendung brauchen. Sie sind im Alltag von Schülerinnen und Schülern weithin unsichtbar. Das com//Passion-Projekt ist angetreten, diese Marginalisierung zu durchbrechen und Schülerinnen und Schüler genau mit diesen Menschen zusammenzubringen.

Zu diesem Zweck öffnen sich die com//Passion-Schulen und schicken ihre Schülerinnen und Schüler während des Schuljahres in eine soziale Einrichtung: Altenheime, Krankenhäuser, Behindertenwerkstätten, Obdachlosenheime, Kindergärten, Bahnhofsmissionen und ähnliches. Das Praktikum ist für alle Schülerinnen und Schüler der Klasse verpflichtend. Die Lehrerinnen und Lehrer besuchen die Schülerinnen und Schüler am Praktikumsort und begleiten die Praktika vorbereitend und reflektierend in ihrem Fachunterricht.

In Geschichte zum Beispiel hören die Schülerinnen und Schüler etwas über Hospize im Mittelalter oder die soziale Gesetzgebung des 19. Jahrhunderts oder die Euthanasie im Dritten Reich. Im Biologieunterricht sprechen sie über die Entstehung von Behinderungen. Der Religionsunterricht kann sein zentrales Thema die „Zuwendung Gottes zu den Geringsten“, den Marginalisierten und Übersehenen, denen Gottes Solidarität gilt, „erden“.

Das Projekt hat zunächst einmal alle Vorzüge einer erlebnispädagogischen Maßnahme: Es vermittelt einen intensiven einmaligen Eindruck, der so in der Routine des Schulalltags nicht möglich wäre. Es ist zeitlich begrenzt, und die Schülerinnen und Schüler können nach einer überschaubaren Zeit in ihr gewohntes Umfeld zurückkehren. Die Schülerinnen und Schüler machen sozusagen ein Engagement auf Zeit. Sie müssen in diese Einrichtungen nicht mehr zurückkehren, wenn sie das nicht wollen. Und die meisten tun das auch nicht. Es wird nicht erwartet, dass sie sich nun in besonderer Weise einer Gruppe oder Ideologie verpflichtet fühlen sollen. All das ist sehr entlastend und für einen Lernprozess sogar notwendig. Denn ethische Haltungen beruhen nicht auf Gewöhnung und Konditionierung, auch nicht auf Gefühl. Gefühle wechseln bekanntlich, und was den einen unberührt lässt, kann den nächsten erschüttern. Für seine spontanen Gefühle ist ein Mensch wohl kaum verantwortlich zu machen, wohl aber dafür, wie er sich dazu verhält. Gefühle begründen also keine ethische Haltung. Haltungen beruhen auf Einsicht. Hier setzt der schulische Unterricht an, der informierend und reflektierend auf mögliche Erfahrungen in den Praktika vorbereitet und nachträglich darauf eingeht.

Pädagogischer Kerngedanke des com//Passion-Projekts ist also die Überzeugung, dass die erlebnispädagogische Maßnahme eines Sozialpraktikums auf längere Sicht zu veränderten Verhaltensbereitschaften und Haltungen im Bereich des Sozialen führen kann, wenn sie mit Fachunterricht verknüpft ist, der informierend, reflektierend und bewertend auf Erfahrungen im Praktikum vorbereitet oder nachträglich eingeht.

3. Der Name „com//Passion"

Der Projektname „com//Passion“ gab in Gesprächen immer wieder Anlass zu Anfragen. Com//Passion wird im Deutschen – nur schwer übersetzbar – gemeinhin mit „Mitleid“ übersetzt. Und man wird sofort eingestehen, dass Mitleid eine sicher ambivalente, historisch betrachtet auch riskante Vokabel ist. Wenn Mitleid die Haltung des angeblich Starken gegenüber dem Schwachen ist und der auf diese Weise Bemitleidete nur als „armer Teufel“ gesehen wird, dem am besten geholfen wäre, wenn es ihn in der Weise, wie er nun mal ist, gar nicht gäbe, dann kann aus Mitleid ganz schnell auch „tödliches Mitleid“ werden.

„Mitleid als Selektions- und Herrschaftsvokabel ist also sicher nicht mit dem Wort „com//Passion“ gemeint. Kein Mensch lässt sich gern bemitleiden. Und Mitleid zu empfinden, ist auch immer schlecht“, schreibt der französische Philosoph André Comte-Sponville in seinem kleine[n] Brevier der Tugenden und Werte, das er unter dem programmatischen Titel „Ermutigung zum unzeitgemäßen Leben“ veröffentlicht hat. „Man lässt sich nicht gern bemitleiden, und Mitleid empfinden mag man auch nicht. [...] Mitleid empfinden, heißt, mit jemandem leiden, und Leiden ist immer schlecht."[2] Nehme man jedoch das griechische Wort für Mitleid: sympatheia, im Deutschen übernommen als Sympathie, dann sehe die Sache wieder anders aus. Sympathisch wollen alle sein. Sympathie zu empfinden ist etwas Schönes. Im Unterschied zu dieser Form von Sympathie als einem Gefühl, so Comte-Sponville, sei Mitleid allerdings mehr als ein Gefühl. Es sei die Haltung, dass ich Leiden, welcher Art und aus welchen Gründen auch immer, nicht einfach indifferent hinnehme. Mitleid sei eine Haltung der engagierten Mitmenschlichkeit. Genau um diese Haltung geht es im com//Passion-Projekt.

Bei der Suche nach einem Titel für ihr Projekt kamen die Initiatoren auf das Wort „com//Passion". Und sie fügten in drei Worten hinzu, was sie damit meinten: *Menschsein für andere.* Mitleid war ihnen zu missverständlich, Solidarität zu abstrakt. Daher also dieses englische Wort „com//Passion".

Das Wort haben sie dem Vokabular der Kennedybrüder entnommen. John F. Kennedy nannte in den sechziger Jahren com//Passion eine gesellschaftliche Tugend. Er plädierte angesichts der Entsolidarisierungstendenzen der nordamerikanischen Gesellschaft, in der alle alles nur vom Staat zu fordern geneigt schienen, für eine Gesellschaft mit com//Passion, und er meinte damit eine Gesellschaft, in der ein aus menschlichem Mitgefühl erwachsenes soziales Engagement wieder selbstverständlich ist und sozial honoriert wird und in der

---

[2] André Comte-Sponville: *Ermutigung zum unzeitgemäßen Leben : Ein kleines Brevier der Tugenden und Werte.* Reinbek : Rowohlt, 1996, S. 125.

ein Mensch, der anderen hilft, nicht als der Dumme dasteht, sondern anerkannt und gewürdigt wird. Zuwendung und Hilfsbereitschaft sind durch kein Gesetz zu verordnen. Sie sind aber grundlegend für eine Gesellschaft, deren Qualität an der Solidarität ihrer Mitglieder mit Hilfsbedürftigen gemessen wird. Diese Überlegungen standen den Autoren bei der Namensgebung Pate.

4. Stichworte zur Theologie der com//Passion

Unabhängig von dieser Projektentwicklung, aber zeitgleich und in einer merkwürdigen Koinzidenz, hat der Theologe Johann Baptist Metz in seinen Wiener Vorlesungen „com//Passion" das Schlüsselwort des Christentums genannt und an diesem Begriff die theologische Dimension entfaltet, die in diesem Projekt praktisch wird. Das Wort „com//Passion" sei im Deutschen nur schwer wiederzugeben, am besten vielleicht mit der Umschreibung: „Empfindlichkeit für das Leid der anderen". Jesu Blick habe primär nicht der Sünde, sondern dem Leid des Menschen gegolten. Christliche Mystik sei eine „Mystik der com//Passion". Ihr Imperativ laute: „Aufwachen, die Augen öffnen. Das Christentum ist kein blinder Seelenzauber. Es lehrt nicht eine Mystik der geschlossenen, sondern eine Mystik der offenen Augen. Im Entdecken, im Sehen von Menschen, die im alltäglichen Gesichtskreis unsichtbar bleiben, beginnt die Sichtbarkeit Gottes, öffnet sich seine Spur." Jesusnachfolge sei ein Weg der com//Passion. Dieser Weg sei freilich abenteuerlich. Er bedeute, „für andere da zu sein, ehe man überhaupt etwas von ihnen hat". Metz sieht richtig, dass diese Herausforderung nur als Revolte gegen herrschende Mentalitäten zu vermitteln ist.[3] Und wem, fragt Metz, könne man diese Revolte zumuten, wenn nicht jungen Menschen?

In den Texten der Bibel stecken für ein Leben mit com//Passion immer wieder Anleitungen. Die Gerichtsrede Mt 25, 35–45 ist ein einziger Aufruf zu com//Passion. Das Gleichnis vom Samariter beschreibt nicht nur kritisch, wie Religion für com//Passion blind machen kann, es zeigt auch, wie ein Mensch helfen soll. Der Samariter fragt nicht und erwägt nicht, ob der „halbtot" daliegende noch Hilfe brauchen kann, ob es sich also noch lohnt zu helfen – genau das machen Priester und Levit –, er sortiert nicht nach Leben und Tod, sondern hilft ohne lange nachzurechnen mit dem, was er hat und was er kann. Er hilft nicht grenzenlos, aber er hilft, soweit die unmittelbare Situation es von ihm verlangt. Er sieht hin und er weiß.

5. Wirkungen des Projekts

Das com//Passion-Projekt wurde in einem groß angelegten Modellversuch 1996–1999 wissenschaftlich evaluiert.[4] Die Wirkungen des Projekts sind nachweisbar. Dazu muss man zunächst auch die Ausgangslage kennen. Die Schülerinnen und Schüler repräsentieren ganz überwiegend jenen sozialisatorischen Mischtypus, den

---

[3] Johann Baptist METZ: Die Autorität der Leidenden. com//Passion – Vorschlag zu einem Weltprogramm des Christentums. In: *Süddeutsche Zeitung* (24.12.1997), Nr. 296, S. 57. Vgl. Lothar KULD: *com//Passion – Raus aus der Ego-Falle*. Münsterschwarzach : Vier-Türme-Verlag, 2003, S. 69–72.

[4] Vgl. Lothar KULD ; Stefan GÖNNHEIMER: *com//Passion : Sozialverpflichtetes Lernen und Handeln*. Stuttgart : Kohlhammer, 2000.

die Shell-Jugendstudie 2002[5] und fortgesetzt in 2006[6] „Egotaktiker“ genannt hat.

Der Egotaktiker sei ein Mensch, der nach sich selbst schaut und aus der Perspektive seiner Bedürfnisse flexibel und mit einem Schuss Opportunismus seine Umwelt auf die sich ihm bietenden Chancen hin sensibel abtastet.[7] Insgesamt stünden leistungs-, macht- und anpassungsbezogene Wertorientierungen im Vordergrund. Engagementbezogene (ökologisch, sozial und politisch) fänden dagegen weniger Resonanz.[8] Die Jugend der Jahrtausendwende sei pragmatisch. Die persönliche Bewältigung konkreter Probleme sei ihr wichtig, nicht Gesellschaftskritik, sondern Leistungswille und Anpassung. Eine Bewegung hin zur Mitte und gesellschaftlichen Normalität kennzeichne die gesamte Jugend. Die Unterschiede bewegten sich in der nicht allzu großen Spanne von pragmatischen Idealisten und robusten Materialisten, selbstbewussten Machern und zögerlich Unauffälligen, die sich nicht entscheiden können oder wollen.[9] Männliche wie weibliche Jugendliche huldigten dem „Primat ökonomischen Verhaltens“. Die Shell-Studie 2002 sieht hier eine „echte Mentalitätsänderung“, die in nicht weniger als einem Jahrzehnt erfolgt sei. Die Studie von 2006 bestätigt diesen Trend. Die sozialverpflichtete Norm, „sozial Benachteiligten und gesell-

---

[5] Vgl. *Jugend 2002 : 14. Shell-Jugendstudie : Zwischen pragmatischem Idealismus und robustem Materialismus* / DEUTSCHE SHELL (Hrsg.). Frankfurt a.M. : Fischer, 2002.

[6] Vgl. *Jugend 2006 : 15. Shell-Jugendstudie : Eine pragmatische Generation unter Druck* / DEUTSCHE SHELL (Hrsg.). Frankfurt a.M. : Fischer, 2006.

[7] Vgl. Jugend 2002 (wie Anm. 5), S. 33.

[8] Ebd., S. 169–171.

[9] Ebd., S. 160–162.

schaftlichen Randgruppen (zu) helfen", werde heute „lediglich von einer knappen Mehrheit von 55 % der Jugendlichen eindeutig bejaht". Dagegen mit 60 % höher bewertet werde das Item: „Sich und seine Bedürfnisse gegen andere durchsetzen". Das ist eine eindeutig auf die persönlichen Bedürfnisse bezogene Orientierung. Sie sei dem Großteil der Jugendlichen wichtiger als soziales Engagement. Vergleichbar hoch sei die Zustimmung zu dem bedürfnisbezogenen Wunsch nach einem hohen Lebensstandard (63 % wichtig). Der jugendliche Wertkonflikt, so liest man weiter in der Shell-Studie, drehe sich um die Frage, „ob man bereit ist, sich für andere zu engagieren, oder ob man die eigenen Interessen völlig in den Vordergrund seines Lebenskonzepts stellt".[10] Ein zwischen männlichen und weiblichen Jugendlichen tendenziell unterschiedlicher Zuschnitt zeigt sich jedoch: „Soziales Engagement erfüllt insbesondere im weiblichen Lebenszuschnitt eine tragende Rolle zur Stiftung von Lebenssinn. Im männlichen Zuschnitt kommt [...] ein robuster Materialismus stärker zum Tragen."[11]

Man kann einwenden, dass Jugend schon immer mit Egozentrik einherging und bei Umfragen nach Wertorientierungen selbstverständlich jene Orientierungen als erste benannt werden, die im eigenen Interesse liegen. Man kann weiter argumentieren, dass prosoziale Orientierungen weiterhin vorhanden sind, und zwar gerade bei denen, die auch gelernt haben, nach sich selber zu schauen und es verstehen, Egozentrik *und* Prosozialität miteinander zu verbinden. Jugendliche engagieren sich, wenn sie einsehen, wofür sie sich engagieren sollen,

---

[10] Ebd., S. 159.
[11] Ebd.

wenn das Engagement zeitlich begrenzt bleibt und aus dem einmal erbrachten Engagement keine weiteren Verpflichtungen erwachsen. Man will sich nicht binden und schon gar nicht einbinden lassen. Aber man ist solidarisch, wenn es sein muss, und egozentrisch, wenn der eigene Lebensentwurf auf dem Spiel steht. Jugendliche und junge Erwachsene, schreibt Helen Wilkinson in ihrem programmatischen Artikel „Kinder der Freiheit“, lebten beide Orientierungen zugleich. Sie helfen nicht aus Opfersinn oder religiösen Motiven heraus, sondern sie tun das, weil es ihnen Spaß macht, also irgendeinen Zugewinn an Lebensqualität hat. Dieser sozialisatorische Mischtypus, sagt Wilkinson, sei das Signum der „Kinder der Freiheit“.[12] Sie engagieren sich, weil sie es wollen, nicht weil man es von ihnen verlangt.

Ohne Frage ist dieser Typus das Produkt einer Gesellschaft, die sich individualisiert. Lebensläufe sind nicht mehr so einfach vorhersehbar. Ein Großteil der heutigen Jugendlichen wird in seinem Leben mehrere Berufe erlernen. Zeiten der Arbeit werden mit Zeiten der Arbeitslosigkeit wechseln. Man wird von ihnen Flexibilität im Beruf, bei der Frage des Wohnorts und der persönlichen Verhältnisse erwarten. Der „flexible Mensch“[13] ist das – problematische – Ideal eines Menschen, der sich wie das Kapital jeweils dort aufhält, wo die Rendite am höchsten ist. Ein solcher Mensch kann keine Bindungen eingehen, schreibt Sennett. Er entwickle auch keine langfristi-

[12] Helen Wilkinson: Kinder der Freiheit : Entsteht eine neue Ethik individueller und sozialer Verantwortung? In: Ulrich Beck (Hrsg.): *Kinder der Freiheit.* Frankfurt a.M. : Suhrkamp, 1997, S. 122.

[13] Richard Sennett: *Der flexible Mensch : Die Kultur des neuen Kapitalismus.* Berlin : Berliner Taschenbuchverlag, 2000.

gen Perspektiven, denn er habe ja, jedenfalls was seine berufliche Karriere betrifft, keine langfristigen Gewissheiten. Als marktgerecht gilt, wer sich nicht zu sehr auf seine Firma verlässt und nicht zu sehr an seine Arbeitskollegen bindet. Aufgaben und Arbeitsgruppen wechseln. Solidarität mit anderen kann so nicht entstehen. Man kennt sich ja kaum. Kommunikation, sagt Sennett, beschränke sich auf die Oberfläche. Mehr als ein gewinnendes Lächeln sei nicht drin. Strittige Themen und persönliche Probleme, die den Arbeitsfluss stören, bleiben außen vor. Wer das nicht kann, fliegt raus. Und wer die Zeichen der jeweiligen Veränderungen in einem Betrieb nicht rechtzeitig bemerkt, fliegt auch raus, in die Arbeitslosigkeit. Das nicht bemerkt zu haben, ist der permanente Selbstvorwurf Arbeitsloser. Sie werfen sich vor, nicht flexibel genug gewesen und einer Firma treu geblieben zu sein, die es nun nicht mehr gibt. Das Credo des flexiblen Menschen, des Egotaktikers *par excellence*, lautet deshalb: „Bleib' in Bewegung. Geh' keine Bindungen ein und bring' keine Opfer." Auf die Beziehungen unter Menschen übertragen ist dieses Credo, wie man sich denken kann, schlichtweg verheerend.

Man kann Sennetts Essay eine Karikatur nennen. Aber sie berührt etwas, was viele spüren und soziologisch Entsolidarisierung genannt wird. Auch diesen Trend kann man leugnen und wie Ulrich Beck von einem gleichsam naturwüchsigen „solidarischen Individualismus" ausgehen, der sich in dem Maße einstelle, wie Menschen das eigene Leben als ein Leben immer auch mit anderen begriffen. Dann hat man aber schon die Grundtatsache, um die es hier geht, eingestanden. In dem Maße, wie Menschen zu Flexibilität gezwungen sind, lösen sich traditionelle Solidaritätsbündnisse wie Familie, Nachbarschaft, Verein und Kirchengemeinde auf. Das kann man bedauern, rückgängig zu machen ist diese Entwicklung nicht. Positiv könnte man darauf verweisen, dass traditionelle Solidarität zum Beispiel in der Familie vielfach auch eine erpresste und meist nur Frauen abverlangte Solidarität war. Insofern bringt der Prozess der Auflösung traditioneller Bündnisse auch ein Stück Befreiung und ein Stück Ehrlichkeit. Menschen, die frei sind in ihren sozialen Optionen, wenden sich anderen Menschen zu, weil sie das wollen. Sie helfen freiwillig und mit dem, was sie können.

Warum aber helfen sie? Warum wenden sie sich fremden Menschen zu, von denen sie nicht von vornherein wissen, was sie von ihnen haben? Warum zeigen sie Mitgefühl und andere nicht?

Und so fanden und finden wir in Anschlussuntersuchungen auch die Lage vor, wenn man die Schülerinnen und Schüler über ihre Lust, am Projekt teilzunehmen, befragt. Die Schülerinnen und Schüler begegnen dem Vorschlag, am com//Passion-Projekt teilzunehmen, zunächst weder mit großer Begeisterung noch mit Ablehnung. Sie zeigen zu Beginn eher wohlwollende Unentschiedenheit. Daraus wird am Ende des Schuljahrs begründete Zustimmung. Rund 80 % der Befragten sagen, das Projekt sei eine gute und wichtige Erfahrung gewesen und jeder sollte das einmal machen. 41 % sagen, sie hätten in diesem Schuljahr etwas Wichtiges geleistet. Die Hälfte der Befragten hatte das Gefühl, gebraucht zu werden. Ein Viertel der Befragten fasst eine Fortsetzung des Praktikums ins Auge, zwei Drittel hat keine Zeit oder will Bezahlung oder hat genug davon. 5 % arbeiten bereits an ihrem Einsatzort weiter.

Die Zahl derer, die sich zu Beginn des Schuljahres überhaupt keine Form sozialen Engagements für sich selbst vorstellen konnte, sinkt nachhaltig um rund

10 %. Aber es bleibt nicht bei einer individualistischen Helferoption. Die Zahl derer, die von Staat, Kirchen und Gewerkschaften mehr Engagement erwarten, steigt zwischen Schuljahrsbeginn und Schuljahrsende im Blick auf den Staat von 36 % auf 47 %, die Kirchen von 19 % auf 32 % und die Gewerkschaften von 6 % auf 13 %. In den Kontrollschulen, also in Schulen ohne com//Passion-Projekt oder vergleichbare Sozialprojekte, haben wir den gegenläufigen Trend. Hier sinkt mit zunehmendem Alter die Zahl derer, die sich ein soziales Engagement für sich oder auch nur für andere, für den Staat, die Kirchen usw. vorstellen können. Das heißt: Hilfsbereitschaft im Sozialen entsteht nicht von allein. Sozialverpflichtete Verhaltensbereitschaften schwinden, wenn entsprechende Anregungen und öffentliche Anerkennung ausbleiben.

Heftig diskutiert wurde unsere Beobachtung, dass Mädchen und kirchlich engagierte Jugendliche in besonderem Maße auf das Projekt ansprechen. Kirchliche Jugendliche sagen in gleichem Maße wie andere, dass Eigeninteresse und Altruismus sich für sie nicht ausschließen, aber sie sind es dann doch, die sich für aus Schülersicht schwierige Einsatzorte wie Behindertenheime melden. Fast die Hälfte der kirchlich engagierten Jugendlichen ging in Einrichtungen für behinderte oder alte Menschen, obwohl diese Einrichtungen zu Beginn des Schuljahrs nicht ihre erste Option darstellten. Von den kirchlich distanzierten Jugendlichen wurde diese Option von keinem einzigen angegeben. Die kirchlichen Jugendlichen scheinen sich also der Herausforderung von als schwierig geltenden Einsatzbereichen eher zu stellen als kirchendistanzierte. Ein Grund für diesen Unterschied kann darin gesehen werden, dass kirchlich engagierte Jugendliche in der Regel auch sozial gut integrierte Jugendliche sind. 94 % der kirchlichen Jugendlichen fühlen sich von ihren Eltern sehr positiv oder positiv unterstützt. Bei den kirchendistanzierten sagen das nur 74 %. Die kirchlichen erleben auch eindeutig mehr, wie Erwachsene sich über die enge Familie hinaus sozial engagieren und das offensichtlich als lohnend, erfreulich und als persönliche Bereicherung empfinden. Kirchliche Milieus scheinen also nach wie vor jene Haltungen von Prosozialität zu fördern, von denen die Gesellschaft insgesamt mitlebt.

Ein letzter Blick auf das Zahlenmaterial.[14] Die Aussage: „Mit moralischem Verhalten, d. h. wenn man andere nicht ausnutzt, sondern sie fördert, wenn man hilfsbereit ist und Frieden stiftet, steht man langfristig besser da, als wenn man das Gegenteil tut“ bejahten zu Beginn des Schuljahres 81 % der com//Passion-Schüler und 84 % der Schüler aus Kontrollschulen. Am Ende des Schuljahres stimmten 89 % der com//Passion-Schüler und 79 % der Schüler aus Kontrollschulen dieser Aussage zu. Während sich also die Zustimmung zu dem Statement, dass Prosozialität sich lebenspraktisch lohnt und Sinn macht, in der Kontrollgruppe am Ende des Schuljahres eher leicht abschwächt, steigt die Zustimmung zu diesem Statement bei den Schülern der com//Passion-Schulen an. Das bedeutet: Die direkte Begegnung und Kommunikation zwischen Menschen, die auf Kooperation und wechselseitige Hilfe angewiesen sind, festigt die Bereitschaft zu Prosozialität und wirkt ihrer möglichen Ermüdung oder Abschwächung entgegen, ja sie vermag die Entwicklung sogar umzukehren.

---

[14] Vgl. Kuld ; Gönnheimer: com//Passion (wie Anm. 4), S. 55.

Heilige, kleine Leute und große Persönlichkeiten

Zur Wiederentdeckung des Biographischen für religiöse Lernprozesse[1]

Georg Hilger / Konstantin Lindner

Biographien von Stars und von Medien inthronisierte interessante Persönlichkeiten unterschiedlichster Couleur aus der Vergangenheit und aus der Gegenwart stehen gegenwärtig hoch in Kurs. Was verbirgt sich hinter diesem großen Interesse am Biographischen? Ist es die bei aller Individualisierung und Pluralisierung immer schwieriger werdende Suche nach der Vergewisserung, wer wir eigentlich sind und wer wir sein wollen? Greifen deshalb viele Zeitgenossen auf Modelle gelebten Lebens – seien es bewundernswerte oder allbekannte Persönlichkeiten, Stars, aber auch Menschen wie du und ich – zurück? Ergeben sich von diesem Interesse her auch Hinweise zur Bedeutung von Vorbildern des christlichen Glaubens, von kanonisierten und nicht-kanonisierten Heiligen und von bedeutenden Gestalten der Kirchengeschichte?

[1] Dieser Beitrag ist eine Überarbeitung des am *Dies academicus* 2007 der Universität Marburg gehaltenen Vortrags von Professor Hilger.

1. Vom Boom des Biographischen in der Medienwelt

Zu Recht lässt sich von einem gegenwärtigen „Boom des Biographischen“ sprechen.[2] Man denke nur an das Interesse an der Vita des jetzigen Papstes Benedikt XVI., an die Fernsehshows, die sich auf die Suche nach „Deutschlands wahre[n] Helden“ (*Sat1* im Jahr 2003) oder den „besten Deutschen“ (*ZDF* im Jahr 2003) machen, oder an die Verfilmungen der Lebensgeschichten von zum Beispiel Martin Luther (2003), Sophie Scholl (2004) oder Johnny Cash („Walk The Line“, 2005), die den Kinos hohe Besucherzahlen einbrachten. Antwort auf das gesteigerte Bedürfnis nach Biographischem ist unter anderem die seit 2004 vierteljährlich herausgegebene Printreihe „P.M. BIOGRAFIE – Menschen, Dramen, Lebenswege“ mit Informationen zu historisch bedeutsamen, zeitgeschichtlich agierenden und aktuell in den Medien präsenten Personen aus Geschichte, Gesellschaft und Kultur.

Auf dem weltweiten Buchmarkt erscheinen jährlich mehr als 10 000 Biographien.[3] Die im letzten Jahrhundert publizierten Jesus-Biographien sind selbst von Fachleuten kaum noch zu bewältigen.[4] Künstlerjubi-

---

[2] Vgl. Konstantin LINDNER: *In Kirchengeschichte verstrickt : Zur Bedeutung biographischer Zugänge für die Thematisierung kirchengeschichtlicher Inhalte im Religionsunterricht*. Göttingen : V&R Unipress, 2007 (Arbeiten zur Religionspädagogik ; 31), S. 30.

[3] Vgl. Peter-André ALT: Mode oder Methode? : Überlegungen zu einer Theorie der literaturwissenschaftlichen Biographik. In: Christian KLEIN (Hrsg.): *Grundlagen der Biographik : Theorie und Praxis des biographischen Schreibens*. Stuttgart : Metzler, 2002, S. 23–40.

[4] Sigrid LÖFFLER verweist darauf, dass im 19./20. Jahrhundert mehr als 60 000 Biographien über Jesus Christus publiziert wur-

läen, Jahrestage, aber auch die gelebte Geschichte der Trümmerfrauen, der verdrängten Helden des Widerstandes in der NS-Zeit, der kleinen Helden des Alltags und der Nachbarin von nebenan finden ihren Markt in den unterschiedlichsten Medien. Mittlerweile wird sogar von einer Sucht der Medienwelt nach immer neuen Lebensgeschichten gesprochen.[5]

Dies alles verweist darauf, dass es ein weit verbreitetes Bedürfnis gibt, Lebensgeschichten wahrzunehmen, das über voyeuristische Neugier einschlägiger Medien an einem Gruppenleben im Container oder im Urwald, am Tod der Lady Di, an Jugendsünden von Prinzen oder am Leben des Modezars Rudolph Mooshammer mit seinem Hund Daisy hinausgeht. Es ist darum kein Zufall, dass sich in unserer Zeit die unterschiedlichsten wissenschaftlichen Disziplinen für Biographieforschung interessieren.

2. Vom Bedürfnis nach Lebensgeschichten und Biographien

Der Literaturwissenschaftler Helmut Scheuer behauptet, dass Biographien besonders in „Krisenzeiten" Konjunktur hätten. Darunter subsumiert er Zeiten, welche „keine einheitliche Sozialstruktur mit klaren Wertvorstellungen und hohen Normübereinstimmungen kennen"[6] und verweist auf die gegenwärtigen Individuali-

---

den. Vgl. DIES.: Biografie : Ein Spiel. In: *Literaturen : Das Journal für Bücher und Themen* 7–8 (2001), S. 14–17.

[5] Vgl. Hanna LEITGEB: Das Versprechen einer Aura : Wieso Politiker-Biografien reizvoll zu lesen und trotzdem schlecht sein können. In: *Literaturen : Das Journal für Bücher und Themen* 7–8 (2001), S. 47–49.

[6] Helmut SCHEUER: Art. Biographie. In: Gert UEDING (Hrsg.):

sierungstendenzen. Abgesehen davon, ob man die fortschreitende Individualisierung und Pluralisierung als Krise bewerten will oder nicht, kann hierin ein Motiv für das gesteigerte Interesse an Biographischem gesehen werden: Rezeption und auch Produktion von Biographien sowie biographischen Zeugnissen dienen der Selbstwahrnehmung des Ichs in unübersichtlicher Pluralität und können helfen, Antworten auf die Frage, wer man ist und wer man sein will, zu finden. Aus der Wahrnehmung dessen, wie andere Menschen ihr Leben gestalten und deuten, lassen sich Deutungsmuster für die Auseinandersetzung mit der eigenen Lebensgeschichte gewinnen und Entscheidungshilfen für eigene Lebenssituationen ableiten.[7] Nur selten kommt es dabei zu 1:1-Übernahmen vorgelebter Verhaltensweisen, vielmehr sind Teilidentifikation oder auch Abgrenzung gängige Rezeptionsreaktionen. Besonders Biographien, welche auch die menschlichen Schwächen der dargestellten Personen offenlegen, erleichtern dem Rezipienten die Annahme seiner selbst in den eigenen Schwächen und Grenzen.

Mit den gesellschaftlichen Ausdifferenzierungsprozessen geht ein Überangebot an Möglichkeiten einher, das eigene Leben zu gestalten. Der daraus resultierende

---

Historisches Wörterbuch der Rhetorik. Bd. 2. Darmstadt : Wiss. Buchgesellschaft, 1994, S. 30–43.

[7] Vgl. Heidrun HOPPE: *Subjektorientierte politische Bildung : Begründung einer biographiezentrierten Didaktik der Gesellschaftswissenschaften.* Opladen : Leske + Budrich, 1996, S. 278. Vgl. auch Stephanie KLEIN: *Theologie und empirische Biographieforschung : Methodische Zugänge zur Lebens- und Glaubensgeschichte und ihre Bedeutung für eine erfahrungsbezogene Theologie.* Stuttgart : Kohlhammer, 1994 (Praktische Theologie heute ; 19), S. 96.

Verlust vorgegebener Lebensmuster scheint somit das „Bedürfnis nach Identifikationsfiguren“[8] als Hilfe bei der Konstruktion und Gestaltung des eigenen Lebens zu steigern. Überlieferte Lebenszeugnisse offerieren die Gelegenheit für das, was Yvonne Fritzsche als „Aufspringen bei attraktiven biografischen Mitfahrgelegenheiten“[9] bezeichnet: Biographien stellen dem Einzelnen schon geprüfte Optionen zur Verfügung, die bei der persönlichen Lebensgestaltung guten Gewissens adaptiert werden können. Da es sich dabei um bereits verwirklichtes Leben handelt, scheint das Risiko eines Misserfolgs weniger gering als bei eigenen, „ungeprüften Experimenten“.[10]

Insgesamt zeigt sich also der „Boom der Biographien“ als Resultat der fortschreitenden Individualisierung und der gesellschaftlichen Ausdifferenzierung, wodurch sich die Frage nach der Identität bzw. den Identitäten verschärft. Was und wie wir zu leben haben, welchen Weg wir in unserem Leben einzuschlagen haben, das ist zur Aufgabe geworden: Unsere Biographie

---

[8] Christopher SCHMIDT: Klopfzeichen : Gefühlte Geschichte und wahre Helden haben Konjunktur. In: *Süddeutsche Zeitung* (15./16.11.2003), S. 13.

[9] Yvonne FRITZSCHE: Moderne Orientierungsmuster : Inflation am „Wertehimmel“. In: *Jugend 2000* / DEUTSCHE SHELL (Hrsg.). Bd. 1. Opladen : Leske + Budrich, 2000, S. 156.

[10] Diese Formulierung orientiert sich an Anthony Giddens’ These bezüglich der Moderne, welche seiner Ansicht nach zu einem weltweiten Experiment geworden ist: „Ob wir wollen oder nicht, wir sind alle in ein großes Experiment verstrickt, bei dem wir zwar als menschliche Akteure handeln, das sich zugleich aber auch bis zu einem unbestimmten Grad unserer Kontrolle entzieht.“ Vgl. Anthony GIDDENS: Leben in einer posttraditionalen Gesellschaft. In: Ulrich BECK ; Scott LASH (Hrsg.): *Reflexive Modernisierung* : *Eine Kontroverse*. Frankfurt a.M. : Suhrkamp, 1996, S. 117.

müssen wir in einem hohen Maße selber managen. Dabei können uns Modelle gelebten Lebens helfen.

Rudolf Englert bringt die Bedeutung von Biographien in seinem Vorwort zu der Neuausgabe des Kalenderbuchs „Woran sie glaubten – Wofür sie lebten. Vorbilder für die 365 Tage des Jahres" prägnant auf den Punkt, wenn er schreibt: „Die Sicherheit in der Kenntnis des ‚wahren Weges' ist uns gründlich abhanden gekommen. Und zwar nicht, weil wir gar keinen Weg mehr sähen, sondern weil so viele mögliche Pfade gleichzeitig locken. Was soll man tun, was kann man machen, was soll man werden, wofür lohnt es sich zu leben? Wir brauchen niemanden mehr, der uns das sagt, der uns Entscheidungen abnimmt und uns die Suche so leichter macht. Aber was wir vielleicht doch nötig haben, sind Modelle, von denen wir uns etwas abschauen können."[11] Darum wird in diesem Kalenderbuch eine bunte Vielfalt von Modellen des Lebens präsentiert, die Entdeckungen ermöglichen für die Orientierung auf der „Pilgerreise" bei der Suche nach dem eigenen Lebensweg.

Treffen diese Beobachtungen auch auf Jugendliche zu, die im Zuge ihrer altersspezifischen Emanzipationsprozesse verstärkt auf der Suche nach eigener Identität und nach Optionen für die Lebensgestaltung sind?

---

[11] Rudolf Englert (Hrsg.): *Woran sie glaubten – wofür sie lebten : Vorbilder für die 365 Tage des Jahres : Ein Kalenderbuch.* München : Kösel, 2006, S. 7.

3. Vom Interesse Jugendlicher an biographischen Zeugnissen

Das sogenannte Jugendalter – gleich, wie man es definiert – gilt landläufig als der Lebensabschnitt, in dem die Suche nach der eigenen Identität und nach eigenen Lebensentwürfen besonders virulent und brisant ist. Es markiert eine Zeit, in der junge Menschen zunehmend ihr eigenes Leben und somit auch Biographisches reflektieren, sich ihrer naiven kindlichen Imitationen und Identifizierungen bewusst werden und sich probehalber identifizierend oder distanzierend mit dem Leben anderer auseinandersetzen. Für Jugendliche gibt es viele Identifikationsfiguren, an denen sie Anteil gewinnen wollen, auch solche, die in Anbetracht eigener Bedeutungslosigkeit Größe, Glanz und Erlebnisfülle verheißen.[12] Eckart Liebau spricht in dieser Hinsicht von der phasenweise geborgten, ausgeliehenen Kraft, vom geborgten, ausgeliehenen Sinn, weil sich ohne Sinn offenbar schlecht leben lässt.[13] Die Pubertät ist eine Zeit der Auseinandersetzung mit biographischen Lebensentwürfen aus dem persönlichen Umfeld oder aus den Medien, was in der Jugendforschung an den Ergebnissen der jeweiligen Untersuchungen zur Relevanz von Vorbildern ablesbar ist.

In den 1970/80er Jahren drückte sich ein ausgeprägtes Autonomiestreben bei vielen jungen Menschen in der offenen und manchmal provokanten Distanzierung oder

---

[12] Vgl. Horst RUMPF: Sieg-Droge? Lebenshilfe? Realitätsersatz? : Biographische Splitter zum Vorbildbedürfnis. In: *Pädagogik* 56 (2000), Heft 7–8, S. 57.

[13] Vgl. Eckart LIEBAU: Sehnsucht nach Sinn : Pubertät als Zeit der Suche. In: Christine BIERMANN u. a. (Hrsg.): *Stars – Idole – Vorbilder.* Seelze : Friedrich, 1997, S. 25.

Abneigung gegenüber den herkömmlichen Vorbildern aus. Diese wurden bei dem Mühen um einen eigenen Lebensentwurf eher als kontraproduktiv wahrgenommen. Es war nicht en vogue, durch den Rückgriff auf Leitbilder oder Vorbilder Orientierung zu suchen.[14] Siegfried Lenz spiegelt dies meisterlich in seinem Roman „Das Vorbild" aus dem Jahr 1973 wider, wenn er bei der Diskussion zwischen einem jungen Studienrat, einem pensionierten Rektor und einer Lektorin um ein neues Lesebuch dem Studienrat in den Mund legt: „Wenn Sie mich fragen: Vorbilder sind doch nur eine Art pädagogischer Lebertran, den jeder mit Widerwillen schluckt, zumindest mit geschlossenen Augen. Die erdrücken doch den jungen Menschen, machen ihn unsicher und reizbar und fordern ihn auf ungeziemende Weise heraus. Vorbilder im herkömmlichen Sinn, das sind doch prunkvolle Nutzlosigkeiten, Fanfarenstöße einer verfehlten Erziehung, bei denen man sich die Ohren zuhält."[15]

Jüngere empirische Studien belegen hingegen, dass junge Menschen wieder verstärkt auf Biographisches zurückgreifen. Aufschlussreich in dieser Hinsicht sind die Befragungen zur Stellungnahme von Vorbildern als Indikator für das Interesse an Biographischem. Konnte bei den Shell-Jugendstudien für die Jahre von 1955 bis 1996 bei Heranwachsenden ein konstant rückläufiger Trend hinsichtlich der Bedeutung von Vorbildern registriert werden, überraschte die 2000 veröffentlichte 13. Shell Jugendstudie mit einer Trendwende: Während 1996 nur 16 % der befragten jungen Erwachsenen an-

---

[14] Vgl. FRITZSCHE: Moderne Orientierungsmuster (wie Anm. 9), S. 216.

[15] Siegfried LENZ: *Das Vorbild.* Hamburg : Hoffmann und Campe, 1973, S. 29.

gegeben hatten, ein Vorbild zu haben, äußerten sich in der 1999 durchgeführten Befragung von Jugendlichen im Alter von 15–24 Jahren 30 % positiv zu Vorbildern – jüngere mehr, ältere Heranwachsende weniger.[16] Der Trend hin zu einer wachsenden Bedeutung von Vorbildern wird durch eine Befragung im Jahr 2001 bei 10–18-jährigen Jugendlichen bestätigt:[17] 60 % der Befragten bejahten die Frage, ob sie ein Vorbild hätten. In der Altersgruppe der 10–12-Jährigen bekennen sich 68 % zu einem Vorbild, bei 15–17-Jährigen waren es immerhin noch 56 %. Zugleich machen die Ergebnisse dieser Studie deutlich, dass sich Vorbilder aus dem Nah- und Fern- beziehungsweise Medienbereich die Waage halten.[18] Mädchen präferieren weibliche und Jungen wählen überwiegend männliche Vorbilder als Orientierungshilfe für die persönliche Lebensgestaltung.[19] Vor allem den Eltern und prominenten Persönlichkeiten (Sportlern, Sängerinnen und Sängern) wird in dieser Hinsicht eine tragende Rolle zugesprochen.

Vielleicht hat diese Wende auch etwas mit einer veränderten Vorbild-Semantik zu tun und mit einem gewachsenen Abstand zu einem totalitären pädagogischen Missbrauch der Vorbilder.

Den hohen Stellenwert von Personen des sozialen

---

16 Vgl. Fritzsche: Moderne Orientierungsmuster (wie Anm. 9), S. 217.

17 Vgl. Jürgen Zinnecker: *null zoff & voll busy : Die erste Jugendgeneration des neuen Jahrhunderts : Ein Selbstbild.* Opladen : Leske + Budrich, 2002, S. 52.

18 Ebd., S. 53.

19 Ebd., S. 56. Vgl. auch: Anton A. Bucher ; Saskia Montag: Vorbilder: Peinliche Überbautypen oder nach wie vor notwendig? : Bericht über zwei aktuelle empirische Untersuchungen. In: *Religionspädagogische Beiträge* 40 (1997), S. 77.

Nahbereichs als Vorbilder – vor allem von Eltern, Großeltern, Geschwistern und auch von Lehrerinnen und Lehrern – betonen insbesondere Anton Bucher und Saskia Montag in der Auswertung ihrer Befragungen.[20] Sie erklären dies mit der für Jugendliche konkret erlebbaren Lebenskompetenz und Hilfe bei ihrer Individuation, die bei nahestehenden Interaktionspartnern leichter erfahren werden kann als bei massenmedial vermittelten. Sicher trägt auch der veränderte Interaktionsstil zwischen Erwachsenen und Heranwachsenden dazu bei, dass sich junge Menschen bei ihrem Ablöseprozess nicht mehr konfrontativ verhalten müssen, weil Familien in unserer Zeit mehr Geduld gegenüber manchmal merkwürdigen pubertären Identifikationsexperimenten aufbringen. Den altersmäßigen Rückgang der Vorbildneigung deuten Bucher und Montag entwicklungspsychologisch mit der Aufgabe, in der Adoleszenz „Ich-selbst" zu werden:[21] Mit fortschreitender Ich-Identität tritt die Bedeutung von Vorbildern zurück. Ein altersmäßiger Rückgang ist übrigens auch hinsichtlich der Bedeutung religiöser Vorbildgestalten zu registrieren.

Die Ergebnisse verschiedener empirischer Erhebungen lassen es zu, von einem zunehmenden Interesse Jugendlicher an Biographischem – hier bezogen auf Vorbilder – zu sprechen. Jugendliche greifen auf ihre Weise und keinesfalls unkritisch darauf zurück und sehen darin Möglichkeiten, reflexiv etwas über sich in Erfahrung zu bringen sowie Orientierungsoptionen zu gewinnen, sich als Individuum zu entwerfen. Dabei ist damit zu rechnen, dass mit fortschreitendem Reifungsprozess Jugendliche aus der Palette der Identifikations- und Imi-

---

[20] Ebd.
[21] Ebd., S. 75.

tationsangebote eine Auswahl treffen – oft sind es nur bestimmte Züge der ausgewählten Person, die der eigenen Stabilisierung dienen.[22]

Vielleicht können heute viele Heranwachsende sogar der pädagogischen Option des pensionierten Rektors in Siegfried Lenz' „Das Vorbild" bei seinem Plädoyer für eine kritische Auseinandersetzung mit Vorbildern weitgehend zustimmen: „Wir versetzen uns rigoros in den anderen und erfahren uns selbst. Auf dem Weg der Selbstversetzung erkennen wir das Verbindende, aber auch das Trennende, wir stimmen zu und grenzen uns ab. Wir besichtigen, was uns erlebbar erscheint, und lernen verstehen. Nicht auf Wiederholbarkeit kommt es an, sondern darauf, den Unterschied zu ermitteln, und das hat, wenn ich nicht irre, durchaus mit Kritik zu tun."[23]

4. Von der Bedeutung biographischer Vorbilder und Modelle für die Subjektwerdung

Sowohl in der Pädagogik als auch in der Religionspädagogik wird wieder intensiv über den Stellenwert des Vorbild-Lernens diskutiert.[24]

---

[22] Vgl. Hans-Jochen GAMM: Imitation – Identifikation – Vorbild. In: *Pädagogik* 56 (2000), Heft 7–8, S. 66.

[23] LENZ: Das Vorbild (wie Anm. 15), S. 110. Vgl. auch Dietlind FISCHER: Alte und moderne Heilige – Zum Umgang mit Vorbildern im Religionsunterricht. In: *Regensburger RU-Notizen* 22 (2002), Heft 1, S. 21.

[24] Vgl. u. a. Themenheft Vorbilder. In: *Pädagogik* 56 (2000) Heft 7–8; *Lebendige Katechese* 22 (2000), Heft 2; Themenheft: Vorbild-Lernen in der Diskussion. In: *Religionsunterricht an höheren Schulen* 45 (2002), Heft 5; Hans MENDL: *Lernen an (außer-)gewöhnlichen Biografien : Religionspädagogische Anregungen für die Unterrichtspraxis.* Donauwörth : Auer, 2005;

Was unter Vorbild-Lernen verstanden wird, ist abhängig davon, was mit dem Begriff „Vorbild" in Verbindung gebracht wird. Unter dem Vorzeichen der pädagogischen Option einer Erziehung zur Mündigkeit ist gegenüber einem blinden Nachahmungslernen Skepsis angebracht. Vorbildlernen muss in einer demokratischen Gesellschaft zunehmend ein Akt der Freiheit des sich entwickelnden Subjektes werden. In dieser Hinsicht bietet das biblische Bilderverbot Orientierung, insofern es anthropologisch gewendet bedeuten kann: Als Erzieher sollst du keine jungen Menschen zwingen oder sie darauf festlegen, bestimmten Vorbildern zu folgen, mögen diese noch so nachahmenswert sein! Die folgende Keuner-Geschichte von Bertold Brecht bringt dies warnend auf den Punkt: „Was tun Sie", wurde Herr K. gefragt, „wenn Sie einen Menschen lieben?" „Ich mache einen Entwurf von ihm", sagte Herr K., „und sorge, dass er ihm ähnlich wird." „Wer? Der Entwurf?" „Nein", sagte Herr K., „der Mensch."[25]

Von einer solchen, pädagogisch nicht verantwortbaren Engführung setzt sich die Definition Reiner Walrafens ab, wenn er darlegt, dass „eine Person [zum Vorbild wird], wenn ihr konkreter Lebensvollzug einen anderen Menschen so zu beeindrucken vermag, dass dieser sich – auf der Suche nach Wegen eigener Lebensführung – mit ihr identifiziert und in seinem Handeln bemüht, ihr nachzufolgen".[26] Ein Vorbild muss als Per-

---

Themenheft Vorbilder. In: *Katechetische Blätter* 131 (2006), Heft 1.

[25] Bertold Brecht: *Geschichten von Herrn Keuner.* Frankfurt a.M. : Suhrkamp, 1971, S. 33.

[26] Reiner Walrafen: Art. Vorbild. In: *Lexikon der Pädagogik.* Bd. 4. Freiburg i.Br. : Herder, 1975, S. 328. Zur Abgrenzung des Begriffs „Vorbild" von ähnlich verwendeten Termini (Leit-

son beeindrucken und wird deshalb gewählt; das wählende Individuum erhofft sich Orientierung bei der eigenen Lebensgestaltung und bemüht sich, das Vorbild – zumindest in bestimmten Zügen – nachzuahmen. Dieses Verständnis distanziert sich von einem Vorbild-Lernen, wie es in einer „schwarzen Pädagogik“ verstanden wurde und in Misskredit geraten ist: als Aufforderung zur Nachahmung und Befolgung von dem, was man zu tun und zu lassen hat.[27] Derartig angelegte „Lernprozesse“ würden lediglich sattsam bekannte Abwehrreaktionen hervorrufen. Vorbilder können nicht verordnet oder einfach vorgesetzt werden,[28] die Lernenden müssen sich aus sich heraus für sie – im Singular oder im Plural – entscheiden. Schülerinnen und Schüler sollten zu einem mündigen Umgang mit Vorbildern animiert werden, welcher dadurch gekennzeichnet ist, dass von ihnen der allgemeine Anspruch des Vorbildes in den Kontext der persönlichen Individualität überführt wird.[29]

Missverständnisse können vermieden werden, wenn man anstatt von Vorbild-Lernen von Modell-Lernen

---

bild, Beispiel, Ich-Ideal etc.) vgl. Anton A. BUCHER: Renaissance der Vorbilder? In: Heinrich SCHMIDINGER (Hrsg.): *Vor-Bilder – Realität und Illusion*. Graz : Styria, 1996, S. 31–33. Vgl. Robert EBNER: *Vorbilder und ihre Bedeutung für die religiöse Erziehung in der Sekundarstufe* : *Eine wissenschaftliche Darstellung mit einer empirischen Untersuchung*. St. Ottilien : EOS-Verlag, 1987 (Dissertationen: Theologische Reihe ; 28); MENDL: Lernen (wie Anm. 24), S. 38–41.

[27] Vgl. Irene MIETH ; Dietmar MIETH: Vorbild oder Modell? Geschichten und Überlegungen zu einer narrativen Ethik. In: *Katechetische Blätter* 102 (1977), S. 627.

[28] Vgl. Bruno H. REIFENRATH ; Josef DERBOLAV (Hrsg.): *Grundriß einer Gesamtpädagogik*. Frankfurt a.M. : Diesterweg, 1987, S. 71–72.

[29] Ebd., S. 72.

spricht. Irene und Dietmar Mieths prägnante Unterscheidung von Vorbild und Modell erweist sich hier als sinnvoll: „Vorbilder sagen, was Menschen unter generellen Bedingungen zu tun und zu lassen haben. Modelle dagegen zeigen, wie man in einer bestimmten Situation handeln kann, wie das Mögliche, Richtige und Angemessene gefunden wird. […] Man kann auch sagen: ein Modell ist ein problematisches Vorbild, das zu denken gibt."[30]

Der Psychologe Albert Bandura gibt hilfreiche lernpsychologische Hinweise zu einem Modell-Lernen. Wenn sich eine Person das Verhalten einer anderen Person zum Modell nimmt, laufen komplexe und voraussetzungsreiche sozial-kognitive Prozesse, die von vielen Faktoren abhängen, ab: Nicht jedes beobachtete Verhalten wird angeeignet, lediglich bestimmte, Aufmerksamkeit erweckende Charakteristika der Modell-Person werden in leicht erinnerbare Schemata umgeformt, klassifiziert und organisiert.[31] Wichtig ist für die Adaption – für das Modell-Lernen – die Erwartung eines positiven Effektes bei der Erreichung von attraktiven Zielen, eine gewisse Ähnlichkeit zwischen der beobachtenden und der wahrgenommenen Person sowie das Selbstvertrauen in die Kompetenz, ähnlich erfolgreich sein zu können wie das Modell.[32]

Ein Modell ist demnach Orientierungshilfe für das eigene Verhalten, indem es nicht einfach kopiert wird, son-

---

[30] MIETH ; MIETH: Vorbild oder Modell? (wie Anm. 27), S. 627–628.

[31] Vgl. Albert BANDURA: Die Analyse von Modellierungsprozessen. In: DERS. (Hrsg.): *Lernen am Modell : Ansätze zu einer sozial-kognitiven Lerntheorie* / Hainer KOBER (Übers.). Stuttgart : Klett, 1976, S. 28.

[32] Vgl. Eva ARNOLD: Lernen durch Vorbilder : Was sagen psychologische Theorien? In: *Pädagogik* 56 (2000), S. 54–55.

dern auch kritisierbar oder sogar ablehnbar ist. Daher ist für Lernprozesse zu bedenken, dass zum einen die Orientierung am selben Modell bei unterschiedlichen Personen je andere Auswirkungen hervorruft und zum anderen Lernende Biographisches meist lediglich fragmentarisch und „als Konsumangebot auf Zeit"[33] rezipieren.

Dass die Diskussion von Vorbild- und Modell-Lernen zu den im religionsdidaktischen Kontext genuin beheimateten Themen zählt und auch in den vorbildkritischen 1980/90er Jahren nicht völlig ad acta gelegt wurde, liegt nicht zuletzt an der zentralen Aufgabe des Religionsunterrichts, Lernende zur Reflexion der Bedeutung von christlicher Religion und Glauben für ihr persönliches Leben zu animieren.[34]

---

[33] Ursula FROST: Erziehung durch Vorbilder? In: Heinrich SCHMIDINGER (Hrsg.): *Vor-Bilder – Realität und Illusion.* Graz : Styria, 1996, S. 100.

[34] Zur Diskussion von Vorbild- und Modelllernen in deren religionsdidaktischer Relevanz vgl. u. a.: MIETH ; MIETH: Vorbild oder Modell? (wie Anm. 27); Günter STACHEL: Lernen durch Vorbilder oder Modell-Lernen. (Beobachtungslernen; Imitationslernen). In: DERS. ; Dietmar MIETH (Hrsg.): *Ethisch handeln lernen : Zu Konzeption und Inhalt ethischer Erziehung.* Zürich : Benziger, 1978, S. 86–106; Günter BIEMER ; Albert BIESINGER (Hrsg.): *Christ werden braucht Vorbilder : Beiträge zur Neubegründung der Leitbildthematik in der religiösen Erziehung und Bildung.* Mainz : Grünewald, 1983; EBNER: Vorbilder (wie Anm. 26); FROST: Erziehung durch Vorbilder (wie Anm. 33); BUCHER ; MONTAG: Vorbilder (wie Anm. 19); Bernhard GROM: *Religionspädagogische Psychologie des Kleinkind-, Schul- und Jugendalters.* Düsseldorf : Patmos, ^{5}2000; Hans MENDL: Heldendämmerung : Peinliche Überbautypen oder Heilige der Unscheinbarkeit als Vorbilder in der religiösen und ethischen Erziehung? In: *Religionspädagogische Beiträge* 45 (2000), S. 3–26. Hinzu kommen die bereits genannten Themenhefte einschlägiger Fachzeitschriften. Relativ unsensibel für die Abgrenzung zwischen Vorbild- und Modelllernen zeigen

5. Von Heiligen, kleinen Leuten und Persönlichkeiten in religiösen Lernprozessen

Folgt man Banduras lernpsychologischen Einsichten, haben es die großen Heiligen der Kirche wohl äußerst schwer, als modellhafte Vorbilder ausgewählt zu werden: Welche positiven Effekte für die individuelle Lebensgestaltung verspricht deren Nachahmung? Wo kann der „Durchschnittsmensch" Ähnlichkeiten entdecken und auch emotional Beziehungen aufbauen? Inwieweit besteht überhaupt die Möglichkeit und die Kompetenz, Ähnliches zu leisten wie die oder der Heilige?

Der fromme Bestseller von Hans Hümmeler aus den 1930er Jahren mit unzähligen Auflagen „Helden und Heilige" entspricht diesen Kriterien nicht. Hier wurde bei der Vorbilderpräsentation vor allem das Bedürfnis nach Triumph und danach, auf der Lichtseite des Guten zu stehen, angesprochen.[35] Auch in Religionsbüchern wurden und werden Heilige nicht selten als unerreich-

---

sich beispielsweise die Beiträge des Themenheftes „Vorbilder" in der Fachzeitschrift *Katechetische Blätter* 131 (wie Anm. 24): Hans Mendl erläutert darin zwar den Unterschied zwischen beiden lerntheoretischen Konzepten, spricht aber fast durchgängig – wie auch alle anderen Autorinnen und Autoren – von Vorbildern; die spezifische semantische Ladung dieses Begriffs in lernpsychologischer Hinsicht wird nicht reflektiert. Interessanterweise kommen die nach MIETH ; MIETH (wie Anm. 27) und STACHEL (wie Anm. 34) und BIEMER ; BIESINGER (wie Anm. 34) erschienenen Publikationen kaum über deren religionspädagogisch-theologische Reflexionen und Verortungen bezüglich dieser Lerntheorien hinaus, sondern beziehen sich oft darauf, wenn sie im Anschluss an empirisch erhobene Aussagen Folgerungen zum jeweils gegenwärtigen Stellenwert von Vorbildern bei den Lernenden und für den religionsunterrichtlichen Kontext ableiten.

[35] Vgl. dazu RUMPF: Sieg-Droge? (wie Anm. 12), S. 59.

bare Persönlichkeiten dargestellt: gewissermaßen als die Stars der Kirche, die für eine bestimmte Lebensform in der Nachfolge Jesu Christi stehen und vorbildlich die Einheit von Gottes- und Nächstenliebe gelebt haben. Ob sie eine Modellfunktion für junge Menschen haben und diese beeindrucken können und ob junge Menschen sich bei ihrer Suche nach der eigenen Identität von Heiligen inspirieren lassen, das hängt sicher von der Art der Präsentation ab. Heilige sollten darum nach dem Kriterium einer zumindest bruchstückhaften Ähnlichkeit präsentiert werden: als leibhaftige Menschen mit ihren Stärken und Schwächen, mit ihren Zweifeln, Krisen und Unzulänglichkeiten, weil nur der „Mensch" den Menschen Hoffnung machen kann.[36] Vielleicht sind es die überzeugende Konsequenz ihres Handelns, der Mut, anders zu sein, und die Gabe, das Leben ringsum anders wahrzunehmen als die Mächtigen mit ihren Interessen, durch die eine Elisabeth von Thüringen auch in einem anderen Kontext als dem der sozialen und politischen Verhältnisse des beginnenden 13. Jahrhunderts in Thüringen heutige Menschen inspirieren kann, sich zu positionieren und sich für ein als wichtig erkanntes Ziel zu engagieren. Es sind wahrscheinlich nicht die glorifizierenden Hagiographien, die für Lernende inspirierend sein können; eher sind es die biographischen Schlüsselerfahrungen und die darin wirksamen Entscheidungsmuster, die eventuell zu Orientierungshilfen für Jugendliche in vergleichbaren Lebenssituationen werden.[37]

In der Religionsbuchreihe „Reli – Unterrichtswerk für katholischen Religionsunterricht in der Sekundar-

---

[36] Vgl. Heinz-Joachim Heydorn nach GAMM: Imitation – Identifikation – Vorbild (wie Anm. 22), S. 67.

[37] Vgl. FISCHER: Alte und moderne Heilige (wie Anm. 23), S. 22.

stufe I"[38] finden sich – teilweise bedingt durch Lehrplanvorgaben – eine Fülle von kanonisierten und nicht-kanonisierten Modellen für christliches Engagement in dieser Welt aus der Kirchengeschichte und aus der Gegenwart: Martin Luther King, Katharina von Siena, Schwester Alice Dumont (die sich in den Elendsvierteln von Buenos Aires engagierte, sich am Protest gegen die Entführungen in der Zeit der Militärdiktatur beteiligte und schließlich selber verschleppt und ermordet wurde), Sophie Scholl, Janusz Korzcak, Emmanuelle von Kairo (die gelehrte belgische Akademikerin, die als 62-Jährige mit einem Eselskarren zu den Lumpensammlern bei den Müllhalden von Kairo zog, um als „Mutter der Müllmenschen" mit ihnen das Leben zu teilen und sich für sie zu engagieren: eine „moderne" Elisabeth von Thüringen!), Franz von Assisi, Simone Weil, Abbé Pierre (der als das soziale Gewissen Frankreichs verehrt und geehrt sowie dreißig Jahre lang zum beliebtesten Franzosen gewählt wurde), Ruth Pfau, Friedrich von Spee, Oscar Romero und viele andere. Das sind alles Gestalten, die modellhaft als „tolle Leute", als Menschen mit prophetischer Zivilcourage, als Menschen, welche die spezifischen – vor allem sozialen – Herausforderungen ihrer Zeit in Angriff genommen haben, präsentiert werden.

Solche Personen gilt es, im Religionsunterricht „geerdet" zu präsentieren, damit sie ansteckend wirken und für junge Menschen zu bedeutungsvollen Anderen werden können. Auf welche Weise oder ob sie überhaupt inspirierend und orientierend sein werden, das lässt sich

[38] Vgl. Georg Hilger ; Elisabeth Reil (Hrsg.): *Reli : Unterrichtswerk für den katholischen Religionsunterricht in der Sekundarstufe I.* München : Kösel, 1998–2005.

auch mit bester Planung nicht für andere bestimmen, das bleibt – dem Prinzip des Modell-Lernens folgend – vielmehr der freien Entscheidung der Rezipienten und deren entwicklungsbedingter Bedürftigkeit bzw. Suche überlassen.

Wer unter dem Stichwort „Heilige" zuerst an deren Funktion als Fürbitter oder als Mittler denkt, der wird in neueren Religionsbüchern wenig finden. Hier wird zwischen kanonisierten Heiligen und beeindruckenden Christen nicht groß unterschieden. Im Vordergrund steht ihre „sakramentale" Funktion als sichtbare Zeichen der Liebe Gottes und seines Wirkens in dieser Welt und als Ausdruck eines christlich inspirierten Engagements für die Menschen und deren Würde. Es steht also nicht die fromme Verehrung dieser Menschen im Blickfeld, sondern die Frage nach der von ihnen ausgehenden Inspirationskraft für ein menschenwürdiges und gottgefälliges Leben – auch in gegenwärtigen, anderen Lebenssituationen.

Als Alternative zu den lehrplanmäßig vorgeschlagenen „großen" Persönlichkeiten favorisiert Hans Mendl vor allem „exemplarische Alltagspersonen"[39], die „Heiligen der Unscheinbarkeit" (Romano Guardini),[40] weil diese das Potential haben, für Lernende besondere Bedeutung gewinnen zu können, da sie weder ohne Beziehung zu deren individueller Geschichte (wie beispielsweise ferne, mediale Personen) noch zu eng damit (Familienangehörige) verknüpft sind. Vor allem große Heilige sind oftmals zu weit von der Lebenswelt der

---

[39] Hans Mendl: Historische Gestalten als Vorbilder im Religionsunterricht? In: *Religionsunterricht an höheren Schulen* 45 (2002), S. 268.

[40] Vgl. Mendl: Heldendämmerung (wie Anm. 34), S. 17–20.

Schülerinnen und Schüler entfernt. Indem er Gestalten als Vorbilder beziehungsweise als Modelle im Religionsunterricht zur Geltung bringen will, intendiert Mendl, die Lernenden zu eigenen Wertentscheidungen, die inhaltlich möglichst von christlichem Ethos geprägt sind, herauszufordern sowie dazu, „den eigenen biografischen und religiös-ethischen Standort zu bestimmen".[41] Für die Praxis des Religionsunterrichts äußerst inspirierend ist Mendls ständig wachsendes Internet-Archiv „local heroes",[42] das einen Beitrag dazu leisten will, vorbildliche Personen aus dem alltäglichen regionalen Umfeld der Lernenden im Religionsunterricht zum Thema zu machen. Vornehmlich zu moralischer Bewusstseinsbildung sollen die Schülerinnen und Schüler über die räumliche und zeitliche Nähe der „local heroes" motiviert werden. Darüber hinaus können den Lernenden beispielsweise erfahrungsorientierte, biographische Zugänge zur jüngsten beziehungsweise gegenwärtigen Kirchengeschichte eröffnet werden, die sowohl in motivationaler als auch in didaktischer Hinsicht große Chancen bergen.

Um dem gegenwärtigen Bedürfnis der Lernenden nach Biographischem auch in religiösen Lernprozessen Rechnung zu tragen, gilt es also nicht nur, „große Heilige" zu erden und mit ihren Licht- und Schattenseiten im Kontext ihrer Zeit zu präsentieren. Es ist auch Ausschau zu halten nach kleinen Leuten, die christlich inspiriert

---

[41] Vgl. Hans Mendl: Pädagogischer Lebertran? : Didaktische Orientierungen : Lernen an fremden Biographien. In: *ru – Ökumenische Zeitschrift für den Religionsunterricht* 32 (2002), S. 114; vgl. auch Ders.: Historische Gestalten (wie Anm. 39), S. 269.

[42] Vgl. URL: www.ktf.uni-passau.de/local-heroes (01/2008).

handeln, nach Leuten, die sich am Ort oder im Umfeld für einen Krankenbesuchsdienst, für Obdachlose, für Sterbende, für Asylbewerber usw. engagieren: Christen, die beispielsweise im Café „Plattform" in Aachen Ansprechpartner für Obdachlose sind, ihnen ein warmes Essen und gelegentlich eine warme Unterkunft besorgen, vor allem aber deren Würde achten; Menschen, die sich selbstlos für arbeitslose Jugendliche einsetzen usw. Teresa von Kalkutta oder Franz von Assisi können näher rücken, wenn zum Beispiel Bruder Franz befragt wird, der ein Jahr in Kalkutta in einem Sterbehaus gearbeitet hat und in der Straßenambulanz in Nürnberg tätig ist, wo es um die medizinische und pflegerische Basisversorgung wohnungsloser Frauen und Männer geht.[43] Menschen im unmittelbaren Lebenskreis kennenzulernen, kann Lernende dazu einladen, sich auf Nachfolge einzulassen – auf ihre je eigene Weise. Derartige biographische Zugänge können vielleicht gar Ausgangspunkt für ein Compassion-Projekt werden.[44]

Gleich welcher räumlichen und zeitlichen Nähe sich die Lernenden zu den thematisierten Personen befinden: Auf eine Kontextualisierung der „local heroes", der kleinen Leute oder Heiligen sollte nicht verzichtet werden – nur so kann man diesen auch gerecht werden und ihre Lebensgeschichte würdigen, ohne sie auf ein didaktisches Mittel zu reduzieren.

---

[43] Vgl. Hilger ; Reil: Reli (wie Anm. 38), S. 36.

[44] Vgl. Lothar Kuld: *Praxisbuch Compassion : Soziales Lernen an Schulen.* Donauwörth : Auer, 2004.

6. Von den Chancen biographischer Zugänge im Religionsunterricht

Der gegenwärtige „Biographie-Boom“ und die damit verbundenen Interessen sowie das momentan wieder zunehmende Bedürfnis Heranwachsender an vorbildhaften Personen und personal zugänglicher Vergangenheit lassen darauf schließen, dass ein biographischer Zugang hohes motivationales Potential besitzt. Es ist anzunehmen, dass Lernende über entsprechend angelegte Lernprozesse animiert werden können, sich intensiv und selbstreflexiv mit einem Thema auseinanderzusetzen.

Die Chance biographischer Zugänge liegt in deren Orientierungspotential und der dadurch bei den Rezipienten hervorrufbaren Animation zu biographischer Selbstreflexion. Vermeidenswert erscheint vor allem ein Thematisieren von Personen als zur Nachahmung verpflichtende Vorbilder: Biographische Zugänge sollten indessen die Lernenden in ihrer Entscheidungs- sowie Lebens- und Glaubensgestaltungsautonomie ernst nehmen und eine kritisch-diskursive Auseinandersetzung mit Biographischem ermöglichen. Eine bedeutende Lernchance liegt dabei darin, „Schülerinnen und Schüler zur Reflexion der Bedeutung von Religion, von Glauben und von Aspekten des Christentums im Kontext ihrer eigenen Biographie“[45] zu animieren.

Folgende Intentionen leiten ein sogenanntes „biographisches Lernen“, bei dem – unter anderem ausgelöst

---

[45] Konstantin LINDNER ; Eva STÖGBAUER: Was hat das mit mir zu tun? : Biographisches Lernen. In: Matthias BAHR ; Ulrich KROPAC ; Mirjam SCHAMBECK (Hrsg.): *Subjektwerdung und religiöses Lernen : Für eine Religionspädagogik, die den Menschen ernst nimmt.* München : Kösel, 2005, S. 137.

durch die Thematisierung von Biographischem – die Biographie der Lernenden ins Zentrum des Lerngeschehens rückt:[46]

1. *Positionierung herausfordern*: Die Lernenden sollen sich herausgefordert sehen, sich im Rahmen einer biographischen Verortung zu den jeweils thematisierten Inhalten zu positionieren, um festzustellen, welche Aspekte Relevanz für die eigene Lebensgestaltung gewinnen können.

2. *Bedeutungszuschreibungen ermöglichen*: Den Lernenden sollen eigene Bedeutungszuschreibungen ermöglicht – nicht vorgegeben! – werden, damit sie in ihrer eigenen Biographie bedeutsame Erfahrungen, Übergangsphasen und Krisensituationen deuten lernen und die Kompetenz entwickeln, Sinnfragen aus einer religiösen Perspektive heraus zu beleuchten sowie alternative Handlungsmöglichkeiten abzuwägen.

3. *Möglichkeitsräume eröffnen*: Durch die Auseinandersetzung mit Biographischem und den darüber rezipierbaren Bedeutungszuschreibungen anderer aus Geschichte und Gegenwart werden den Lernenden Differenzerfahrungen zugänglich, welche dazu anregen können, die eigene Perspektive zu überdenken und gegebenenfalls zu modifizieren. Ein solcher Perspektivenwechsel eröffnet Möglichkeitsräume im Sinne von Handlungsoptionen, die bisher noch nicht in den Blick genommen wurden. Den Sinn für das Mögliche zu fördern, ist schließlich ein elementares religionspädagogisches Anliegen.

Letztlich fördert eine Thematisierung von Biographischem im Zentrum religiöser Lernprozesse eine wirk-

---

[46] Vgl. LINDNER ; STÖGBAUER: Was hat das mit mir zu tun? (wie Anm. 45), S. 138–141.

lichkeitsnahe Präsentation der Lerninhalte. Das Potential und didaktische Proprium derartiger Lernarrangements liegt in deren Lebensnähe und in ihrer explizit die Subjektwerdung der Lernenden unterstützenden Ausrichtung. Biographische Zugänge stellen damit eine angemessene Antwort auf gegenwärtige Bedürfnisse der Schülerinnen und Schüler dar und animieren diese – eindringlicher als andere Zugänge es vermögen – dazu, eine eigene Haltung zu entwickeln. Insofern die Auseinandersetzung mit Biographischem zum Teil gewohnte Wahrnehmungsmuster durchbricht und Alternativen der Lebensgestaltung vor Augen stellt, kann bei den Lernenden die Entwicklung neuer, produktiver Strategien ausgelöst werden.

Inwieweit Letztere jedoch in die Tat umgesetzt werden, liegt außerhalb des Religionsunterrichts und größtenteils auch außerhalb des Lernortes Schule: Hier spätestens beginnt der Praxiserweis biographischer Zugänge, der zugleich eine wichtige zu berücksichtigende Grenze biographisch orientierter Lernwege markiert.

Die heilige Elisabeth als Gegenstand fächerübergreifenden Lernens[1]

Heinz Stübig

Im Vorfeld des Elisabeth-Jubiläums 2007 beschlossen Dieter Wagner und ich, eine Lehrveranstaltung über „Die heilige Elisabeth als Gegenstand fächerübergreifenden Lernens" anzubieten. Dem war im Winter-Semester 2005/06 ein gemeinsam durchgeführtes Proseminar mit dem Titel „Fächerübergreifendes Lernen – ein religionsdidaktisches Prinzip" vorausgegangen, in dem die Studierenden anhand eines von uns zusammengestellten Readers sowohl mit dem aktuellen pädagogischen Diskussionsstand als auch mit dem Stellenwert fächerübergreifenden Lernens im katholischen Religionsunterricht vertraut gemacht worden waren. Die Zustimmung zu dieser Veranstaltung ermutigte uns, die Thematik des fächerübergreifenden Unterrichts erneut aufzugreifen, dieses Mal allerdings bezogen auf einen konkreten Unterrichtsgegenstand, nämlich die heilige Elisabeth von Thüringen. Entsprechend der seit einiger Zeit praktizierten Kooperation zwischen dem Katholisch-Theologischen Seminar und dem Institut für Schulpädagogik der Universität Marburg können die Studierenden die in den von uns gemeinsam durchgeführten Veranstaltungen erworbenen Leistungsnachweise ent-

[1] Um die Arbeitsergebnisse der Studierenden erweitertes Manuskript des am *Dies academicus* 2007 der Universität Marburg gehaltenen Vortrags (der Vortragsstil wurde beibehalten).

weder in das Studium der katholischen Theologie – hier im Rahmen der Einführung in die Theologie aus fachdidaktischer Sicht – oder in das Erziehungs- und Gesellschaftswissenschaftliche Studium für das Lehramt an Gymnasien einbringen.

Zur Konzeption der Lehrveranstaltung

Unsere angenommene Ausgangslage sah folgendermaßen aus: Mit Blick auf das Elisabeth-Jubiläum 2007 planen Studierende in Arbeitsgruppen Unterrichtsbeiträge zu Leben und Werk der Heiligen. Für die konkrete Unterrichtsplanung war ein Zusammenwirken der Fächer Katholische Religion, Geschichte, Deutsch und Kunst vorgesehen.

Diese Aufgabe konnte jedoch nur bewältigt werden, wenn sich die Studierenden in den einführenden Sitzungen mit grundlegenden Fragen der Unterrichtsplanung und wichtigen Aspekten des fächerübergreifenden Lernens beschäftigten. Um das Zusammenspiel der beteiligten Fächer vorzubereiten und unterschiedliche Sichtweisen auf den Unterrichtsgegenstand einzuüben, war im Anschluss daran geplant, in mehreren Sitzungen anhand ausgewählter fachspezifischer Fragestellungen multiperspektivische Zugänge zu dem Thema „Die heilige Elisabeth" zu eröffnen. Auf diese Weise sollten die Studierenden veranlasst werden, über den möglichen Beitrag ihres Faches zur Erschließung der Seminarthematik nachzudenken. Anders formuliert: Sie sollten sich zunächst über die spezifischen Leistungen der jeweils beteiligten Unterrichtsfächer klar werden, bevor sie sich an eine gemeinsame fächerübergreifende Planung setzten.

Dies sollte in den folgenden vier Sitzungen geschehen. Beabsichtigt war, dass die Teilnehmerinnen und Teilnehmer in mehreren, nach Studienschwerpunkten gemischten Gruppen, den von ihnen ausgewählten Unterrichtsgegenstand bearbeiteten. Konkret sollten die Gruppen auf der Basis der herangezogenen Literatur ihre spezifische Thematik diskutieren, die jeweiligen Diskussionsprozesse protokollieren und das Ergebnis ihrer planerischen Überlegungen in einem Poster zusammenfassen. Zu dem auf dem Poster dargestellten Sachverhalt sollten die Studierenden als Grundlage für die spätere Präsentation ihrer Arbeitsergebnisse einen Kommentar schreiben. Im Mittelpunkt der Gruppenarbeit sollten die Reflexion und Umsetzung des gemeinsamen Arbeitsprozesses mit Bezug auf die beteiligten Fächer stehen. Auf diese Weise sollten die Studierenden an einem konkreten Beispiel erfahren, was sie (später) als Lehrerinnen und Lehrer bei der Planung von fächerübergreifendem Unterricht bedenken müssen. Für die Diskussion der studentischen Arbeitsergebnisse waren die letzten drei Seminarsitzungen vorgesehen. Die Poster selbst sollten auf dem *Dies academicus* 2007 des Katholisch-Theologischen Seminars ausgestellt und erläutert werden.

Zur Durchführung der Lehrveranstaltung

I. Die gemeinsamen Plenumssitzungen

Nachdem die erste Sitzung organisatorischen Fragen sowie der Darstellung der Konzeption der Lehrveranstaltung, der zu Grunde gelegten Literatur und der erwarteten Mitarbeit – einschließlich der Form der studentischen Leistungsnachweise – vorbehalten war, ging es in den beiden folgenden Sitzungen primär um die pädagogischen Grundlagen. Was die Unterrichtsplanung anging, so entschieden wir uns als Basistext für Wolfgang Klafkis Aufsatz „Zur Unterrichtsplanung im Sinne kritisch-konstruktiver Didaktik",[2] der uns insofern besonders geeignet zu sein schien, als die Studierenden Klafkis Überlegungen direkt als Frageraster für ihre eigene Planung verwenden konnten. Die Auseinandersetzung mit den Möglichkeiten des fächerübergreifenden Unterrichts in der Schule erfolgte anhand eines Einführungstextes von Herbert Gudjons.[3] Beide Sitzungen waren so aufgebaut, dass nach einer allgemeinen Hinführung zum Thema durch den Seminarleiter die Studierenden in Gruppen bestimmte Teilaspekte der jeweils behandelten Thematik eigenständig bearbeiteten, wobei sie im letzten Teil der Sitzung ihre Ergebnisse untereinander austauschten.

Nach Klärung der zentralen Elemente der Unterrichtsplanung und der didaktischen Anforderungen an fächerübergreifende Lernprozesse, befassten wir uns in den folgenden fünf Sitzungen mit möglichen Beiträgen der Fächer Katholische Religion, Geschichte, Deutsch und Kunst für die zu planende Unterrichtseinheit und erprobten auf diese Weise unterschiedliche Zugänge zu der ausgewählten Thematik. Dieter Wagner hatte es übernommen, anhand ausgewählter Texte und Materialien zunächst Zugänge zur Biographie Elisabeths zu er-

---

[2] Vgl. Wolfgang KLAFKI: Zur Unterrichtsplanung im Sinne kritisch-konstruktiver Didaktik. In: DERS.: *Neue Studien zur Bildungstheorie und Didaktik : Zeitgemäße Allgemeinbildung und kritisch-konstruktive Didaktik*. Weinheim : Beltz, ^{2}1991, S. 251–284.

[3] Vgl. Herbert GUDJONS: Verbinden – Koordinieren – Übergreifen : Qualifizierter Fachunterricht oder fächerübergreifendes Dilettieren? In: *Pädagogik* 49 (1997), Heft 9, S. 40–43.

öffnen, wobei auf diejenigen Stationen und Begebenheiten in ihrem Leben besonders eingegangen wurde, die für die Leitfrage unseres Proseminars, nämlich „Warum konnte aus der thüringischen Landgräfin die heilige Elisabeth werden?“, von grundlegender Bedeutung waren. Betont wurde, dass es darauf ankomme, einen historisch reflektierten Zugang zu Elisabeth von Thüringen zu wählen. Ihre Lebensgeschichte sei nur vor dem Hintergrund der religiös-sozialen Verhältnisse des 13. Jahrhunderts zu verstehen. Beeinflusst von der zeitgenössischen Armutsbewegung, erhält ihre persönliche Frömmigkeit Gestalt in der Zuwendung zu den Armen und Kranken, den Niedrigsten der Gesellschaft. Die Motivation für dieses Verhalten der radikalen Jesusnachfolge, die aus den Quellen ersichtlich wird, ist ihre Gottesliebe. Nach dem Doppelgebot (Mk 12, 29–31) sind Gottesliebe und die Liebe zu den Nächsten umfassend eins – genau das lebt Elisabeth.[4] Dabei komme es darauf an, auch die abstoßenden, fremden Züge in ihrem Leben im Kontext der damaligen politischen und religiösen Gegebenheiten zu begreifen und sie nicht auszusparen oder auszuklammern.[5] So markierten für heu-

---

[4] Zu Quellenaussagen und zur historischen Einordnung vgl. Gerhard Otto OEXLE: Armut und Armenfürsorge um 1200 : Ein Beitrag zum Verständnis der freiwilligen Armut der Elisabeth von Thüringen. In: *Sankt Elisabeth. Fürstin – Dienerin – Heilige : Aufsätze, Dokumentation, Katalog* / PHILIPPS-UNIVERSITÄT MARBURG IN VERB. MIT DEM HESSISCHEN LANDESAMT FÜR GESCHICHTLICHE LANDESKUNDE (Hrsg.). Sigmaringen : Thorbecke, 1981, S. 78–100.

[5] Vgl. die entsprechenden Beiträge in Sankt Elisabeth: Fürstin – Dienerin – Heilige (wie Anm. 4); ferner Elisabeth GÖSSMANN: Elisabeth von Thüringen. In: Martin GRESCHAT (Hrsg.): *Gestalten der Kirchengeschichte*. Bd. 3: Mittelalter 1. Stuttgart : Kohlhammer, 1983, S. 303–316.

tige Betrachter die ihr ganzes Leben durchziehende Leidenssehnsucht sowie die bedingungslose Unterwerfung unter die von Konrad von Marburg ihr auferlegten körperlichen und sozialen Qualen die Grenze des historischen und theologischen Verstehens.

Die anschließende Sitzung war dem Thema „Heilige und Heiligenverehrung in der katholischen Kirche" gewidmet, eingebettet in die Zeugnisse der Antike sowie des Alten und Neuen Testamentes, als Voraussetzung für das theologische Verständnis der Heiligkeit Elisabeths. Eines sei allen Heiligen gemeinsam – so das Fazit: Heilige würden als mutige und konsequente Persönlichkeiten dargestellt; sie passten in kein Klischee. Sie würden oft als anstößige Originale wahrgenommen. Johann Peter Hebel bezeichnet sie als „Inhaltsverzeichnisse der Menschheit", und Kyrilla Spiecker spricht von ihnen als „Stimmgabeln in unserer verstimmten Welt".[6] Nach Walter Dirks handelt es sich bei den Heiligen um Christen, „die exemplarisch vom heilbringenden Gott bewegt worden sind und sich selber auf ihn hin bewegt haben".[7] An Elisabeth von Thüringen könne verdeutlicht werden, was die katholische Kirche mit Heiligenverehrung meint: Heilige sind Menschen, die sich von Gott betören lassen (Jer 20,7), die „Gottes Gnade rückhaltlos haben wirken lassen und die mit ihrem Leben eingestanden sind für die Botschaft von der zuvorkommenden Liebe

[6] Die Zitate sind entnommen Albert Ludwig BALLING: Eine Spur der Liebe hinterlassen. In: Karl LEHMANN (Hrsg.): *Gottes Freunde – unsere Freunde : Erfahrung mit Heiligen.* Freiburg i.Br. : Herder, 1986 (Herderbücherei ; 1250), S. 20–29, hier S. 22.

[7] Walter DIRKS: Heilig durch Politik : Jeanne und Klaus. In: LEHMANN : Gottes Freunde – unsere Freunde (wie Anm. 6), S. 58–67, hier S. 58.

Gottes".[8] Heilige sind Menschen, die ihr Sosein und ihr Anderssein aus der Gnade Gottes rechtfertigen und im Alltag realisieren.

Derartige Aussagen bildeten die Basis für die im Anschluss daran vorgetragenen didaktischen Überlegungen zum Thema „Die Heiligen/Die heilige Elisabeth", die ich hier zusammenfassen möchte.

In seinem Unterrichtsplanungskonzept unterscheidet Wolfgang Klafki[9] insgesamt vier Elemente:

- Zunächst stellt er die Frage nach dem Begründungszusammenhang, genauer nach der Gegenwartsbedeutung, Zukunftsbedeutung und exemplarischen Bedeutung des betreffenden Unterrichtsgegenstandes, wobei es darum geht, diese Fragen mit Blick auf die aktuelle und zukünftige Lebenslage der Schülerinnen und Schüler zu beantworten.
- Das zweite Element ist die Frage nach der inhaltlichen Strukturierung des Gegenstandes. Die Beschäftigung mit diesem Aspekt der Unterrichtsplanung verweist auf die thematische Struktur im engeren Sinne, einschließlich der mit ihrer Erschließung verfolgten Lernziele, und bezieht die Frage nach der Erweisbarkeit und Überprüfbarkeit der im Unterricht erworbenen Kenntnisse und Fertigkeiten mit ein.
- Beim dritten Element handelt es sich um die Bestimmung von Zugangs- und Darstellungsmöglichkeiten. Hinsichtlich der Zugänge geht es vor allem darum,

[8] Winfried LEINWEBER: Die Bedeutung der Heiligen Elisabeth für die Kirche. In: Friedhelm JÜRGENSMEIER (Hrsg.): *So also, Herr ...: Elisabeth von Thüringen 1207–1231*. Frankfurt a.M. : Knecht, 1982, S. 89–99, hier S. 97.

[9] Vgl. zum Folgenden KLAFKI: Zur Unterrichtsplanung (wie Anm. 2), S. 270–283.

herauszufinden, welche Umstände den Umgang mit dem ausgewählten Unterrichtsgegenstand erleichtern bzw. erschweren können, während die Frage der Darstellung auf die Art und Weise abzielt, wie das Ergebnis des jeweiligen Lernprozesses präsentiert werden kann.

- Das letzte (vierte) Element betrifft die methodische Strukturierung des Unterrichts und beinhaltet die konkrete Umsetzung der Planung im Sinne einer sukzessiven Abfolge des Lehr-Lern-Prozesses. Aufgrund der angenommenen Ausgangssituation wurde dieses Element in den Entwürfen der Studierenden nicht weiter berücksichtigt.

Legt man dieses Raster zugrunde, können folgende didaktische Überlegungen zum Thema „Die Heiligen/Die heilige Elisabeth" formuliert werden:

1) Gegenwartsbedeutung

Man kann davon ausgehen, dass junge Menschen über zeitgeschichtliche Erfahrungen mit vorbildhaften Menschen verfügen, zu denken ist etwa an Anne Frank, Martin Luther King oder Mutter Theresa. Die Betreffenden werden von vielen Jugendlichen als Vorbilder für humanitäres, altruistisches Verhalten und ein entsprechendes Handeln wahrgenommen. Dabei ist der (verehrende) Umgang mit diesen Personen nicht an Religionen oder Konfessionen gebunden, vielmehr ist er Bestandteil der Jugendkultur und sagt viel über den Stellenwert von Idolen in dieser Lebensphase aus.

Daneben sollte bedacht werden, dass Jugendliche aus religiös gebundenen Elternhäusern wahrscheinlich Grundkenntnisse über Heilige in den Unterricht einbringen und etwas zur Bedeutung der Heiligenverehrung in ihrer Kirche sagen können – möglicherweise mit Bezug auf eigenes Erleben oder Erfahrungen im Umfeld. Von hier aus können sich personale Bezüge zum Thema „heilige Elisabeth“ im engeren Sinn ergeben. Eine entscheidende Rolle spielen in diesem Zusammenhang die durch die Religions- bzw. Konfessionszugehörigkeit geprägten Sozialisationsbedingungen der jungen Menschen.

2) Zukunftsbedeutung

Der Umgang mit den Heiligen ist Teil der christlichen (katholischen) Glaubenspraxis und hat von daher für alle Menschen Bedeutung, die sich diesen Glaubensvorstellungen zugehörig fühlen. Dementsprechend ist es wünschenswert und sinnvoll, dass sie sich als junge wie auch als ältere Menschen immer wieder mit dieser Thematik befassen.

Wenn man darüber hinaus fragt, warum auch religiös nicht gebundene Menschen sich mit diesem Thema befassen sollten, so lautet eine mögliche Antwort, dass allen Menschen unseres Kulturkreises in unterschiedlicher Weise die Chiffren der Heiligen und der Heiligenverehrung immer wieder begegnen – sei es in der Literatur, der Kunst, der Musik, der religiösen Praxis der Nachbarn usw. Es gehört insofern zur inhaltlichen Dimension *allgemeiner Bildung*, sich mit diesem Aspekt religiösen Lebens (kritisch) auseinanderzusetzen.

3) Exemplarische Bedeutung

Die Beschäftigung mit den Heiligen am Beispiel der heiligen Elisabeth ermöglicht einen Zugang zu grundlegenden Fragen der christlichen Religion, insbesondere der religiösen Sinndeutung und Lebensorientierung im Katholizismus. Zugleich handelt es sich dabei um ein Thema, das kontroverse Reaktionen hervorruft und insofern geeignet ist, unterschiedliche Umgangsweisen mit religiösen Phänomenen argumentativ einzuüben. Von daher fördert die Beschäftigung mit dieser Thematik die Fähigkeit der jungen Menschen, ihren eigenen Standpunkt zu vertreten, aber auch, ihn aufgrund besserer Einsichten zu revidieren.

4) Thematische Struktur

Bei der Bearbeitung dieser Thematik ist zu beachten, dass sie – mit Blick auf die intendierten Lernprozesse bei den Schülerinnen und Schülern – auf zwei Ebenen erfolgen muss: Einerseits geht es um eine Annäherung an die Heiligen und ihre Bedeutung in Geschichte und Gegenwart, andererseits wird dieses Thema personal gefasst und an der heiligen Elisabeth verdeutlicht. Das heißt zugleich, dass es sowohl um einen theologischen Diskurs geht, in dem das kirchliche Verständnis der Heiligen erarbeitet werden muss, als auch – darauf aufbauend – um die Auseinandersetzung mit der Person der heiligen Elisabeth unter dem Aspekt ihres Wirkens einschließlich der Wahrnehmung durch ihre Zeitgenossen sowie ihrer Nachwirkung. Insofern dient die heilige Elisabeth als konkrete Zugangsmöglichkeit für Heilige schlechthin. Auf der Grundlage dieser Überlegungen sollten die jeweiligen Lernziele für das Unterrichtsvorhaben formuliert werden.

Im Hinblick auf den in der Veranstaltung verfolgten fächerübergreifenden Ansatz musste zusätzlich das Zusammenwirken zwischen dem Fach Katholische Religion und den übrigen Fächern (Geschichte, Deutsch,

Kunst) beachtet werden. Diese multiperspektivische Betrachtungsweise fordert eine Diskussion über die unterschiedlichen (fachspezifischen) Deutungsangebote geradezu heraus, z. B. theologische versus historische Wahrheit, christliches Zeugnis versus künstlerische Interpretation usw.

5) Erweisbarkeit und Überprüfbarkeit

Hierbei geht es darum, im Einzelnen diejenigen Fähigkeiten, Erkenntnisse, Handlungsformen, kurz gesagt diejenigen „Leistungen" zu bestimmen, an denen überprüft werden kann, inwieweit die mit dem Thema „Die Heiligen/Die heilige Elisabeth" angestrebten Lernprozesse bei den Schülerinnen und Schülern tatsächlich realisiert werden konnten. Dazu gehört auch die Suche nach diskursiven Arbeitsformen, die eine Überprüfung des Lernerfolgs ermöglichen.

6) Zugänglichkeit und Darstellbarkeit

Das größte Problem bei der Behandlung des Themas in der Schule wurde darin gesehen, dass die Heiligen und damit auch die heilige Elisabeth in einer säkularisierten Welt keinen „natürlichen" Platz haben und als etwas Fremdes, wenn nicht gar Sinnentleertes erfahren werden. Daraus kann bei Lehrenden und Lernenden eine Flucht in die Geschichte resultieren, die eine Historisierung der Thematik und damit eine Distanzierung zur Folge hat. Insofern kommt es darauf an, ein Unterrichtsklima zu schaffen, das eine existentielle Auseinandersetzung mit diesem Gegenstand begünstigt.

Bei den Studierenden sah die Situation allerdings deutlich anders aus: Der allergrößte Teil von ihnen studiert katholische Theologie, sie leben und arbeiten in einer Stadt, die mit dem Wirken Elisabeths eng verbunden ist und waren darüber hinaus durch die Einbeziehung der Veranstaltung in das Elisabeth-Jubiläum zusätzlich motiviert, sich mit diesem Gegenstand zu beschäftigen. Was die Darstellung ihrer Arbeitsergebnisse anging, so war von vornherein an eine Posterpräsentation gedacht.

Kehren wir nach diesem Exkurs wieder auf die Gestaltung unseres Informationsblocks zurück. In der sechsten Sitzung wurde der Beitrag des Faches Geschichte anhand eines Aufsatzes von Josef Leinweber über den Heiligsprechungsprozess der Elisabeth erörtert.[10] Um einen Eindruck von der Behandlung dieses Textes im Seminar zu vermitteln, gebe ich hier die Aufgabenstellung für die Studierenden wieder. Sie lautete: „Arbeiten Sie die Etappen der Heiligsprechung heraus und formulieren Sie ausgehend von diesem Prozess Hypothesen über den Beitrag des Faches Geschichte für die von Ihnen zu planende fächerübergreifende Unterrichtseinheit. Notieren Sie in diesem Zusammenhang auch diejenigen Anfragen, die Sie aus der Perspektive anderer Fächer an das Fach Geschichte haben."

In der anschließenden Sitzung diskutierten wir den Beitrag des Faches Deutsch, und zwar fokussiert auf die Textsorte „Legende".[11] Dabei wurde unter anderem herausgearbeitet, dass das Wesen der Legende nicht in der dichterischen Darstellung historisch glaubwürdiger

---

[10] Josef LEINWEBER: Das kirchliche Heiligsprechungsverfahren bis zum Jahre 1234 : Der Kanonisationsprozess der heiligen Elisabeth von Thüringen. In: Sankt Elisabeth: Fürstin – Dienerin – Heilige (wie Anm. 4), S. 128–136.

[11] Vgl. u. a. Hellmut ROSENFELD: *Legende*. Stuttgart : Metzler, [4]1982 (Sammlung Metzler ; 9).

Lebensumstände besteht, sondern vielmehr in der inneren Wahrheit und Glaubwürdigkeit von Glaubenstatsachen, die in der Erzählung über das Leben eines Heiligen – in unserem Fall der heiligen Elisabeth – anschaulich und in „symbolischer Eindeutigkeit" (Hellmut Rosenfeld) dargestellt werden. Dabei enthalten die Legenden einerseits Belege für das „unerhörte" Verhalten der Heiligen, andererseits wird durch diese spezifische Darstellungsform eine über den Augenblick hinausweisende Deutung vermittelt, die das Bild der Heiligen bis in die Gegenwart bestimmt.

Den Abschluss dieses Seminarblocks bildete die Frage nach dem Beitrag des Faches Kunst, wobei eine Schwierigkeit bei der Behandlung dieser Frage darin bestand, dass dieses Fach an der Marburger Universität im Rahmen des Lehrerausbildung nicht studiert werden kann. Dennoch meldeten sich später bei der Fächereinwahl genügend Studierende, die bereit waren, diesen Part als „Experten" bei der Unterrichtsplanung zu übernehmen. Das lag nicht zuletzt an der von Dieter Wagner vorgenommenen Hinführung zum Thema, die an wenigen exemplarischen Abbildungen die zentralen Attribute der Elisabeth-Darstellungen und ihre ikonographische Bedeutung herausarbeitete. Gezeigt wurden – nach Hinweisen auf die wichtigsten Zyklen – am Beispiel des Bildes von Barthel Bruyn (um 1540) eine Darstellung der Elisabeth mit drei Kronen, ferner die in der Flügelinnenseite des „Altenberger Altars" (1348) befindliche Abbildung „Elisabeth spendet ihren Mantel" und schließlich mit Blick auf die konfessionellen Auseinandersetzungen im Zuge von Reformation und Gegenreformation die Deutung Elisabeths als „Grenzposten" des Katholizismus anhand einer Elisabethskulptur aus dem ehemaligen Erzbistum Mainz. Die sich daran anschließenden studentischen Kommentare zu bildlichen Elisabeth-Zeugnissen ihrer Wahl belegten die Fruchtbarkeit dieser Annäherung.

II. Die eigenständige Arbeit der Studierenden

Die folgende Sitzung wurde damit verbracht, dass die Studierenden fünf Gruppen bildeten, wobei darauf geachtet wurde, dass jedes an dem Unterrichtsvorhaben beteiligte Fach in jeder Gruppe wenigstens durch eine Spezialistin bzw. einen Spezialisten vertreten war. Die Aufgabe während dieser Sitzung bestand darin, sich auf ein gemeinsames Thema zu einigen, das dann in den folgenden drei Sitzungen bearbeitet werden sollte. Die Gruppen entschieden sich für folgende Themen:

1. Auf den Spuren der heiligen Elisabeth (bei diesem Unterrichtsentwurf wurde auch das Fach Geografie einbezogen);
2. Elisabeth von Thüringen – eine herausragende Frau des Mittelalters?! (Im Beitrag der Studierenden wurde die Fachauswahl durch die Politik erweitert);
3. Die heilige Elisabeth von Thüringen und die Armut;
4. Elisabeth von Thüringen – eine Provokation der Gottes- und Nächstenliebe (in diesem Fall war zusätzlich das Fach Latein beteiligt);
5. Wundererzählungen im Umfeld der heiligen Elisabeth. Die Auseinandersetzung mit Wundern heute.

Nachdem die Gruppen eigenverantwortlich die engere Thematik und die Zielsetzung ihres Arbeitsvorhabens festgelegt hatten, wurden an die „Spezialisten“ (aus den beteiligten Fächern) die jeweiligen Arbeitsaufträge verteilt. Die Mitglieder der Gruppen koordinierten die Termine für die Rückmeldungen und überwachten die einzelnen Arbeitsschritte. Sofern notwendig wurden die Arbeitsaufträge korrigiert. Schließlich entschied die Gruppe über das Endprodukt.

Im Einzelnen gestalteten sich die nachfolgenden Sitzungen so, dass die Studierenden an ihrem Unterrichtsgegenstand während der regulären Veranstaltungszeit in den Räumen des Katholisch-Theologischen Seminars arbeiteten, wobei die Seminarleiter ihnen als Gesprächspartner jederzeit zur Verfügung standen. Zu Beginn jeder Sitzung versammelten sich die Studierenden im Plenum, um sich gegenseitig über die geleistete Arbeit zu informieren und das weitere Vorgehen abzustimmen.

Der Arbeitsprozess selbst vollzog sich in folgenden Schritten: Zunächst gingen die einzelnen Gruppen daran, die von ihnen ausgewählte Thematik didaktisch zu analysieren, um auf diese Weise den Kern dessen herauszuarbeiten, was Gegenstand ihrer Unterrichtsplanung sein sollte. Danach überlegten sie, worin der Beitrag der beteiligten Fächer bei der thematischen Aufschlüsselung des Unterrichtsgegenstandes bestehen konnte und erarbeiteten dazu konkrete Vorschläge. Schließlich übersetzten sie die sich allmählich herauskristallisierende Unterrichtskonzeption in ein Schaubild und gestalteten danach ihr Poster.

In den letzten Sitzungen wurden die Arbeitsprodukte der Studierenden im Plenum vorgestellt und diskutiert sowie teilweise ergänzt und überarbeitet.

III. Zu den Ergebnissen des Proseminars „Die heilige Elisabeth als Gegenstand fächerübergreifenden Lernens“

Im Anschluss an den anlässlich des *Dies academicus* in Marburg gehaltenen Vortrag wurden die Besucher eingeladen, sich die von den Studierenden erstellten Plakate vor den Stellwänden im Kreuzgang anzusehen. Zahlreiche Besucher kamen und informierten sich im Gespräch mit den Studierenden über die Konzeption der jeweiligen Unterrichtseinheit. Um den Lesern wenigstens einen kleinen Einblick in die Überlegungen der Studentinnen und Studenten zu ermöglichen, werden im Folgenden ihre zusammenfassenden Kommentare zu den einzelnen Planungsentwürfen abgedruckt. Die Plakate selbst können auf der Homepage des Katholisch-Theologischen Seminars an der Philipps-Universität Marburg eingesehen werden.[12]

1) „Auf den Spuren der heiligen Elisabeth“[13]

Wenn man sich mit dem Leben der heiligen Elisabeth beschäftigt, fällt einem auf, dass sie selbst heute, also 800 Jahre nach ihrer Geburt, noch allgegenwärtig ist!

---

[12] http://web.uni-marburg.de/ks/dies2007/Elisabethplakate.html (06/2008).

[13] Arbeitsgruppe: Martin Ingiulla: *1985 in Hadamar. Studiert Geschichte und Katholische Religion; Julia Moorkamp: *1981 in Schwerte. Studiert Germanistik und Katholische Religion; Timo Nadolny: *1983 in Dieburg. Studiert Geschichte und Katholische Religion; Ricarda Schneck: *1985 in Arnsberg. Studiert Deutsch, Geographie und Katholische Religion; Astrid Volmer: *1984 in Recklinghausen. Studiert Geschichte und Ethik.

Nicht nur ihrer damaligen Gesellschaft hat sie ihren Stempel aufgedrückt, nein, selbst heute noch wird zum Gedenken an diese Frau ein Elisabeth-Jahr ausgerufen. Egal wohin man schaut: Elisabeth hat durch ihr Leben und Wirken zahlreiche Spuren in den verschiedensten kulturellen Bereichen hinterlassen. Es drängt sich die Frage nach dem „Warum“ auf. Wie kommt es, dass Elisabeth auch heute noch in aller Munde ist?

Elisabeth hat von ihrer Geburt an nur 24 Jahre Zeit gehabt, um durch ihre Worte und Taten Spuren zu hinterlassen. Obwohl seit ihrem Tod inzwischen knapp acht Jahrhunderte vergangen sind, kann man ihre „Fußstapfen“ noch immer erkennen; man muss nur genau hinschauen! Beispielsweise hinterließ die heilige Elisabeth konkrete Spuren im Stadtbild Marburgs. In gleicher Weise ist diese besondere Frau vielfach Gegenstand literarischer Aneignungen geworden, wobei sie vor allem in Legenden und Biografien, also in unterschiedlichen literarischen Gattungen, eine wichtige Rolle spielt. Exemplarisch steht die heilige Elisabeth für das Christentum und in besonderer Weise für die christliche Nächstenliebe, die das charakteristische Kennzeichen ihres gesamten Lebens war. Von vielen Künstlern wurden wichtige Lebensstationen oder besondere Taten Elisabeths in Bildern, Skulpturen oder Kirchenfenstern verewigt und zeugen bis heute von ihrem einzigartigen Lebensentwurf. Ebenso entscheidend war ihre Auseinandersetzung mit der mittelalterlichen Ständeordnung – sie, die selbst der höchsten europäischen Adelsgesellschaft angehörte, wandte sich besonders den ärmeren Menschen sowie den Schwachen und Kranken zu.

Unter den erwähnten Aspekten werden in der Unterrichtseinheit „Auf den Spuren der heiligen Elisabeth“ die Fächer Geografie, Deutsch, Katholische Religion,

Kunst und Geschichte gemeinsam und intensiv auf die Suche nach historischen und aktuellen Spuren der Heiligen gehen. Die einzelnen Fächer werden den Zeugnissen ihrer Person in unterschiedlicher Weise mit den ihnen jeweils eigenen Methoden und Fragestellungen nachspüren. Dabei wird keine religiöse Erziehung oder ein persönlicher Glaube bei den Schülerinnen und Schülern vorausgesetzt, vielmehr soll diese Spurensuche alle Jugendlichen auf unterschiedliche Weise ansprechen. Letztlich soll in den Köpfen der Schülerinnen und Schüler ein Gesamtbild entstehen; sie sollen erkennen, wie wichtig und weitgreifend die Spuren sein können, die ein einzelner Mensch in seiner kurzen Lebensspanne auf diesem Planeten zu hinterlassen im Stande ist.

Wie unser Thema „Auf den Spuren der heiligen Elisabeth" besagt, steht diese besondere Frau im Mittelpunkt unseres Plakats. Wir haben eine „modernere" Darstellung der Heiligen Elisabeth gewählt, da unser Unterrichtskonzept in der Schule vermittelt werden soll, und es sich somit an junge Menschen richtet. Von Elisabeth führen mehrere Fußspuren zu den einzelnen Fächern und weisen auf die Verknüpfung innerhalb der Fächer Deutsch, Geografie, Religion, Kunst und Geschichte hin. Diese Spuren gehen allerdings von der heiligen Elisabeth weg und laufen nicht auf sie zu. Durch diese Art der Darstellung soll unterstrichen werden, dass die heilige Elisabeth in zahlreichen Bereichen ihre individuellen Spuren hinterlassen hat, die von den einzelnen Unterrichtsfächern entsprechend beleuchtet werden. Die Heilige wird von den Unterrichtsfächern her als ein Kulturphänomen behandelt, das sich in unterschiedlicher Art und Weise ausgeprägt hat und bis heute noch ausprägt. Die in den Text integrierte Tabelle gibt einen kurzen Überblick über die Themenschwerpunkte und Ziele der einzelnen Unterrichtsfächer. Damit werden unser Grundkonzept und unsere Lernziele knapp deutlich gemacht.

Das einleitende Gedicht „Spuren" passt sehr gut zu unserem Thema, da die heilige Elisabeth vor dem religiösen Hintergrund betrachtet werden soll. Ebenso wird diese Thematik in unserem Fazit aufgegriffen, das besagt, dass jeder Mensch fähig ist, in seinem Leben Spuren zu hinterlassen. Aus diesem Grund haben wir auch das Foto mit den Spuren im Sand als zentrales gestalterisches Element ausgewählt.

2) „Elisabeth von Thüringen – eine herausragende Frau des Mittelalters?!"[14]

Der fächerübergreifende Unterrichtsentwurf „Elisabeth von Thüringen – eine herausragende Frau des Mittelalters?!" wurde nach dem von Wolfgang Klafki entwickelten Perspektivenschema der Unterrichtsplanung erstellt.[15] Die Frage nach der Gegenwartsbedeutung der heiligen Elisabeth, die am Anfang der planerischen Überlegungen steht, kann für die Schülerinnen und Schüler an vielen Beispielen festgemacht werden: etwa an der Behandlung des Themas im Religionsunterricht,

---

[14] Arbeitsgruppe: Katja Krause: *1980 in Röckelwitz/Sa. Studiert Englisch und Katholische Religion; Maria Nolze: *1986 in Heiligenstadt. Studiert Latein und Katholische Religion; Johannes Poensgen: *1982 in Würzburg. Studiert Sozialkunde und Katholische Religion; Theresia Pudenz: *1982 in Leinefelde. Studiert Geschichte und Katholische Religion; Katharina Schüller: *1985 in Laubach. Studiert Deutsch und Katholische Religion; Benjamin Steinbach: *1986 in Karl-Marx-Stadt. Studiert Geschichte und Katholische Religion.

[15] Vgl. KLAFKI: Zur Unterrichtsplanung (wie Anm. 2), S. 272.

an dem privaten religiösen Umfeld der Jugendlichen oder auch an ihrer geografischen Herkunft. Die Zukunftsbedeutung dieser Thematik liegt einerseits in der Auseinandersetzung mit der religiösen Überlieferung begründet (hier sei auf die Bedeutung der Lieder im Gottesdienst und auf die Jubiläumsfeiern verwiesen), andererseits spielen regionale Aspekte eine große Rolle (beispielsweise die Bedeutung Elisabeths für die Geschichte Marburgs bzw. Mitteldeutschlands). Im Einzelnen sollen folgende thematische Schwerpunkte erörtert werden: die Auseinandersetzung mit der historischen Persönlichkeit Elisabeths von Thüringen, die Frage nach den Rechten der Frau innerhalb der katholischen Kirche, die Art der Darstellung der Heiligen in der Kunst, die Bedeutung der Legenden über die heilige Elisabeth und die Würdigung der Heiligen als „emanzipierte“ Frau. Nicht zuletzt sollen die Schülerinnen und Schüler (unter dem Aspekt des sozialen Lernens) die Vorbildfunktion Elisabeths erkennen, um ihr gegebenenfalls nacheifern zu können.

Im Laufe der fächerübergreifenden Unterrichtseinheit soll den jungen Menschen durch den Beitrag des Faches Geschichte der Lebenslauf der heiligen Elisabeth und damit die Person Elisabeths näher gebracht werden. Diese historischen Informationen werden es den Schülerinnen und Schülern ermöglichen, Vergleiche mit anderen Frauen ihres Standes in der damaligen Zeit zu ziehen. Durch das Aufzeigen von Ähnlichkeiten und Unterschieden, das durch die Einbeziehung der anderen Fächer erweitert und somit auch facettenreicher gestaltet wird, können die Jugendlichen begründete Aussagen darüber machen, ob und inwiefern Elisabeth von Thüringen eine besondere Frau ihrer Zeit war.

Der Stellenwert des Faches Deutsch in der geplanten

Unterrichtseinheit ergibt sich daraus, dass die Schülerinnen und Schüler die Gattung „Legende" mit ihren charakteristischen Merkmalen am Beispiel der heiligen Elisabeth kennen lernen und danach fähig sind, die Legende deutlich von anderen literarischen Gattungen abzugrenzen. Des Weiteren sollen sie mit verschiedenen Arten von Quellen so umgehen können, dass es ihnen möglich ist, den Sinn dieser Quellen zu erschließen und die Quellen als solche zu bewerten. Dabei sollte den Jugendlichen deutlich werden, dass allein durch die Tatsache der Existenz von Legenden über die heilige Elisabeth ihre Bedeutsamkeit als Frau des Mittelalters hervorgehoben wird.

Das Fach Katholische Religion leistet seinen Beitrag, indem es das außergewöhnliche Leben der Elisabeth aus der theologischen Perspektive betrachtet. Die Leitfrage lautet in diesem Zusammenhang: Inwieweit lässt sich die Formulierung „Elisabeth von Thüringen – eine herausragende Frau des Mittelalters?!" durch die Theologie bestätigen oder nicht? Was ist anders an Elisabeth als an anderen Frauen ihrer Zeit? In diesem Kontext soll das Fach Katholische Religion vor allem einen umfassenden Hintergrundbeitrag leisten, der gerade nicht, wie die übrigen Fächer, ausschließlich auf die Taten der heiligen Elisabeth abzielt, sondern vor allem auf ihr religiöses Selbstverständnis und die religiösen Gründe für ihr Handeln. Nur so können die Jugendlichen letztlich die theologische Brisanz dieser Frau und die mit ihr bis in die Gegenwart verbundenen Herausforderungen verstehen.

Das Fach Kunst beleuchtet das außergewöhnliche Leben der Elisabeth aus der künstlerischen Perspektive und fragt danach, inwieweit sich der Anspruch, dass es sich bei Elisabeth von Thüringen um eine herausragende

Frau des Mittelalters handelt, durch die Kunst bestätigen lässt. Was ist anders an den Elisabeth-Darstellungen? Aufgrund der Darstellungsart sowie Gestik und Mimik der Heiligen sollen die Schülerinnen und Schüler erkennen, dass Elisabeth aus Sicht der Kunst weniger als adlige Person, sondern als Heilige, oft auch als einfache Magd (Christi) dargestellt wird. Anhand einer oder mehrerer Bildbetrachtungen von Elisabeth-Darstellungen lernen die Jugendlichen nicht nur allgemein etwas über mittelalterliche Malerei, sondern erkennen, dass zu jeder Heiligendarstellung spezifische Attribute und Darstellungstypen gehören.

Der Politikunterricht steuert zur Erschließung der Thematik die Auseinandersetzung mit der Frauenbewegung und der Gleichberechtigungspolitik in der Bundesrepublik Deutschland bei. Im Rahmen des Unterrichts werden den Jugendlichen Entstehung, Forderungen und Ergebnisse der emanzipatorischen Frauenbewegung näher gebracht, sodass sie erkennen können, ob und inwieweit Elisabeth als „emanzipatorische Frau" des Mittelalters gelten kann. Am Ende der Unterrichtseinheit sollten die Schülerinnen und Schüler in der Lage sein, das Leben der heiligen Elisabeth unter emanzipatorischen Aspekten einordnen zu können.

Diese Überlegungen wurden auf dem Plakat folgendermaßen dargestellt: Während das Fach Geschichte (mit den entsprechenden Daten) in der Mitte des Plakates steht, erläutern die übrigen beteiligten Fächer in den vier Ecken des Plakates ihren Anteil zur Unterrichtseinheit. Umschlossen wird das Plakat durch einen allgemeindidaktischen Rahmen, der die pädagogische Planung zum Thema „Elisabeth von Thüringen – eine herausragende Frau des Mittelalters?!" verdeutlicht.

3) „Die heilige Elisabeth von Thüringen und die Armut"[16]

An der fächerübergreifenden Unterrichtseinheit „Die heilige Elisabeth und die Armut" sind in unserem Beispiel die Unterrichtsfächer Katholische Religion, Deutsch, Geschichte und Kunst beteiligt. Bei ihrer gemeinsamen Arbeit sollen die Lehrerinnen und Lehrer primär die fachwissenschaftlichen Inhalte beisteuern. Dabei sollen die Grenzen zwischen den einzelnen Disziplinen jedoch aufgelöst werden, sodass sich die Schülerinnen und Schüler auf die unterschiedlichen Aspekte der Gesamtthematik einlassen können und nicht das Gefühl haben, in allen Fächern würde lediglich dasselbe Thema behandelt.

Dem Planungsschema von Wolfgang Klafki folgend[17] haben wir uns zunächst mit dem Begründungszusammenhang dieses Themas beschäftigt und im Vorfeld darüber nachgedacht, wo Schülerinnen und Schülern Armut im Alltag begegnet und was sie darüber wissen. Darüber hinaus haben wir das Thema in Bezug zur Zukunft der Jugendlichen gesetzt und uns in diesem Zusammenhang mit der Wirkmächtigkeit der Armutsproblematik beschäftigt. Jedem wird die Tatsache, dass Armut in der Welt herrscht, mehr oder weniger bewusst

---

[16] Arbeitsgruppe: Alexander von der Beeke: *1985 in Telgte. Studiert Englisch und Katholische Religion; Friedrike Eichhorn: *1986 in Fulda. Studiert Geschichte, Erdkunde und Katholische Religion; Konrad Große: *1982 in Leinefelde. Studiert Geschichte und Katholische Religion; Michael Lembach: *1985 in Marburg. Studiert Deutsch und Katholische Religion; Julia Malak: *1985 in Gütersloh. Studiert Geschichte und Katholische Religion.

[17] Vgl. KLAFKI: Zur Unterrichtsplanung (wie Anm. 2), S. 272.

sein. Die Situation in den so genannten „Dritte-Welt-Ländern" wird des Öfteren in den Medien beschrieben. Darüber wird nur zu leicht vergessen, dass Armut auch in unserer unmittelbaren Umgebung anzutreffen ist. Die Schülerinnen und Schüler sollen sich der Zeitlosigkeit dieses gesellschaftlichen Problems bewusst werden und am Beispiel des Lebens und Wirkens der heiligen Elisabeth diese Problematik exemplarisch erarbeiten. Elisabeth hat – gerade unter den Bedingungen des Mittelalters und vor dem Hintergrund ihres adligen Umfeldes – Unvorstellbares für die Armen geleistet. Insofern bietet sich die Heilige in besonderer Weise an, um an ihrem Handeln und Verhalten das Phänomen Armut aus ethischen, soziologischen, politischen, historischen und nicht zuletzt theologischen Blickpunkten zu beleuchten.

Bei der Zusammenarbeit der einzelnen Fächer liegt der inhaltliche Schwerpunkt auf dem Fach Katholische Religion. Es soll verdeutlicht werden, was christliche Nächstenliebe zunächst im Privaten und Persönlichen bedeutet, aber auch im Bereich der Kirche als Institution – sowohl im Mittelalter als auch in heutiger Zeit. Dabei sollen unter anderem Begriffe wie Armutsfrömmigkeit behandelt und in dem kirchengeschichtlichen Ausblick auch auf Ordenswesen, Armutsgelübde etc. eingegangen werden.

Das Fach Geschichte steuert die Informationen zur Lebenssituation im Mittelalter bei. Die Jugendlichen sollen sich vorstellen können, welchen Skandal Elisabeth durch ihr Verhalten auslöste und wie die Gesellschaft im Allgemeinen strukturiert war. Aus dem Bereich des Faches Deutsch soll schwerpunktmäßig die literarische Gattung „Legende" behandelt werden. Diese in der Gegenwartsliteratur völlig fehlende Textsorte soll von den Schülerinnen und Schülern erfasst und mit geläufigen Methoden der Literaturdidaktik (zum Beispiel das Erstellen eines Paralleltextes oder szenisches Umsetzen des Stoffes) bearbeitet werden. Das Unterrichtsfach Kunst soll in erster Linie nicht fachwissenschaftliche Kenntnisse im engeren Sinne vermitteln, sondern fungiert in diesem Rahmen vielmehr als eine Art „Hilfswissenschaft", insbesondere mit Blick auf die bildliche Veranschaulichung einzelner inhaltlicher Aspekte.

Der fächerübergreifende Unterricht leidet oft unter dem Vorwurf der lockeren (und damit beliebigen) Lernsituation. Deshalb ist es wichtig, klare, erweisbare und überprüfbare Lernziele zu benennen. Dazu zählten in diesem Fall die Kenntnis über die besondere Stellung Elisabeths als Kirchenheilige und die Beschäftigung mit den Konflikten, die christliche Nächstenliebe mit sich bringen kann. Des Weiteren sollen die Schülerinnen und Schüler das Phänomen Armut in verschiedenen Zeiten und gesellschaftlichen Kontexten erkennen und beschreiben können sowie sich handlungs- und produktionsorientiert mit Quellen zu dieser Thematik auseinandersetzen.

Auf dem von uns erarbeiteten Plakat haben wir einzelne Unterrichtsvorschläge exemplarisch festgehalten, so zum Beispiel die Gegenüberstellung der Elisabethlegende, in der sie dem Armen den Mantel schenkt, mit der Martinslegende. Des Weiteren haben wir die Lernziele schriftlich fixiert sowie die inhaltlichen Schwerpunkte aufgelistet. Veranschaulicht wird das Ganze durch ausgewählte Kunstwerke, die das Thema „Die heilige Elisabeth und die Armut" zum Gegenstand haben.

4) „Elisabeth von Thüringen – eine Provokation der Gottes- und Nächstenliebe“[18]

Im Mittelpunkt der fächerübergreifenden Unterrichtseinheit „Elisabeth von Thüringen. Eine Provokation der Nächsten- und Gottesliebe“ steht die Frage nach dem Handeln der heiligen Elisabeth. Was ist das Besondere an dieser Frau, die einem überall als Beispiel christlicher Nächstenliebe präsentiert wird? Was ist das eigentlich Bemerkenswerte an ihrem Tun? Worin unterscheidet sie sich von anderen Adeligen der damaligen Zeit?

In einem gemeinsamen Hirtenbrief der Bischöfe von Erfurt und Fulda zum Elisabeth-Jahr 2007 wird die besondere Haltung Elisabeths zum Ausdruck gebracht. Dort heißt es: „Was an der Heiligen Elisabeth bis heute fasziniert, ist die ungewöhnliche Perspektive, mit der sie auf die Menschen schaut. Sie durchbrach in ihrem Denken, Urteilen und Verhalten Standesschranken ihrer Zeit. Sie schaute gleichsam mit den Augen Gottes auf die ihr anvertrauten Menschen.“[19] Ziel der Unterrichtseinheit ist es, diese „ungewöhnliche Perspektive“ der heiligen Elisabeth zu verdeutlichen. Die Schülerinnen und Schüler sollen das Handeln Elisabeths als Beispiel einer gelebten Gottesbeziehung erkennen. Ihre Zuwen-

---

[18] Arbeitsgruppe: Teresa Dickebohm: *1986 in Meppen. Studiert Geschichte und Katholische Religion; Robert Richard Klever: *1980 in Hückeswagen. Studiert Geschichte und Katholische Religion; Michael May: *1983 in Diez/Lahn. Studiert Latein und Katholische Religion; Nicole Neuser: *1982 in Siegen. Studiert Deutsch und Katholische Religion; Sebastian Sack: *1981 in Marburg. Studiert Geschichte und Katholische Religion.

[19] *Gemeinsamer Hirtenbrief der Bischöfe von Erfurt und Fulda zum Elisabeth-Gedenkjahr 2007 : Wie Gott die Menschen lieben.* Fulda : Parzeller, 2006, S. 3.

dung zu den Armen bezeugt eben nicht allein Barmherzigkeit und soziales Gespür, sondern ist eine direkte Auswirkung ihrer Sicht Gottes. Elisabeth versucht, ihre Gottesbeziehung in der Beziehung zum Nächsten zu realisieren. Für sie bedeutet Christusnachfolge die absolute Hinwendung zu den Armen und Kranken. Gottesliebe bedeutet Nächstenliebe. Diese Handlungsmotivation soll den Schülerinnen und Schülern greifbar und lebendig dargestellt werden. In einem weiterführenden Schritt kann dann gefragt werden, welche Bedeutung diese Haltung für uns heute haben kann und welche Motivationen unserem Handeln zugrunde liegen.

Wir gehen von der 10. Klasse eines Marburger Gymnasiums aus. Die heilige Elisabeth ist in Marburg überall gegenwärtig und das Elisabeth-Jahr ist präsent. Vergangenheits- und Gegenwartsbezug liegen also klar auf der Hand, da Elisabeth den Schülerinnen und Schülern nicht nur im Unterricht bereits begegnet ist. Im Mittelpunkt des fächerübergreifenden Projekts steht das Fach Katholische Religion. Um die besondere Verbindung zwischen Nächsten- und Gottesliebe im Handeln der Heiligen zu verdeutlichen, liegt der Fokus der Unterrichtseinheit auf dem Text Mt 25, 31–40. In Vers 40 heißt es dort: „Was ihr für einen meiner geringsten Brüder getan habt, das habt ihr mir getan." Vergleicht man diesen Text mit dem Handeln Elisabeths, so ist ihre Motivation deutlich erkennbar. Um diese Aussage zu vertiefen und zu ergänzen, arbeiten die Fächer Geschichte, Deutsch, Latein und Kunst dem Fach Katholische Religion in vielfältiger Weise zu bzw. kooperieren untereinander.

Im Folgenden soll der grobe Aufbau der Unterrichtseinheit vorgestellt werden: Nach einer allgemeinen Hinführung zum Thema stellt das Fach Geschichte kurz anhand der wichtigsten Eckdaten den Lebenslauf Elisabeths vor. In Anknüpfung an das oben genannte Zitat der Bischöfe von Erfurt und Fulda wird die Fragestellung entworfen. Was ist nun das Besondere an Elisabeths Handeln? Um sich dieser Fragestellung zu nähern, wird im Anschluss das damalige Gesellschaftssystem erarbeitet und damit der Kontext der Zeit verdeutlicht. Darauf aufbauend stellt das Fach Deutsch anhand ausgewählter Stellen aus dem „Libellus“[20] das konkrete Handeln Elisabeths diesem Zeitkontext entgegen und fragt nach dem Besonderen, der Provokation ihres Handelns. Durch kreative Schreibaufträge wird den Schülern ein neuer Zugang zum Thema ermöglicht. Nachdem das Fach Katholische Religion anhand der Grundaussage von Mt 25, 31–40 den Bezug zur Reich-Gottes-Lehre Jesu dargestellt hat, erarbeiten Deutsch und Religion gemeinsam (*team teaching*) die Parallelen zu Elisabeths Leben und stellen damit die Motivation und die tiefere Begründung ihres Handelns heraus. Das Besondere tritt deutlich hervor. Das Fach Kunst visualisiert jeweils in Zusammenarbeit mit den Fächern Latein und Geschichte die dort erarbeiteten Ergebnisse noch einmal, setzt aber auch eigene Akzente durch die Bildinterpretation und kunstgeschichtlichen Ergänzungen. Ebenso fasst das Fach Latein die Ergebnisse abschließend noch einmal zusammen und zeigt die Besonderheit der zeitgenössischen Literatur, die bereits eine theologische Ausdeutung beinhaltet. Beide Fächer vertiefen und

---

[20] Vgl. Albert HUYSKENS: *Der sog. Libellus de dictis quatuor ancillarum s. Elisabeth confectus.* Kempten ; München, 1911, sowie die entsprechenden Textauszüge in der Übersetzung bei: Walter NIGG: *Elisabeth von Thüringen.* Düsseldorf : Patmos, ^{2}1967, S. 62–66, S. 70–107.

fixieren somit die im ersten Teil erarbeiteten Ergebnisse und ermöglichen eine Überprüfung des Unterrichtszieles (Erweisbarkeit). In einem abschließenden Teil soll danach gefragt werden, was Elisabeths Handeln uns heute sagen kann. Wo wäre Elisabeth heute? Welche Motivationen bestimmen *mein* Handeln und inwieweit kann das Verhalten Elisabeths heute noch ein Vorbild sein? Gegebenfalls kann in diesem Zusammenhang auf das Projekt „Compassion" hingewiesen werden.

Im Poster wird dies anschaulich durch das Puzzle dargestellt. Das Fach Katholische Religion steht im Mittelpunkt der Einheit, wird von den anderen Fächern gehalten und gerahmt und hält diese gleichsam zusammen. Die Fächer sind miteinander verzahnt und arbeiten stellenweise auch im *team teaching* zusammen, was anhand des Puzzles besonders deutlich wird. Jedoch bringt jedes Fach für sich eine neue Facette mit ein, ohne die das Puzzle nicht komplettiert würde.

5) „Wundererzählungen im Umfeld der heiligen Elisabeth. Die Auseinandersetzung mit Wundern heute"[21]

Diese Unterrichtseinheit verfolgt zwei Ziele: Einerseits sollen die Schülerinnen und Schüler anhand der Wunderberichte über die heilige Elisabeth und den Reaktionen darauf dieses Phänomen, das heißt die Bedeutung des Wunders für den mittelalterlichen Menschen, verstehen,

[21] Arbeitsgruppe: Sebastian Lembach: * 1986 in Marburg. Studiert Deutsch, Geschichte und Katholische Religion; Anna Münzel : *1986 in Kirchen. Studiert Englisch und Katholische Religion; Laura Roller: *1985 in Marburg. Studiert Deutsch und Sport; Christina Schmittdiel: *1984 in Frankfurt. Studiert Geschichte und Katholische Religion; Annika Schwarz: *1979 in Neumünster. Studiert Deutsch und Geschichte.

andererseits sollen sie in der Auseinandersetzung mit dieser Thematik ihre eigene Position zu Wundern heute finden und dabei die Frage nach den eigenen Vorbildern und Werten reflektieren und grundlegende Probleme ihrer Lebensorientierung durchdenken. Speziell für die Diskussion zwischen katholischen und evangelischen Christinnen und Christen scheint es uns wichtig zu sein, dass die Katholiken den Wunderglauben und den Umgang mit den Heiligen als spezifisch katholische Glaubensausprägung reflektieren, um einen konstruktiven Dialog mit evangelischen Christinnen und Christen führen zu können. Ziel der Unterrichtseinheit ist die Erstellung von zwei Zeitungen pro Gruppe, deren Besonderheit darin liegt, dass sie das Thema aus der Sicht von zwei weit auseinander liegenden Epochen behandeln.

In unserem Unterrichtsentwurf lässt sich der Vorteil des fächerübergreifenden Unterrichts besonders an den beiden Fächern Katholische Religion und Geschichte demonstrieren. Durch einen völlig unterschiedlichen Blick auf den Unterrichtsgegenstand erzeugen sie Antworten, die sich widersprechen – ein Widerspruch, der ausgehalten und diskutiert werden muss und der die Jugendlichen ins Nachdenken über die Grenzen der Schulfächer und ihrer jeweiligen wissenschaftlichen Bezugsdisziplinen bringt. Die Fächer Kunst und Deutsch erfüllen demgegenüber eine „dienende“ und „zuliefernde“ Funktion, sind jedoch für die Erarbeitung der Zeitungen von großer Bedeutung.

Durch das Erstellen des Unterrichtsprodukts als Gruppenarbeit entsteht ein Interaktionsprozess, durch den die jungen Menschen am Beispiel der heiligen Elisabeth für Zivilcourage, Verantwortung in der Gesellschaft und soziales Verhalten im Alltag sensibilisiert werden.

Die Erstellung der Zeitungen wird sich nur über eine Reihe von Lernschritten erreichen lassen, deren Gelingen nicht zuletzt von der sinnvollen Aufteilung der zur Verfügung stehenden Unterrichtszeit in Zeiten der Faktenvermittlung und Diskussion in der Klasse durch den Fachlehrer und Zeiten der von den Schülerinnen und Schülern getragenen Gruppenarbeit abhängt. Dieses Vorgehen erfordert von der Lehrkraft umfassende Kenntnisse ebenso wie die Bereitschaft, sich selbst stark aus den Prozessen zurückzunehmen, die im Mittelpunkt der Schüler-Fragestellungen stehen. An den Zeitungen wird sich ablesen lassen, ob und inwieweit die Lerngruppen die nötigen Transferleistungen in ihrem Arbeitsprozess erbracht haben.

Eine Wundererzählung handelt immer von einem Vorbild, welches zur Nachfolge aufruft. Unter diesem Aspekt erörtern die Schülerinnen und Schüler, für welche ethischen und moralischen Werte die heilige Elisabeth in der Nachfolge Jesu steht – mit Verweis auf sein Wort „Was ihr für einen meiner geringsten Brüder getan habt, das habt ihr mir getan“ (Mt 25, 40). Wenn sie den Wunderberichten bisher keine Wahrheit entnehmen konnten und diese nur für fromme Geschichten hielten, so sollen sie am Ende der Unterrichtseinheit die tiefere Aussage dieser Berichte erkennen und zugleich begreifen, dass die Wundererzählungen in den Bereich des christlichen Glaubens gehören. Es soll für sie deutlich werden, dass dieser Glaube wesentlich zum Verständnis der Wundererzählungen beiträgt.

Das Fach Geschichte setzt sich mit den Wunderberichten an sich auseinander. Hier sollen die Wunderberichte eher als historische Quelle betrachtet werden, aus der man Informationen sammeln kann, beispielsweise wie sich die Wunder ereignet haben sollen und wie die Berichte entstanden sind. Des Weiteren erhält man Auskunft über den Wunderglauben im Mittelalter und über die Lage der Menschen, die durch die Begegnung mit der heiligen Elisabeth auf Heilung hofften. Das historische Hintergrundwissen soll einem besseren Verständnis der damaligen Situation dienen und Unterschiede zur heutigen Zeit deutlich machen. Darüber hinaus sollte kritisch gefragt werden, ob ein bestimmtes politisches oder privates Interesse an die Heiligsprechung Elisabeths geknüpft war bzw. inwieweit das Geschehen für andere Zwecke instrumentalisiert wurde.

Der Deutschunterricht behandelt die Wunderberichte zunächst unter literarischen Gattungsaspekten. Er fragt danach, wie Legenden entstanden sind und verbreitet wurden. Aus der Beschäftigung mit den Wunderberichten selbst können unterschiedliche Fragen entstehen, die dazu führen, sich eingehender mit der Funktion dieser Berichte zu beschäftigen. Weiterhin sollte erörtert werden, warum und für wen Legenden geschrieben wurden. Das Fach Deutsch versteht sich hier als Zulieferer von spezifischen Informationen, die für eine multiperspektivische Erschließung des Themas wichtig sind.

Das Ziel des Faches Kunst besteht zunächst darin, die Schülerinnen und Schüler darauf aufmerksam zu machen, dass neben der literarischen Umsetzung der Wunder auch eine (ebenso wichtige) Umsetzung in Kunstwerken existiert. Die Jugendlichen sollen in diesem Kontext erkennen, dass die Kunst im Mittelalter ein wichtiges Kommunikationsmedium war, da zu dieser Zeit nur wenige Menschen in der Lage waren, Geschriebenes zu lesen und somit vielfach auf das Bild als Informationsquelle angewiesen waren. Die künstlerischen Attribute der heiligen Elisabeth werden im Unterricht besonders intensiv behandelt. Zugleich sollen die Schülerinnen und Schüler an ausgewählten Darstellungen der Wunder im Umfeld der heiligen Elisabeth die Vielfältigkeit künstlerischer Ausdrucksformen erkennen.

Autorenverzeichnis

PROF. EM. DR. GEORG HILGER
*1939 in Leversbach bei Düren. Professor für Religionspädagogik und Didaktik des Religionsunterrichts an der Katholisch-Theologischen Fakultät der Universität Regensburg.

PROF. DR. WERNER KATHREIN
*1953 in Marburg. Professor für Mittlere und neuere Kirchengeschichte, kirchliche Kunstgeschichte und Denkmalpflege an der Theologischen Fakultät Fulda. Domdechant und Domkapitular in Fulda.

PROF. DR. LOTHAR KULD
*1950 in Weil am Rhein. Professor für Katholische Theologie/Religionspädagogik an der Pädagogischen Hochschule Weingarten.

DR. PAUL LANG
*1963 in Marburg/Lahn. Studienrat für katholische Religion, Latein und Musik an der Stiftsschule Amöneburg.

DR. KONSTANTIN LINDNER
*1976 in Bayreuth. Akademischer Rat (a. Z.) am Lehrstuhl für Religionspädagogik und Didaktik des Religionsunterrichts an der Otto-Friedrich-Universität Bamberg.

Dr. Burghard Preusler
*1953 in Paderborn. Diözesanbaumeister und -konservator am Bischöflichen Generalvikariat Fulda.

Prof. Dr. Peter Schallenberg
*1963 in Oberhausen. Professor für Moraltheologie und Christliche Sozialwissenschaft an der Theologischen Fakultät Fulda.

Prof. i. R. Dr. Heinz Stübig
*1939 in Braunschweig. Professor für Erziehungswissenschaft mit besonderer Berücksichtigung der Historischen Pädagogik und Vergleichenden Erziehungswissenschaft an der Philipps-Universität Marburg.

Prof. Dieter Wagner
*1941 in Fulda. Lehrbeauftragter für Religionspädagogik am Katholisch-Theologischen Seminar an der Philipps-Universität Marburg. Honorarprofessor für Religionspädagogik und Katechetik an der Theologischen Fakultät Fulda.

Prof. em. Dr. Matthias Werner
*1942 in Straßburg. Professor für Thüringische Landesgeschichte und Mittelalterliche Geschichte an der Friedrich-Schiller-Universität Jena. Wissenschaftliche Leitung der 3. Thüringer Landesausstellung „Elisabeth von Thüringen – eine europäische Heilige" (Wartburg – Eisenach, 7. Juli bis 19. November 2007).

Bischof em. Prof. Dr. Christian Zippert
*1936 in Berlin-Lichterfelde; † 15. August 2007 in Marburg-Michelbach. Altbischof der Evangelischen Landeskirche Kurhessen-Waldeck.

FULDAER HOCHSCHULSCHRIFTEN

EOS Verlag, St. Ottilien:

1. *Elmar Fastenrath,* Die Christologie Herman Schells im Spannungsfeld des Modernismus, 1986
2. *Walter von Arx,* Der Anteil Papst Pauls VI. an der Liturgiereform des Zweiten Vatikanischen Konzils, 1987
3. *Siegfried Marx,* Staatskirchenrecht. Gegenstand, Wesen und Bedeutung für den Unterricht an Theologischen Fakultäten, 1987
4. *Thomas Beckermann,* „Überall allerart Menschen und kein End" – Zum Menschenbild in der deutschsprachigen Gegenwartsliteratur, 1987
5. *Balthasar Gareis,* Psychotherapie und Beichte, 1988
6. *Ludwig Schick,* Die Pfarrei. Beitrag zu einer theologisch-kanonistischen Ortsbestimmung, 1988

Verlag Josef Knecht, Frankfurt am Main:

7. *Berthold Jäger,* Die Literaturversorgung der Theologischen Fakultät Fulda, 1989
8. *Eleonore Stump,* Die göttliche Vorsehung und das Böse. Überlegungen zur Theodizee im Anschluß an Thomas von Aquin, 1989
9. *Bernhard Jestaedt,* Recht und Gerechtigkeit, 1990
10. *Peter Inhoffen,* Religion ohne Moral? 1990
11. *Siegfried Marx,* Die arbeitsrechtliche Kirchlichkeitsklausel im Spannungsfeld zwischen kirchlichen Anforderungen und staatlichem Recht, 1990

12. *Hans Feller,* Sonn- und Feiertage im Recht von Staat und Kirche, 1990
13. *Elmar Fastenrath,* Papsttum und Unfehlbarkeit, 1991
14. *Anton Thaler,* Der Standort der Liturgie in Kirche und Theologie, 1992
15. Partnerschaft International Buddhist University (Osaka) – Theologische Fakultät Fulda, hg. v. *Aloysius Winter,* 1992
16. *Bernd Willmes,* Alttestamentliche Weisheit und Jahweglaube. Zur Vielfalt theologischer Denkstrukturen im Alten Testament, 1992
17. *Gereon Becht-Jördens,* Die Vita Aegil Abbatis Fuldensis des Brun Candidus. Ein Opus geminum der anianischen Reform in biblischfiguralem Hintergrundstil, 1992
18. *Herrad Spilling,* Opus Magnentii Hrabani Mauri in honorem sanctae crucis conditum. Hrabans Beziehung zu seinem Werk, 1992
19. *Gerhard Stanke,* Freiheit und religiöser Gehorsam des Willens und des Verstandes. Zum Verhältnis von Gewissen und kirchlichem Lehramt, 1993
20. *Gangolf Schrimpf,* Anselm von Canterbury, Proslogion II-IV: Gottesbeweis oder Widerlegung des Toren? Unter Beifügung der Texte mit neuer Übersetzung, 1994
21. Josef Leinweber 1940–1992, hg. v. *Aloysius Winter,* 1993
22. *Anton Thaler,* Gott leidet mit – Gott und das Leid, 1994

23a. *Klaus Gugel,* Welche erhaltenen mittelalterlichen Handschriften dürfen der Bibliothek des Klosters Fulda zugerechnet werden? Teil 1: Die Handschriften, 1995

23b. *Klaus Gugel,* Welche erhaltenen mittelalterlichen Handschriften dürfen der Bibliothek des Klosters Fulda zugerechnet werden? Teil 2: Die Fragmente, 1996

24. Facetten japanischer Kultur, hg. v. *Aloysius Winter,* 1996
25. *Lutz E. v. Padberg,* Studien zur Bonifatius-Verehrung. Zur Geschichte des Codex Ragyndrudis und der Fuldaer Bonifatius-Reliquien, 1996
26. *Elmar Fastenrath,* Die biblischen Grundlagen der Theologie, 1997
27. *Sigrid Krämer,* Bibliographie Bernhard Bischoff und Verzeichnis aller von ihm herangezogenen Handschriften, 1998

28. *Bernd Willmes*, Freude über die Vergebung der Sünden. Synchrone und diachrone Analyse von Psalm 32, 1996
29. *Itsue Miura,* Fürst Shotoku – Sein Leben und seine Ideale, 1999
30. *Aloysius Winter,* „Trösterin der Betrübten". Mariologische Studien, 2003
31. *Gerhard Stanke,* Mensch, Ja – Person, Nein? Kritische Auseinandersetzung mit Peter Singer, 1999
32. Gedenkfeier der Theologischen Fakultät Fulda für Gandolf Schrimpf (1935–2001). Mit Schriftenverzeichnis und Vita, Hg. v. *Bernd Willmes,* 2002
33. *Bernhard Dieckmann,* Das Kreuz als Grund des Osterglaubens? Anfragen zur Kreuzestheologie Hansjürgen Verweyens, 1999
34. *Bernd Willmes/Josef Zmijewski/Karlheinz Diez,* Gott als Vater in Bibel und Liturgie, 2000
35. *Gangolf Schrimpf,* Die Frage nach der Wirklichkeit des Göttlichen. Eine wirkungsgeschichtliche Hinführung zu klassischen philosophischen Texten, 2000
36. *Markus Enders,* Natürliche Theologie im Denken der Griechen, 2000
37. *Richard Corradini,* Die Wiener Handschrift Cvp 430*. Ein Beitrag zur Historiographie in Fulda im frühen 9. Jahrhundert, 2000
38. *Balthasar Gareis,* Die Bedeutung der Psychologie für den priesterlichen Dienst. Ein Plädoyer für angewandte Psychologie in der Seelsorge. Mit Bibliographie, Vita und Nachruf auf Balthasar Gareis, 2001
39. Eduard Schick (1906–2000). Gedenkfeier der Theologischen Fakultät Fulda. Mit Bibliographie und Vita, hg. v. *Gangolf Schrimpf,* 2001
40. *Aloysius Winter,* Unser Glaube – eine Zumutung? Mit Schriftenverzeichnis, 2001
41. *Bernd Willmes*, Von der Exegese als Wissenschaft zur kanonisch-inter-textuellen Lektüre? Kritische Anmerkungen zur kanonisch-intertextuellen Lektüre von Gen 22,1–19, 2002
42. *Regina Götz,* Der geschlechtliche Mensch – ein Ebenbild

Gottes. Die Auslegung von Gen 1,27 durch die wichtigsten griechischen Kirchen-väter, 2003

43. *Werner Kathrein/Karlheinz Diez/Barbara Henze/Cornelius Roth,* Im Dienst um die Einheit und die Reform der Kirche – Zum Leben und Werk Georg Witzels, 2003
44. *Richard Hartmann*, Anschub: Starthilfe für eine zu verändernde Kirche, 2003
45. Josef Leinweber (. Regesten der Urkunden in der Bibliothek des Bischöflichen Priesterseminars Fulda (1231–1898), bearbeitet von *Regina Pütz*, 2004
46. *Karlheinz Diez/Richard Hartmann/Christoph G. Müller/Andreas Odenthal,* Kirche und Gemeinde: Wie kommen Christen zusammen? Theologische Überlegungen zum Pastoralen Prozess im Bistum Fulda, 2004
47. *Andreas Odenthal/Bernd Goebel/Jörg Disse/Richard Hartmann,* Verspielen wir das Erbe des hl. Bonifatius? Theologische Betrachtungen aus Anlass seines 1250. Todestages, 2005
48. *Jörg Disse,* Glaube und Glaubenserkenntnis. Eine Studie aus bibeltheologischer und systematischer Sicht, 2006

FULDAER STUDIEN

1. *Josef Leinweber,* Verzeichnis der Alumnen und der Konviktoren des Päpstlichen Seminars in Fulda (1584 – 1773), St. Ottilien 1987
2. *Norbert Ernst,* Die Tiefe des Seins. Eine Untersuchung zum Ort der „analogia entis“ im Denken Paul Tillichs, St. Ottilien 1988
3. *Josef Leinweber,* Verzeichnis der Studierenden in Fulda von 1574 bis 1805, Frankfurt a.M. 1991
4. Mittelalterliche Bücherverzeichnisse des Klosters Fulda und andere Beiträge zur Geschichte der Bibliothek des Klosters Fulda im Mittelalter, hg. v. *Gangolf Schrimpf* in Zusammenarbeit mit *Josef Leinweber* und *Thomas Martin,* Frankfurt a.M. 1992
5. *Christoph Gregor Müller,* „Ihr seid Gottes Pflanzung – Gottes Bau – Gottes Tempel“. Die metaphorische Dimension paulinischer Gemeindetheologie in 1 Kor 3,5–17, Frankfurt a.M. 1995
6. *Marc-Aeilko Aris,* Contemplatio. Studien zum Traktat „Benjamin Maior“ des Richard von St. Viktor, Frankfurt a.M. 1996
7. Kloster Fulda in der Welt der Karolinger und Ottonen, hg. v. *Gangolf Schrimpf,* Frankfurt a.M. 1996
8. *Karlheinz Diez,* „Ecclesia – non est civitas Platonica“. Antworten katholischer Kontroverstheologen des 16. Jahrhunderts auf Martin Luthers Anfrage an die „Sichtbarkeit“ der Kirche, Frankfurt a.M. 1997
9. *Hermann Schrödter,* Metaphysik des Ichs als *res cogitans.* Zu Stellung, Struktur und Funktion des Gottesbeweises bei Descartes, unter Beifügung des lateinischen und französischen

Textes der „Meditationes de prima philosophia III – V“ mit neuer Übersetzung, Frankfurt a.M. 2001

10. *Dagobert Vonderau*, Die Geschichte der Seelsorge im Bistum Fulda zwischen Säkularisation (1803) und Preußenkonkordat (1929), Frankfurt a.M. 2001

WEITERE PUBLIKATIONEN DER THEOLOGISCHEN FAKULTÄT FULDA

In Zusammenarbeit mit dem Bischöflichen Kirchenmusik-Institut ist im *Michael Imhof Verlag*, Petersberg erschienen:

Edith Harmsen u. Bernd Willmes (Hg.), Musik in der Liturgie. Entwicklung der Kirchenmusik vom Gregorianischen Choral über Bach bis zum Neuen Geistlichen Lied, Petersberg 2001

Bischöfliches Seelsorgeamt in Zusammenarbeit mit der Theol. Fakultät und dem Katholikenrat der Diözese Fulda (Hg.), Impulse für die Zusammenarbeit in der Pastoral. Lose Blattsammlung, Fulda 2005 ff.